Kohlhammer

Der Autor

Damianos Korosidis, Studium der Sozialpädagogik mit Forschungs- und Interessenschwerpunkten bei dem Verhältnis von Kindern und Jugendlichen zu existenziellen Themenbereichen wie Religiosität und Philosophie. Berufliche Erfahrungen als Leiter eines Jugendheimes, als Fachkraft in der Kinder- und Jugendhilfe sowie im Kinderschutz. Als niedergelassener Kinder- und Jugendlichenpsychotherapeut in eigener Praxis sowie als Dozent und Supervisor tätig.

Damianos Korosidis

Psychodynamik der Liebe bei Kindern und Jugendlichen

Verlag W. Kohlhammer

Dieses Werk einschließlich aller seiner Teile ist urheberrechtlich geschützt. Jede Verwendung außerhalb der engen Grenzen des Urheberrechts ist ohne Zustimmung des Verlags unzulässig und strafbar. Das gilt insbesondere für Vervielfältigungen, Übersetzungen und für die Einspeicherung und Verarbeitung in elektronischen Systemen.

Pharmakologische Daten verändern sich ständig. Verlag und Autoren tragen dafür Sorge, dass alle gemachten Angaben dem derzeitigen Wissensstand entsprechen. Eine Haftung hierfür kann jedoch nicht übernommen werden. Es empfiehlt sich, die Angaben anhand des Beipackzettels und der entsprechenden Fachinformationen zu überprüfen. Aufgrund der Auswahl häufig angewendeter Arzneimittel besteht kein Anspruch auf Vollständigkeit.

Die Wiedergabe von Warenbezeichnungen, Handelsnamen und sonstigen Kennzeichen berechtigt nicht zu der Annahme, dass diese frei benutzt werden dürfen. Vielmehr kann es sich auch dann um eingetragene Warenzeichen oder sonstige geschützte Kennzeichen handeln, wenn sie nicht eigens als solche gekennzeichnet sind.

Es konnten nicht alle Rechtsinhaber von Abbildungen ermittelt werden. Sollte dem Verlag gegenüber der Nachweis der Rechtsinhaberschaft geführt werden, wird das branchenübliche Honorar nachträglich gezahlt.

Dieses Werk enthält Hinweise/Links zu externen Websites Dritter, auf deren Inhalt der Verlag keinen Einfluss hat und die der Haftung der jeweiligen Seitenanbieter oder -betreiber unterliegen. Zum Zeitpunkt der Verlinkung wurden die externen Websites auf mögliche Rechtsverstöße überprüft und dabei keine Rechtsverletzung festgestellt. Ohne konkrete Hinweise auf eine solche Rechtsverletzung ist eine permanente inhaltliche Kontrolle der verlinkten Seiten nicht zumutbar. Sollten jedoch Rechtsverletzungen bekannt werden, werden die betroffenen externen Links soweit möglich unverzüglich entfernt.

1. Auflage 2024

Alle Rechte vorbehalten
© W. Kohlhammer GmbH, Stuttgart
Gesamtherstellung: W. Kohlhammer GmbH, Stuttgart

Print:
ISBN 978-3-17-041484-6

E-Book-Formate:
pdf: ISBN 978-3-17-041485-3
epub: ISBN 978-3-17-041486-0

In liebevoller Dankbarkeit für alle meine Patienten des Lebens und in vollkommener Liebe für die Weisheit, die Sonne und die Frau meines Lebens. *Sorebo.*

Inhalt

Vorspiel – Entwicklungsraum der Liebe 11

1 **Eine kurze Biografie der Liebe** 17
   1.1 Die Liebe kommt auf die Welt – ein evolutionsdynamischer Blick 18
       1.1.1 Vom Sex getrieben – unser animalisches Erbe 20
       1.1.2 Leben, um zu lieben; lieben, um zu leben – haltgebende Verhältnisse 23
   1.2 Die liebevolle Erschaffung der Welt 25
       1.2.1 Liebeswille und der existenzielle Dialog des Menschenkindes 31
   1.3 Historischer Entwicklungsabriss der Liebe 35
       1.3.1 Psychogenese und Bildung einer liebevollen Kindheit 36

2 **(Moderne) Psychoanalyse und ihr Herzstück: die Liebe** 40
   2.1 Die Fähigkeit, Begriffe für etwas zu finden, was im Grunde unbegreiflich ist 43
   2.2 Freud und die Sprache der Liebe 47

3 **Entwicklungsdynamik und Liebe** 54
   3.1 Das Menschenkind und der Ursprung von Sinnlichkeit 54
       3.1.1 Vorgeburtliche Sinnes- und Liebeswelt 55

3.2	Selbstemotionen und ihre wegweisende psychotherapeutische Bedeutung	57
	3.2.1 Selbstresonanz und Liebe als *das* Grundgefühl	58
3.3	Was bedürfen Heranwachsende für ihr Liebeswohl?	59
	3.3.1 Psychische Grundbedürfnisse des Menschenkindes	60
3.4	Existenzielles Wachstum und die Natur der Liebe ..	62
	3.4.1 Die umtreibenden Sinne im Kosmos des Lebens	63
	3.4.2 Psychosexuelle Triebentwicklung und treibende Liebesphasen	70
	3.4.3 Bio-psycho-soziale Liebe – Geschlecht, Identität und sexuelle Orientierung	88
3.5	Liebesobjektbeziehungen – Mütterliches, Väterliches und erste Liebe	96
3.6	Bindungsentwicklung	100
3.7	»Ich selbst und Du« – Selbstpsychologie, Mentalisierung und heilsame Empathie	103
	3.7.1 Erbarmungslose Liebe – das Verständnis und die Fähigkeit zu hassen	107
	3.7.2 Liebevolle therapeutische Einfühlung	108
	3.7.3 Universeller Liebeswille und unausweichliche Liebesübertragung	109

4 **»Mutter, Vater, Geschwisterkind« – Liebe, Familiendynamik und begleitende Elternarbeit** **113**

4.1	»Zu wenig oder zu viel Liebe?« Kindlich-elterliche Liebe, elterlich-kindliche Gewalt	115
	4.1.1 Ödipales Liebes- und Lebensrätsel – vom Heranwachsenden zum Erwachsenen	115
	4.1.2 Familiendynamische Liebeskonzepte	118
4.2	Geschwister, Hass, Liebe	130
	4.2.1 Liebe existiert nicht ohne Eifersucht, Neid … und Hoffnung	132

5	**Psychopathologie und liebevolle Kinder- und Jugendlichenpsychotherapie**	**134**
5.1	Zeitgenössische psychodynamische Diagnose- bzw. Therapiemanuale und die Liebe	135
	5.1.1 Liebe neue Welt – Sinn und Sinnlichkeit bei modernen Heranwachsenden	138
	5.1.2 Liebe und ihr Missbrauch – von verführender Liebe und liebevoller Verführung	146
5.2	Liebe und Angst – die grundlegende Suche des Menschenkindes nach Halt	148
5.3	Liebe und Zwang – die Suche nach Geborgenheit in einer geborgten Welt	153
	5.3.1 Die Liebessinfonie in der Komposition des Lebens – wiederholte Dissonanz, wiederholende Resonanz und ursprüngliche Ressourcenarbeit	157
5.4	Liebe und Depression – universeller Liebeskummer	160
	5.4.1 Urnarzisstische Selbstliebe und ihr Echo – (um sich) kümmern, um nicht zu verkümmern	164
5.5	Liebe und Aggression – Hass und Vergeblichkeit ..	169
5.6	Liebevoller therapeutischer Spielraum – gesunde Widerstandskraft und Hoffnung	175
	5.6.1 Vergebliches	179

Nachspiel – Zeit für Liebe **182**

Literatur **187**

Stichwortverzeichnis **193**

Vorspiel – Entwicklungsraum der Liebe

Jeder Mensch kennt die Liebe, auch wenn er keinerlei Begriff von ihr hat, doch niemand kann sie wirklich begreifen oder wahrhaft erkennen. Von Anbeginn bildet die Liebe als Paar mit dem Tod, der ihr psychodynamisch sehr nahesteht, die Essenz unserer Lebenswelt. Alle Kräfte verblassen im Verhältnis zu diesen zwei Urgewalten. Dabei scheinen beide, Eros und Thanatos, ihr wahres Wesen umso mehr zu verschließen, je rationaler man ihnen begegnet.

Während ich dem Tod und dessen unheimlich umtreibender Psychodynamik für Heranwachsende anderweitig zu erforschenden Raum gewidmet habe (Korosidis, 2021), zeigen sich auch hier bereits die Schwierigkeiten in Bezug auf die Unergründlichkeit oder gar Definition der Liebe. Sie ist ein so schillernder, polarisierender und überstrapazierter Begriff, dass naiv-romantisierte Idealsierungen mit einem drohenden Abgleiten ins Kitschige genauso gefährlich erscheinen wie nüchtern-analytische Abstraktionen. Einerseits gibt es inzwischen eine Vielzahl von wissenschaftlich deterministischen Zugangswegen zur Natur der Liebe, wobei dem andererseits eine beinahe mystifizierende Haltung gegenübersteht, die jeglichen Forschungszugang zur Liebe als unangebracht und entweihend empfindet.

Ich werde mich ihr als Kinder- und Jugendlichenpsychotherapeut wiederum mit der Art nähern, die sich seit ihren Anfängen damit empirisch tief beschäftigt: der psychodynamischen Wissenschaftskunst. Dabei werden hier im Weiteren keine Abhandlungen über die Frage auftauchen, ob Psychoanalyse als Wissenschaft oder doch eher als Kunst zu verstehen ist. Die Liebe mit all ihren schwer greifbaren Spielarten zwischen Unter- und Übertriebenem bildet von Anbeginn das Herzstück der Psychoanalyse und jegliche tiefenpsychologische Bemühung kann seit Freud als Entwicklungs- und Beziehungsarbeit an der Liebesfähigkeit, der Kunst des Liebens, gesehen werden. Angefangen bei Freuds monumentaler Aufdeckung der kindlichen »Psycho-Sexualität« mit der einhergehenden Zentrierung auf die libidinös-triebhafte Natur des Menschen und seines sinnlich-erotischen Wesens über die entwicklungspsychologischen Arbeiten zur frühesten Kindheit bis zu den weitreichenden Forschungen der Objekt-, Bindungs- und Ich- bzw. Selbstpsychologie:

Alles Psychodynamische widmet sich der Liebe und ist gewissermaßen eine Liebeserklärung.

Meine Haltung der Liebe gegenüber wird sich dabei spielerisch am vitalen Wachstum zwischen tiefster Verbundenheit und grenzenloser Freiheit orientieren, das Spielerische genauso wie das Empirische stehen hierbei für ihre basal existenzielle Dimension. Jegliche kreative Überlebenskraft speist sich schließlich aus einer spielerischen Gesinnung gegenüber unserem todernsten Dasein, wobei »em-peiria« in ihrem altgriechischen Ursprung »Erfahrung« bzw. »Wagnis« bedeutet und mitnichten etwas, was vermeintlich gesichertes Wissen schafft. Ein Buch über die Kraft der Liebe kann ohnehin nur mit persönlicher Note geschrieben sein und so wird meine individuelle Empirie unweigerlich in die folgenden Zeilen einfließen. Im Zusammenhang mit der Conditio Humana und dem unausweichlichen Spannungsfeld von Lust, Unlust und Verlust spreche ich dabei gerne von uns allen als »Patienten des Lebens«; diese existenziell-dynamische Haltung wird alle meine Ausführungen über die Liebe grundierend begleiten.

Leitend wird dabei der liebevoll gesunde Entwicklungsweg von Kindern und Jugendlichen sein, der gesäumt ist von den inneren und äußeren Einflüssen, die zu seelischen Störungen und psychischer Krankheit führen können. Ein Augenmerk meiner Darlegungen wird auf dem heutigen Zeitgeist und der aktuellen Bedeutung der Liebesthemen für Heranwachsende liegen. Aspekte wie Geschlechtsidentität, Internet und sexuelle Liebe, soziale Medien und die Suche nach Beziehungen, Verliebtheit und Liebeskummer, aber auch Grundthemen wie Angst, Hass, Vertrauen und Mitmenschlichkeit scheinen in einer modernen, sich rasant verändernden Welt bedeutsamer denn je.

Vorspiel – Entwicklungsraum der Liebe

Diese Zeilen schreibe ich während einer höchst dynamischen Zeit, in der zahlreiche Krisen die Menschen zutiefst bewegen. Nicht zuletzt Heranwachsende mag dabei das diffuse atmosphärische Gefühl beschleichen, die Welt habe sich verrückt und Liebe(n) erscheint verwirrender denn je! Natürlich ist der humane Weltenraum in seinem dynamisch resonanten Grunde von Anziehung und Abstoßung schon immer so gewesen und die weitreichenden Krisen mit all ihren Auswirkungen auf unsere sozialen und innerpsychischen Beziehungsstrukturen heben hierbei verdichtend unser tief dualistisches und erschütterbares Wesen hervor:

Welchen Spielraum aus Bezogenheit und Freiheit benötigt das Menschenkind, um nicht krank zu werden, und welches ist das angemessene bzw. gesunde Maß an Liebe? Wann ist es zu viel im Leben, wann zu wenig? Wann und ab wo ist besonders für Kinder und Jugendliche eine Grenze überschritten und es drohen zwischenmenschlich Vernachlässigungstendenzen auf der einen und übergriffige Missbrauchserfahrungen auf der anderen Seite?

Das vorliegende Werk versucht Antworten darauf zu finden, indem es sich der Liebe in der Kinder- und Jugendlichenpsychotherapie mithilfe einer komprimierten Rundumschau über die Vielfalt der psychodynamischen Essentials zuwendet. Die entsprechende Diversität von analytischen und synthetischen Ausrichtungen will ich dabei als unerschöpfliche Reichhaltigkeit verstehen und mich einleitend auf einen einfachen therapeutischen Wesenskern konzentrieren: Wie kann der Mensch die Liebe im Sinne einer gesunden Entwicklung und Selbstwerdung er-kennenlernen?

Zu Beginn kann bereits festgehalten werden, dass es dafür natürlich Bezogenheit zur inneren und äußeren Welt bedarf. Aus psychodynamischer Sicht umweht beide Welten durchdringend das Unbekannte und so bedeutet Lieben im Leben immer auch Schicksal, Gefahr und Risiko, denn »niemals sind wir ungeschützter gegen das Leiden, als wenn wir lieben« (Freud, 1930, S. 214). Betrachtet man die Liebe in jeglicher Beziehung, dann sind neben Lustwonnen, Wohlwollen und Harmonie, tiefste Kränkung, Leid und Hass nicht weit. Insbesondere in der menschlichen Entwicklungsdynamik und entsprechend auch in der Kinder- und Jugendlichenpsychotherapie erlebt man diese Polarität von Liebe und Hass mitunter unmittelbar. Nicht selten bewegen sich die Therapeuten dabei mit ihren jungen Patienten manifest weit weg von Liebevollem und bekommen in ihrer entsprechenden klinischen Arbeit bösesten Groll, vernichtende Feindseligkeit und ungefilterten Hass ab.

»Hast Du mich lieb?«, fragte mich mit Nachdruck einmal ein fünfjähriger Patient im Laufe seiner psychotherapeutischen Behandlung, nachdem er zum wiederholten Male mein Zimmer auf den Kopf gestellt hatte und auch mich wie so oft direkt angegangen war. Ich befand mich damals noch in meiner Ausbildung zum Kinder- und Jugendlichenpsychotherapeuten und ich weiß noch genau, in welche Bedrängnis mich diese einfache Frage in jener ohnehin aufgeladenen Situation gebracht hatte. Mir machte in diesem emotional dichten Moment meine therapeutische Haltung Sorge und wie ich darauf angemessen abstinent und neutral reagieren könnte. Spontan bin ich damals nickend darauf eingegangen und gab unbeholfen zurück: »Hast Du dich denn auch selbst lieb?«

Heute weiß ich, dass meine Reaktion insofern stimmig gewesen ist, da jeder Patient intuitiv mit diesen beiden einfachen Fragen auf die Welt und somit auch in eine Psychotherapie kommt: Werde ich geliebt und kann ich – vor allem mich selbst – lieben? So einfach ist das, nur gestaltet sich diese Ein(fach)heit für den Menschen als dualistisches, d.h. handelnd-erkennendes und behandelt-erkanntes Wesen höchst vertrackt sowie zutiefst verwickelt. Wo auch immer nämlich die Liebe hinfällt, sie fällt uns nicht andauernd in den Schoß!

Oder, wie formulierte es so eindrücklich mal ein 14-jähriger depressiver Jugendlicher nach einer tief enttäuschenden Liebesbeziehung: »Verdammte Liebe! Kommen Sie mir jetzt nicht damit! Ich hasse das!«

Wenn somit nachfolgend von der Dynamik der Liebe die Rede ist, soll diese Kraft mit ihren tief- und weitreichenden, aber auch explosiven Strömungen vor allem mithilfe zahlreicher Praxisbeispiele für sich sprechen, wobei sämtliche Fallschilderungen authentisch und nach allen Regeln der Kunst anonymisiert sind. Darüber können schließlich wertvolle Impulse für die eigene Behandlungstechnik, therapeutische Praxis oder Lebenshaltung entstehen. Selbstredend wird dabei auch die obige Frage meines fünfjährigen Patienten aus Therapeutensicht im Mittelpunkt stehen. Der Komplex der Übertragungsliebe begleitet die Psychoanalyse gleichsam seit ihren Anfängen und es wird zu analysieren sein, mit welch sinn- und liebevoller Haltung man seinen Patienten begegnet und sich annähert. Jegliche sinnvolle Psychotherapie, egal ob mit Kindern, Jugendlichen oder Erwachsenen und unabhängig von ihrer theoretischen Schulausrichtung, stellt aus meiner Sicht das Experiment dar, sich der Liebe gesund und wesentlich, d. h. sowohl aktiv als auch passiv zu nähern. Nur über die relationale (Wieder-)Annäherung an unsere Sinne und Sinnlichkeit macht eine Behandlung der Seele Sinn.

Während die Wege der Liebe also unvorhersehbar und schlussendlich wohl unergründlich sind, folgen wir ihrer Spur dorthin, wo sie unübersehbar ist, und – psychotherapeutisch noch wichtiger – besonders dahin, wo sie unsichtbar scheint. Ich selbst bin zutiefst davon überzeugt, dass es im Leben potenziell immer möglich ist, zur Liebe zu finden, wobei ich hoffe, dass meine liebe- und respektvolle Haltung allen Menschen und allem Menschlichem gegenüber auch in meinen sprachlichen Formulierungen angemessenen Ausdruck findet. Diesbezüglich ersinne ich in der persönlichen Auseinandersetzung mit meinen kleinen und großen Patienten neben tiefenhermeneutischen und analytischen Ebenen andeutungsweise etwas Poetisches. So mag das Wesentliche auch auf den folgenden Seiten eher *zwischen den Zeilen* stehen: in dem Resonanzraum, der beim Lesen ent- und aus den eigenen Gefühlen oder Assoziationen besteht. Wo könnte diese poetische Dimension bedeutsamer sein als bei der Psychodynamik, d. h. beim Kraftfeld der Liebe?

Der tragende und gesundheitsstrukturierende Boden dieses Liebesfeldes ist schließlich unser aller Lebensfundament von existenziellem Halt, würdevoller Mitmenschlichkeit und Hoffnung!

1 Eine kurze Biografie der Liebe

Die Liebe lässt sich also weder abschließend begreifen, noch soll sie hier, wie schon erwähnt, in ein allzu definitorisches Korsett gebunden werden. Kein anderer Begriff in der Wörterwelt vermag beim Menschen wohl solche Gemütsbewegungen und Assoziationen auszulösen. Für die einen ist sie das Bedeutsamste der Welt, für die anderen hat sie lediglich lebenspraktischen Einfluss und manchen erscheint sie als Illusion, Krankheit oder gar als Fluch. Dabei ist die Liebe für mich auch als Kinder- und Jugendlichenpsychotherapeut vielmehr als ein Gefühl, sie schwebt in und zwischen allem, ihre bindende, ab- und auflösende Kraft ist schlussendlich unser Leben. Spielerisch wäre also die Frage erlaubt, ob so etwas wie Liebe immer schon da gewesen ist oder erst im Zuge der menschlichen Selbstwerdung ins Spiel kam? Ist Leben ohne Liebe überhaupt denkbar und was ist womöglich ihr Gegenstück? Was war vorher da, die – sexuelle – Liebe, der aggressive Hass bzw. »das sogenannte Böse« (Lorenz, 1983) oder doch die Angst? Die Fremd- oder die Selbstliebe? Muss ich geliebt worden sein, um – mich selbst – lieben zu können, und was heißt in diesem Zusammenhang überhaupt gesundes L(i)eben?

Mit alldem wird auf unsere tiefe Dualität als erkennende und erkannte Geschöpfe sowie als sinnliche und sinnsuchende Wesen und damit auf das zentrale Thema der Psychoanalyse angespielt. Um die Liebe wahrhaft kennenzulernen, bedarf es aller Sinne, wobei man sich dynamisch-relational näherkommt, je verständnisvoller man sich der eigenen Herkunft und seinen biografischen Wurzeln nähert. Bekanntlich stehen dem erkennenden Menschen dafür verschiedene empirische Möglichkeiten mit unterschiedlichen Erkenntnisschwerpunkten zur Verfügung, immer mit einer positionierenden Differenzierung zwischen stammesgeschichtlich-kollektiver Evolution und individueller Entwicklung. Eine hilfreiche Orientierung kann hierbei die in ihren Grundzügen noch heute anerkannte biogenetische Grundregel von Haeckel sein, auf die sich auch die Psychoanalyse wiederholt bezieht: die faszinierende Spiegelung der Phylogenese in der Ontogenese. Diese lässt vereinfacht gesagt erkennen, wie wir alle in unserer Vielfalt im Leben auf *bio*logische (gr. *bíos:* »Leben«) Art und somit auch biografisch miteinander in Verbindung stehen. Darüber wiederum lässt sich das reziprok-dynamische und schlussendlich geheimnisvolle Verhältnis zwischen *Heran-* bzw. *Erwachsenden* und der Liebe erhellen.

Am einfachsten ist diese Sphäre wohl über eine Spielszene mit einem zehnjährigen Mädchen zu beschreiben, in welcher wir uns gemeinsam malend über unsere Bilder austauschen. Während sie eine blühende Landschaft voller bunter Blumen und Sonnenstrahlen samt Regenbogen zeichnet, bringe ich aus dem Bauch heraus einen dunklen, eher düsteren Sternenhimmel zu Papier. Ihren schwierigen biografischen Werdegang kennend, spreche ich in ihrem Werk die Sehnsucht und die »rosige Zukunft« an, worauf sie mit kurzem Blick auf mein Bild anrührend meint: »Du weißt, in den Sternen sieht man die Vergangenheit!«

1.1 Die Liebe kommt auf die Welt – ein evolutionsdynamischer Blick

Auch wenn die Evolutionsforschung nicht direkt vom Geheimnis der Liebe spricht, so bleibt es auch unter diesem Blickwinkel ein Mysterium, warum eigentlich Leben und so etwas wie Liebe in der Welt aufgetaucht ist. Besonders für Charles Darwin lag die ganze Angelegenheit »völlig im Dunkeln« (Darwin, 1862, zit. aus Schmehl & Oberzaucher, 2016, S. 373), wobei Liebe aus evolutionsbiologischer Sicht vorrangig im Zusammenhang mit Fortpflanzung und Sexualität betrachtet wird. Darwin konnte

1.1 Die Liebe kommt auf die Welt – ein evolutionsdynamischer Blick

dabei mit seinem evolutionsselektiven Ansatz zeitlebens nicht verstehen, warum aus zwei eigentlich gut an die Umwelt angepassten Individuen durch sexuelle Vereinigung etwas völlig Neues erschaffen werden sollte, welches dann möglicherweise schlechter an die Umweltanforderungen angepasst ist (vgl. ebd.).

Derweil hat sich in den entsprechenden Wissenschaftsfeldern seit Darwin sehr viel getan und es sind aufschlussreiche Forschungsansätze entstanden. Freud, der sich an Darwins Evolutionstheorie orientiert hat und dem es zeitlebens um wissenschaftliche Interdisziplinarität ging, hätte wohl seine wahre Freude daran! Bekanntlich bemühte er sich, seine psychoanalytische Arbeit immer als betont wissenschaftlichen Ansatz zu betrachten, wobei er sich sowie seine Anhänger auf zukünftige Erkenntnis- und Beweismöglichkeiten der Neurobiologie bzw. Medizin vertröstete. Die Psychoanalyse hat ihre Wurzeln in der streng naturwissenschaftlichen Beschäftigung ihres Begründers mit der Anatomie von Meerestieren, wobei er selbst einen ursprünglichen Zusammenhang »Von den Geschlechtsorganen des Aals zur Traumdeutung« bewusst wenig zu erkennen schien (Tögel, 2013). Während Freud dabei als junger Student der wissenschaftshistorisch nicht unbedeutenden »Aal-Frage« nachging, also dem bis heute nicht eindeutig gelösten Rätsel, welchen biologischen Sexus Aale besitzen und wie sie sich genau fortpflanzen, sind heute mannigfaltige Zusammenhänge bekannt, wie viel »Fisch in uns« evolutionsgeschichtlich noch steckt (Shubin, 2009, vgl. auch Svensson, 2020).

Das Meer bzw. Wasser, aus dem wir evolutionär alle kommen, spielt eine gewichtige dynamische Rolle in der ursprünglichen Psychoanalyse. Neben Freud selbst hat vor allem Otto Rank das lebenslange Begehren nach der Rückkehr in den Mutterleib und den damit einhergehenden narzisstischen bzw. paradiesischen Urzustand betont. Im engen kooperierenden Zusammenhang hierzu hat Sandor Ferenczi die menschliche Sehnsucht nach Rückkehr in die von Außenreizen geschützte Fruchtwasserwelt der (Gebär-)Mutter Natur hervorgehoben. Er hat dabei die spekulative aber nichtsdestotrotz originelle phylogenetische Verbindung zwischen Fisch- und Menschenwesen gewagt und das Herauswachsen der Menschheit aus der Einheit mit dem Meer akzentuiert. Ferenczi vermutet eine tiefe menschliche Neigung zur »thalassalen Regression« (von gr. *thalassa*: Meer), die insbesondere in Liebes- und Verschmelzungswünschen auftauche (Ferenczi, 1924), wobei sein Lehrmeister Freud einem transzendental angehauchten »ozeanischem Gefühl« bekanntlich wenig abgewinnen konnte.

Liebevoll betrachtet kommt hier ein Hauch der charakteristischen psychodynamischen Denkweise auf, die tief in die dualistische menschliche Natur von Evolution und Involution blickt. Unsere Vergangenheit findet sich dabei immer auch gegenwärtig in uns, unabhängig davon in welchem Lebensalter wir uns gerade befinden. Die Psychoanalyse versucht also, den Menschen in seinen körperlich-triebhaften *und* geistig-kulturellen Wurzeln zu ergründen. Ohne nun auf eine ausführliche Natur-Kultur-Debatte einzugehen, finden die erstaunlichen Ergebnisse der entsprechenden Evolutionswissenschaften im Folgenden vor allem deswegen ausführliche Erwähnung, um darüber den Weg zu einem entwicklungs- bzw. psychodynamischen Verständnis der Liebe zu ebnen.

1.1.1 Vom Sex getrieben – unser animalisches Erbe

Alle Wissenschaften sind sich in einem Punkt einig: Der Mensch überlebt nur im Miteinander. Gleichzeitig gibt es natürlich immer schon ein Gegeneinander auf unserer Lebenssuche nach Lustgewinn bzw. Unlustvermeidung. Wir alle sind liebesfähige und -abhängige Wesen, wobei die moderne Forschung davon ausgeht, dass Sexualität zwischen zwei Geschlechtern, die an sich mit einem enormen Energieaufwand verbunden ist, der Schaffung von genetischer Variabilität dient. Grundlegende Mechanismen der Evolution sind hierbei Mutation und Selektion, wobei Mutationen zufällig geschehen und als eine Art »Abschreibfehler« (Schmehl & Oberzaucher, 2016, S. 375) gesehen werden können, die bei der Zellteilung passieren. Die wenigen davon, die schlussendlich in die Evolution eingreifen, unterliegen in der weiteren Entwicklung unterschiedlichen Formen der Selektion.

Dabei steht auf der ersten Ebene die vor allem von Darwin beforschte natürliche Selektion, bei der es für den Organismus ums »nackte Überleben« (ebd.) geht und darum, sich bestmöglich an die jeweils gegebenen Umweltbedingungen anzupassen. Die nächsten beiden Ebenen sind dann die sexuelle und die soziale Selektion, denen gerade unter psychodynamischen Gesichtspunkten höchstes Gewicht zukommt. Der Mensch ist von Beginn an also auch evolutionsbiologisch von Unterstützung und einer Integration in ein soziales Gefüge abhängig, da sonst keine förderliche Weitergabe des eigenen genetischen Materials möglich wäre. Die sexuelle Selektion wiederum erscheint hier beinahe noch bedeutsamer, da sie darüber bestimmt, wie erfolgreich die Reproduktionspartner überhaupt zusammenkommen und sich gesund fortpflanzen. Dabei kommt die erwähnte Variabilität zentral ins Spiel: Durch die vermischende Rekombination des genetischen Materials zweier Elternorganismen wird der Veränderungsprozess der selektiven Mutation beschleunigt. Dieser »evolutionäre Turbo« (ebd., S. 377) bietet für vielzellige und langlebige Organismen wie den Menschen einen entscheidenden Vorsprung im Wettrennen mit natürlichen Parasiten, allen voran Bakterien und Viren, die durch ihre kleinzellige Struktur um ein Vielfaches mutations- und damit anpassungsfähiger sind. Durch die Aufteilung in relativ große »stationäre« (Ei-)Zellen und kleinere »mobile« (Sperma-)Zellen wird eine größtmögliche Komplementarität geschaffen, die wiederum der Fortpflanzungsförderung dient (ebd., S. 378–379).

Physiologisch stellt die sexuelle Partnerwahl somit das Fundament für einen funktionierenden Lebensorganismus mit Immun- bzw. Abwehrsystem und damit für ein gesundes Leben dar. Für die geschlechtliche Variabilität in weiblich und männlich bringt die Natur dabei viel Energie auf. Anfänglich tragen nämlich alle Embryonen beide Geschlechtsmerkmale in sich, wir alle sind in unseren tief sexuellen Ursprüngen sozusagen ganzheitlich veranlagt. Zu Beginn ging es also um Sex pur, so wie bei den meisten Lebensformen noch heute. Sie pflanzen sich seit Jahrmillionen in derselben Art und Weise quasi instinktiv fort und legen dabei keinen Wert auf irgendeine wie auch immer geartete Fürsorge für ihren Nachwuchs. Die Nachkommen werden nicht einmal von den Erzeugern erkannt.

Allerdings nahm die Evolution in ihrer wahrhaften »Sternstunde« (Eibl-Eibesfeldt, 1999) einen zusätzlichen Fortpflanzungsweg: Es entwickelte sich über die Brutpflege eine immer innigere Verbindung zwischen Erzeugern und Nachwuchs und die Muttertiere begannen, sich umfassend um ihre Kinder zu kümmern. Dabei ist das einzigartige und überlebensessenzielle Band zwischen individuellen Lebewesen entstanden: Der Quell der verhältnismäßigen Liebe kam auf die Welt.

1 Eine kurze Biografie der Liebe

Bei einem kleinen Teil von ca. 3 bis 5 % Prozent dieser Tiere entwickelte sich darüber hinaus eine besondere Fürsorge des väterlichen Elternteils für seine Nachkommen. Diese Hinwendung hat ihren biologischen Ursprung in der sexuellen Anziehung zwischen den Elternteilen zur bestmöglichen Weitergabe der eigenen Gene. Menschliche Bindungs- bzw. Partnerwahl wird dabei von ausgeklügelten genetischen, hirnstrukturellen bzw. neurohormonellen Mechanismen gesteuert (vgl. Bartels, 2016), die in ihrem vielschichtigen Gehalt relevante psychodynamische Bedeutung haben können.

So gibt es genetisch gesehen eine »optimale Distanz« (ebd., S. 398) zum Partner, wobei eine diametrale Dynamik ausbalanciert werden muss: Auf der einen Seite soll der infrage kommende Partner eine möglichst ähnliche bzw. verwandte Genstruktur aufweisen, denn die Nachkommen sollen ja die eigenen Gene bestmöglich weitertragen. Auf der anderen Seite darf das sexuelle Gegenüber nicht zu verwandt sein, denn anderenfalls würde Inzucht mit weitreichenden gendefektiven Konsequenzen resultieren. »Ein Kompromiss zwischen Nähe und Distanz ist daher optimal« (ebd.). Die unbewusste Fokussierung auf selbstähnliche Partner nennt sich in der Biologie »Homogamie«. Bei dieser Hypothese wird davon ausgegangen, dass sexualreife bzw. erwachsene Individuen sich über eine »postnatale Prägung« überproportional oft Partner mit – äußerlicher – Ähnlichkeit zum gegengeschlechtlichen Elternteil aussuchen, da natürlich die eigenen Eltern genetisch immer am verwandtesten sind. Die Gefahr, die eigenen Eltern oder Geschwister biologisch hochattraktiv zu finden, wird dabei beim Menschen, wie übrigens bei vielen anderen Säugetieren und Vögeln auch, durch natürliche Mechanismen verhindert. Insbesondere der Geruchssinn spielt hier, aber auch allgemein bei der Partnerwahl und Beziehungspassung eine wesentliche Rolle.

Interessanterweise wird dabei dem Geruchssinn in der psychotherapeutischen Alltags- bzw. Praxisgestaltung im Vergleich zur optischen oder akustischen Ebene relativ wenig Aufmerksamkeit geschenkt. Gerade auf psycho- und beziehungsdynamischer Ebene scheint die Frage, wie bzw. ob man sich gegenseitig riechen kann, eine zentrale Rolle zu spielen. So können wir olfaktorisch unbewusst u. a. ein wichtiges Molekül unseres Immunsystems erkennen, wobei für Menschen dasjenige Molekül besser riecht, das ihrem eigenen unähnlich ist. Auch hier setzt die Natur auf

Variabilität: Menschen, die von Mutter und Vater unterschiedliche Versionen dieses Moleküls vererbt bekommen haben, sind nachgewiesenermaßen seltener krank.

Ohne in eine allzu evolutionsbiologistische Perspektive zu verfallen, müssen hier natürlich die Faktoren »Gesundheit« bzw. »Fitness« erwähnt werden, wobei das berühmte Diktum »survival of the fittest« mit seiner weitreichenden, hier nicht weiter ausführbaren Herkunftsgeschichte bei Darwin sinngemäß »Das Überleben der Bestangepassten« bedeuten soll. Unsere Fortpflanzung und damit unser Überleben sind geprägt vom bestmöglichen Signalisieren unserer gesunden Gene bzw. unserer »guten« inneren Anteile. So wie bei vielen Tierarten funktioniert dies beim Menschen über archaische Mechanismen, wie z. B. männliches Imponiergehabe bzw. testosterongesteuerte Selbstdarstellung und weibliches, von entsprechenden Bindungshormonen geleitetes Selektions- bzw. Behütungsverhalten. Dies wurde in zahlreichen Studien empirisch belegt (vgl. Bartels, 2016; Junker, 2016; Grammer, 1993), wobei die Korrelationen zu psychodynamischen Standardauffassungen nicht zu übersehen sind. Unter anderem werden aus der evolutionsbiologischen Verhältnismäßigkeit und »optimalen Distanzregulierung« sowohl die Universalität der Inzestschranke als auch die Schicksalshaftigkeit der menschlichen Primärbeziehungen ersichtlich. Und schließlich sind und bleiben wir trotz unseres hochkultivierten Geistes affekt- bzw. triebgeleitete, hypersexuelle Wesen mit entsprechendem – unbewusstem – Verhalten. So scheint es für den vermeintlich reifen und aufgeklärten Erwachsenen noch heute schwer, seine animalischen Wurzeln zu akzeptieren.

1.1.2 Leben, um zu lieben; lieben, um zu leben – haltgebende Verhältnisse

Nach der Geburt des Nachwuchses garantiert bestmögliche Kooperation die höchsten Überlebens- und gesündesten Entwicklungschancen. Evolutionshistorisch wird vermutet, dass einschneidende Umwelt- bzw. Klimaveränderungen zur Ausdünnung des tropischen Regenwaldes als ursprünglichem Lebensumfeld unserer Vorfahren führten. Diese wurden gezwungen, sich an die neuen Gegebenheiten im nunmehr wachsenden

Savannengebiet u. a. dadurch anzupassen, indem sie zunehmend auf zwei Beinen von einer Baumgruppe zur anderen gingen. Der aufrechte humane Gang gilt allgemein als absoluter Meilenstein in der Menschheitsgeschichte: In wechselseitigen Abläufen entwickelten sich so die ersten Frühmenschen, was irgendwann den Funken der Bewusstseinswerdung entzündete. Durch diesen Gang boten sich die Hände zur freien Gestaltung an und der Mensch nutzte dies u. a. zum Werkzeuggebrauch sowie zum Transport von Nahrung. Gleichzeitig haben die Mütter angefangen, ihre Babys zu tragen, waren dabei aber aufgrund der vergleichsweise offenen und damit viel bedrohlicheren Savanne existenziellen Gefahren ausgesetzt. Es überlebten zunehmend nur diejenigen jungen Mütter, denen es gelang, den Vater als exklusiven Begleiter und damit als Beschützer und Nahrungsversorger an sich und den Nachwuchs zu binden. Hier wurde das Fundament zur monogamen Bindung und der Kernfamilie gelegt, welches als einzigartiges Band der Liebe bis heute nach denselben inneren biochemischen Prozessen funktioniert (Fisher, 2005). Jene Urverbindung prägt unsere Entwicklung seither unausweichlich und das Menschenwesen unterliegt durch die signifikante Verschränkung mit seinen frühesten elterlich-versorgenden Bezugspersonen quasi einer schicksalshaften Macht.

Die physiologische Basis dieses mächtigen Beziehungsgeschehens bilden Hormone, unter anderem die in sehr alten Hirnregionen produzierten Bindungshormone Oxytocin und Vasopressin. Diese werden v. a. beim Gebären sowie beim Säugen bzw. Stillen, aber eben auch bei sexueller Stimulation, beim Orgasmus und jeglichem – romantischen – Liebesbeziehungsgeschehen ausgeschüttet und wirken vorwiegend beruhigend, angstmindernd sowie bindungsstärkend. Besonders erwähnenswert ist dabei die bereits von Freud vermutete hirn- und damit psychodynamische Nähe von elterlicher und partnerschaftlicher Liebe. Aktuelle Untersuchungen konnten zeigen, dass diese beiden intensivsten Formen der Liebe auf neurobiologischer Ebene immer mit den gleichen Hirnarealen und Neurohormonen zusammenhängen: »Liebe scheint an sich immer gleich zu sein« (Bartels, 2016, S. 395).

Nicht zu vergessen sind auch in diesem Zusammenhang die Verliebtheitshormone (Phenylethylamine), die ihre mächtige Wirkung entfalten, wenn man der Liebe regelrecht verfällt. Sie sind aber nachgewiesenermaßen nur passager und werden bei einer gelingenden Beziehung durch die erwähnten Bindungshormone dynamisch abgelöst. Diese innere Kraft der Liebe sticht durch ihre euphorische Intensität hervor und macht den Menschen mitunter »blind« bzw. »verrückt« vor Liebe oder lässt uns uns »unsterblich« in jemanden verlieben. Auch hier erscheint es bemerkenswert, wie neurophysiologische Untersuchungen den sehr engen hirnlokalen Zusammenhang von Verliebtheits- bzw. Liebesgefühlen und Sucht- bzw. Wahnzuständen nachweisen konnten (ebd., s. a. Junker, 2016, S. 147). Die Liebe ist unsere größte Sehnsucht und bei verlorener Liebe bricht eine Welt zusammen. Diese Liebeswelt muss natürlich genauso wie unsere Lebenswelt erst einmal geschaffen werden und je kreativ-förderlicher dies erreicht wird, desto psychisch gesünder ist der Mensch jeglichen Lebensalters.

1.2 Die liebevolle Erschaffung der Welt

Betrachtet man die erwähnte evolutionäre Bindungszentrierung zum eigenen Nachwuchs tatsächlich als »Sternstunde der Evolution«, dann stellt der Selbsterkenntnisprozess der bewussten Menschheit wohl eine Art *Urknall* dar. So unsagbar wundervoll der Kosmos um uns herum und noch viel mehr die Entstehung von Leben ist, umso faszinierender ist die wohl erstaunlichste Schöpfung der Natur: das (Selbst-)Bewusstsein. Die Entwicklung von lebendigen Wesen einerseits, die andererseits in der Lage sind, sich ihre innere Welt zu schaffen und über sich selbst, ihre Herkunft und ihre Natur zu sinnieren oder gar hinauszuwachsen, kann bei entsprechender Betrachtung nur mit demütig staunender Bewunderung gesehen werden.

Genau dieser bewundernd-idealisierende Blick wiederum ist ja ein wesentliches Element jeglicher Liebe. Er entsteht auf Grundlage der kindlich-einfachen Welt und der sehnsüchtigen inneren Urkraft in uns allen, die schließlich Wahrheit, Wissen, aber eben auch Leiden schafft. Die Symbol- bzw. Phantasieebene kann dabei nicht genug gewürdigt werden, da mit wachsender Selbsterkenntnis das Gewahrwerden von unerträglichen

1 Eine kurze Biografie der Liebe

Wahrheiten einhergeht, allen voran unsere Endlichkeit als sterbliche und von der Welt eigenartig isolierte Wesen. Der Lauf der Dinge hat einen Geist hervorgebracht, der uns seither leitet, aber eben auch verfolgt, und so zahlt der Mensch den Gewinn an Selbsterkenntnis mit dem Verlust von natürlicher Unmittelbarkeit. Über all dem thront die unergründliche Liebe als höchstmögliche Erkenntnis- und Bewältigungsform, genauso wie sie auch das Fundament für haltgebende Struktur, Vertrauen und Hoffnung bildet.

Schließlich hat sich mit dieser phylogenetischen Menschheitsentwicklung zum einen der individuelle Möglichkeitsraum entwickelt, sich selbst zu lieben. Darüber ist der sich stetig erkennende Mensch in seiner existenzdynamischen Dualität von Innen und Außen gelandet, in welcher er wiederholt von den beiden elementaren Polen Wille und Zwang an- und umgetrieben wird. Zum anderen hat sich wechselseitig über die stetige Wandlung der puren Versorgung zur elterlichen Fürsorge die liebevolle Aussicht eröffnet, jemand Anderen nicht nur zu fürchten oder als potenzielles Triebobjekt zu empfinden, sondern diesen Anderen so sehr oder gar mehr zu lieben, als sich selbst! Dies wiederum hat für das selbstbewusste Menschenwesen reziprok zu einem Vergessen seiner selbst im und durch den Anderen geführt, so dass auch aus dieser tief humanen Perspektive die Liebe in ihrer psychodynamischen Prozesshaftigkeit als etwas *Primäres* gesehen werden kann. Natürlich bewegt man sich hier auf unheimlichen Ebenen, in Anlehnung an Freuds Verständnis verwischt bei solch einem vertiefenden Blick die Grenze zwischen Innen- und Außenraum und es stellt sich die elementare Frage, ob das Fremde sich mehr in mir oder im Anderen befindet? So unergründlich diese Spektren scheinen, werden sie uns im Folgenden u. a. beim faszinierenden Thema der Empathie begegnen. Liebesdynamisch lässt sich schon mal erahnen, dass es auch hier um Ganzheitssehnsucht zu gehen scheint und darum, Teil von etwas Größerem zu sein. Es geht primär nicht ums Geteilt-Sein, sondern ums ersinnende Teilhaben an dem mit Liebe erfüllten Leben.

Wie man es schlussendlich dreht und wendet, ohne Liebe gibt es uns nicht und so sehr der Hass oder gar das Böse unter uns weilen, ursprünglich muss ein Fünkchen Schöpferisches einfach überwiegen. Wenn das Menschenkind von Anbeginn seiner Existenz etwas braucht, dann das nährend-tragende Empfinden, dass Inneres und Äußeres bei aller dynamischen Transformation annähernd zusammenpassen. In anderen Worten leben wir ein Liebesleben und sind zeitlebens beziehungsabhängig von Kohärenz, Ganzheit bzw. psychischer Einheit. Im innerseelischen Kontinuum zwischen triebhaftestem Es und moralischstem Über-Ich sucht das Ich als Selbst kontinuierlich nach Resonanz, Halt und Liebe. Wie, wo und wann sich in diesem Leben ein insoweit unabhängiger seelischer Apparat namens Psyche kreiert und was dieser für ein möglichst gesundes Wachstum braucht, ist bekanntlich Gegenstand spannender dynamischer Psychoanalyseforschung.

Die antike Mythologie beschreibt diese Abläufe auf der Symbolebene phantastisch: So spiegelt das sagenhafte Märchen von »Amor und Psyche« des Apuleius (Apuleius, 1998) in verdichteter Form die Wandlungen bzw. »Metamorphosen« zur humanen Selbstwerdung in all ihren Facetten und kann als eine der schönsten klassischen Liebesgeschichten gesehen werden. Eines seiner zentralen Urthemen ist die Liebes- bzw. Selbsterkenntnis, also die Lebensdynamik von Emotion und Kognition, von Herz und Verstand.

So verliert der unsterbliche Liebesgott Amor sein Herz und mit ihm seine eigentliche Macht über die Liebe an das wunderschöne Menschenwesen Psyche. Sie ist die jüngste von drei anmutigen Königstöchtern, wobei ihre Schönheit die aller Sterblichen überragt. Psyche wird von vielen gottähnlich verehrt, was wiederum die tiefe Missgunst Aphrodites (lat.: Venus) weckt, ihrerseits ursprüngliche Göttin der lustvollen Liebe bzw. Schönheit und mütterliche Gebieterin des Amor. Während er also den Auftrag bekommt, Psyche quasi zu entsorgen und anhand seiner Liebespfeile mit einem niederen und ungeheuerlichen Mann zu verkuppeln, verliebt er sich selbst unsagbar in sie. Er rettet Psyche mithilfe von Zephyr, dem Herren der Winde, und so schwebt die Anmutige in Amors Palast, wo beide trotz der anfänglichen Sorgen Psyches himmlische Liebesmomente erleben. Psyche erfährt diese Wonnen dabei blind, d. h., sie kann ihren Liebhaber aufgrund seines nächtlichen Arrangements nicht erkennen, wobei die übermenschlichen Empfindungen Amors gleichsam zunächst wenig Erkenntnisspielraum bekommen.

Während der Mythos, wie so viele andere Sagen und Märchen auch, durchgehend von tief zwischenmenschlichen Abläufen heftigster Begierden, Neidgefühlen und Zwietracht getragen wird, offenbart sich nun das Entscheidende: Amor bittet Psyche, ihn niemals voll und ganz zu erblicken. Die Liebe trägt der Seele sozusagen auf, dass ihr wahres Wesen für Sterbliche unerkennbar und die Erkenntnissuche nach ihr sinnlos ist. Vielmehr stürzt ein allzu rationales Streben das Menschenwesen in tiefes Verderben und so erfährt auch Psyche nach ihrem wohl unausweichlichen Blick auf Amor großes Leid. Von Venus verfolgt und dem Todesreich immer wieder sehr nahe, besteht Psyche jedoch mithilfe göttlichen Mitleids und wahrhaft triangulierender Unterstützung des Göttervaters Zeus (lat.: Jupiter) auch die schwersten Lebensaufgaben. So steigt sie schließlich in ihrer endgültigen Vereinigung mit Amor selbst zu einem übermenschlichen Wesen empor.

In dieser Liebeserzählung steckt genauso wie in den zahlreichen überlieferten Urmythen unerschöpfliche Wahrheit, und so nimmt es nicht wunder, dass die Menschen seither ertragreich daraus schöpfen. Wie auch in den berühmten Liebesgeschichten von »Adam und Eva«, »Orpheus und Eurydike« sowie »Die Schöne und das Biest« erweist sich als ein zentrales Motiv hierin die Selbsterkenntnis. Besonders stimmungsvoll erscheint dieses archaische Thema in Ovids Sage von »Narziss und Echo«, auf welche weiter unten noch näher eingegangen werden soll. Therapeutisch verwende ich entsprechende Mythen, Märchen und Geschichten sowohl in klassischer als auch vor allem in moderner Form sehr gerne. Dabei geht es besonders aus psychodynamischer Perspektive weniger um rational-logische Einsichten als vielmehr um relational-dynamische Ebenen des Berührt- und Bewegtseins. »Wenn das Herz denken könnte, dann stünde es still« (Pessoa, 2011, S. 15).

Natürlich ist die allgemeine Suche nach Wahrheit so alt wie die bewusste Menschheit und sie begleitet uns als Wissensdrang und Neugier von jeher. Als humane Ursprungsdisziplin Philosophie leitet sie dabei mit ihrer »Liebe zur Weisheit« (gr. *philo:* Liebe und *sophia:* Weisheit bzw. allg. Wissen) bis heute nicht nur die Psychoanalyse, sondern die gesamte Wissenschaftswelt. Stammes- wie individualgeschichtlich lässt sich dabei eine psychodynamische Spur der Bewusstseinsentwicklung verfolgen, wobei der physiologischen Frühgeburt des Menschen herausragende Bedeutung beikommt. Wegen seines enormen Wissens bzw. Selbstbewusstseins und des damit einhergehenden großen Gehirnvolumens, muss der Homo sapiens aus physioanatomischen Gründen den Mutterleib in einer relativ frühen Entwicklungsstufe verlassen, da er sonst auf natürlichem Weg nicht durch den Geburtskanal käme.

1.2 Die liebevolle Erschaffung der Welt

Das Menschenkind ist hierbei existenziell von einer umfassenden Fürsorge abhängig, was wiederum den Boden für ein zutiefst bewegtes und damit dynamisches Beziehungsgeflecht bildet. Zentral erscheinen hierbei die (Un-)Bewusstseinsabläufe des Säuglings bzw. Kleinkindes, dass sich – je jünger, desto intensiver – noch eins fühlen mag mit seiner mütterlichen Umgebung. Analog ließe sich hier die phylogenetische Menschheitsevolution betrachten, bei der sich die sogenannten primitiven Naturvölker in einer ursprünglicheren Integration mit ihrer Umwelt erleben, dabei aber zur strukturierenden Urangstbewältigung sehr stark am Ritus hängen.

Während sich nun die gesamte Menschheitsentwicklung in immer höhere und differenziertere Bewusstseinsebenen zu bewegen und das humane Wesen sich noch so über seine Natur zu erheben scheint, bleibt psychodynamisch ein essenzieller Kernkomplex festzuhalten: Wir Menschen erkennen uns und kennen uns doch nicht! Wir sind freie Schöpfer und gebundene Geschöpfe zugleich, wir wissen und wissen doch nicht(s) und nur die Liebe lässt uns dieses Dasein aushalten und mit Sinn erfüllen! Wir leben einen existenziellen Dialog von Obsession, Progression und Regression zwischen passivem Ausgeliefertsein und aktivem Schöpfertum im Angesicht unserer eigenen Sterblichkeit. Der »diá-logos« umfasst dabei in seiner Begrifflichkeit etwas Ursprüngliches und bedeutet in seinen altgriechischen Wurzeln sowohl den Austausch bzw. »Fluss von Worten« als auch ein »Zwischen-den-Dingen-Sein«. In diesen höchst bedeutsamen Lebenszwischenbereichen bewegt sich besonders Winnicott mit seinen tief existenziellen psychodynamischen Konzepten des »Übergangsobjektes« und des »potenziellen Raums« auf unnachahmliche Weise (Winnicott, 2008). Er betrachtet die humane Welt als unausweichlich *zwischen*menschlich, wobei sich Winnicott als kreativ-freigeistiger Psychoanalytiker ertragreich mit philosophischen Fragestellungen beschäftigt. Als wertvolles Verbindungsglied von Philosophie und Psychotherapie kann hierbei ein altes Begriffspaar dienen: die *appolinische* Maxime des »Erkenne Dich selbst« gilt seit jeher als psychoanalytisches Leitbild, während *dionysisch* zu erkunden ist, ob es in einem gesunden und mit von Liebe erfülltem Leben darum geht, sich selbst zu suchen (und vermeintlich zu finden) oder sich selbst zu vergessen?

> Besonders in Therapiebegegnungen mit Kindern komme ich diesbezüglich bei stimmiger Atmosphäre immer wieder ins Sinnieren. Bei entsprechenden kindlichen Äußerungen wie: »Jetzt red' nicht so viel, sondern mach!« oder den typischen tief philosophischen Kinderfragen muss ich oft schmunzelnd an Zitate von großen Denkern denken. Der berühmte Sprach- und Spielphilosoph Wittgenstein z. B. führte lakonisch aus: »Denk nicht, sondern schau!« und Popper als einem der bedeutendsten Erkenntnisphilosophen und Wissenschaftstheoretiker war klar: »Wir wissen nicht, sondern wir raten.«
>
> Charakteristisch für den Kontakt zu Jugendlichen und – jungen – Erwachsenen erweist sich bezüglich dieses existenziellen Ratespiels wiederum die Frage, in welchem (un-)lustvollen Maße zwischen Ausschweifung und Anpassung man sich in entsprechend rauschartig-orgiastische und damit auch ekstatische Zustände (von gr. ekstasis: aus sich treten) begibt? Wie konform marschiert bzw. wie umtriebig gleitet das Menschenkind nachhaltig durchs Leben, und gehe ich als Individuum in dieser unausweichlichen Gesellschaft dabei eher auf oder unter?
>
> Die Frage ist somit schließlich, wie »weitinnig« die Sehnsucht nach diesen elementaren Liebessphären im universellen Such- und Ratespiel der Existenz zu gehen vermag?

Während Wilhelm Reich hier trotz letztendlicher Verirrungen ins Hochspekulative mit seinen Sexual- und Sozialforschungen auch substanzielle psychodynamische Impulse hinterlassen hat (Reich, 1969 u. 1971), rätselt bereits Freud im Grunde über nichts anderes. Er bewegt sich schließlich in Dimensionen jenseits konventioneller Lustprinzipien und fragt sich nachhaltig, mit welchen Genuss-, Betäubungs- und eben Linderungsmitteln dieses leidvolle Leben ertragreich ausgehalten werden kann? Die genannte, von Nietzsche popularisierte Bipolarität »Dionysisch – Apollinisch« kann dabei in engem dynamischem Zusammenhang zum »Primär«- und »Sekundärprozess« der Psychoanalyse gesehen werden. Unnachahmlichen Ausdruck finden diese Begrifflichkeiten in den poetischen Zeilen des großen persischen Dichters Rumi:

> *Es schreckt das zarte Herz vor Liebe*
> *Zurück wie vor dem kalten Tod.*
> *Es stirbt, wo wahre Lieb' erwacht,*
> *Das Ich, der dunkle, der eitle Despot.*
> *Lass sterben ihn in schwarzer Nacht*
> *Und atme frei im Morgenrot.*
> (aus Reik, 1985, S. 131).

1.2.1 Liebeswille und der existenzielle Dialog des Menschenkindes

Das Dickicht der so schwer einsehbaren und mitunter extrem beschwerlichen Liebessuche im Leben untersucht seit jeher die Psychoanalyse, wobei ihr forschender Geist unbestreitbar auf Schopenhauer beruht. Der Philosoph der Leidenschaft und des Unbewussten, auf den sich Freud selbst nachhaltig bezieht, betrachtet die Welt bekanntlich durch und durch als Wille und Vorstellung. Dabei scheint es jenseits aller intellektuellen Prinzipien gleichgültig, ob es ums Haben- oder Sein-Wollen geht, der Wille als bedeutendste – unbewusste – Macht durchdringt alles.

> Eine adoleszente Patientin brachte dies einmal auf den wesentlichen Punkt: »Ich will gewollt werden, verstehen Sie?«

Dieser durchgehend waltende »Liebeswille« des Menschen ist ein zentrales psychodynamisches Element, welches sich in den existenziellen Dimensionen zwischen Einheitsbegehren und Verschmelzungsangst bewegt. Zwischen diesen beiden Lebenspolen will die Liebe ihren Spielraum, in dem wiederum ein dialogisches Geben und Nehmen zwischen Freiheit und Notwendigkeit sowie zwischen aktivem Schöpfertum und passivem Ausgeliefertsein auf dem Boden einer basalen Todes- bzw. Lebensangst herrscht. In diesem Geiste betrachte ich uns alle als »Patienten des Lebens« (von lat. *patiens:* duldend, geduldig, leidend), eingebettet in einem unausweichlichen Spannungsfeld von Lust, Unlust und Verlust. Im Grunde lässt sich hier jedes kindlich-spielerische Agieren genauso wie alles erwachsene Treiben, Getrieben-Sein und Handeln im Leben als »existenzieller Dialog« (Korosidis, 2021) im Angesicht unserer eigenen Sterblichkeit verstehen. Der Mensch gibt in diesem inneren und äußeren Dialog von Geburt bis zum Tod – so wie er ist – sein Bestes, will aber so auch immer das Beste. Das individuelle und damit isoliert-eigenwillige Menschenkind, egal wie jung oder alt, scheint dabei in seiner vulnerabel-begierigen Natur unersättlich, und Befriedigung kann es immer nur temporär bzw. partiell geben. Gleichzeitig haben wir alle teil an einem ursprünglichen Vermögen zur Hingabe und damit zur potenziellen Einfühlsamkeit als liebeswillig-mitleidende Wesen. Liebesdynamisch pendeln wir somit alle unablässig zwischen Fremd- und Eigensinn hin und her. Spielerisch belustigt ließe sich hier fragen, was denn nun die magischen drei Worte sein mögen, die die Welt bedeuten und die jedes Menschenwesen unbedingt hören will: »Ich liebe Dich« oder vielleicht doch eher »Du hast recht«?

Nicht ohne Grund steckt in wesentlichen Begriffen des Zwischenmenschlichen, wie Sympathie, Empathie oder Apathie, das »Pathos« (von gr. *páthos*: Leid, Schmerz). So gesehen erscheint jeder Mensch in seinem Begehren nach dem Besten in einer leidvollen und schlussendlich willkürlichen Welt als *ertragend tragischer Optimist* (von lat. *optimus*: das Beste) und die Psychodynamik bzw. Kraft der Hoffnung gewinnt unermessliche Bedeutung. Meinerseits will ich hier Schopenhauer und Freud, die beide auf ihre Art wahrlich von keiner allzu optimistischen Aura umgeben scheinen, in etwas anderem Lichte sehen. Hilfreich erweist sich mir hierbei Schopenhauers berühmtes Gleichnis von den frierenden Stachelschweinen, auf das sich auch Freud bei seinen sozialpsychologischen Überlegungen bezieht:

> »Eine Gesellschaft Stachelschweine drängte sich, an einem kalten Wintertage, recht nahe zusammen, um, durch die gegenseitige Wärme, sich vor dem Erfrieren zu schützen. Jedoch bald empfanden sie die gegenseitigen Stacheln; welches sie dann wieder voneinander entfernte. Wann nun das Bedürfnis der Erwärmung sie wieder näher zusammen brachte, wiederholte sich jenes zweite Übel; so dass sie zwischen beiden Leiden hin und hergeworfen wurden, bis sie ein mäßige Entfernung voneinander herausgefunden hatten, in der sie es am besten aushalten konnten« (Schopenhauer, 1999, S. 571, vgl. auch Freud, 1921, S. 95).

Diese fabelhafte Geschichte ist voller Liebesmetaphorik und ihre einfache Kernaussage wird das weitere Buch begleiten.

1.2 Die liebevolle Erschaffung der Welt

Diesbezüglich versuche ich regelmäßig, das Gleichnis beziehungsdynamisch in therapeutische Begegnungen einzubringen, wobei ich die auch hoffnungsspendende Dynamik des liebeswilligen Suchens und Findens darin betone. Besonders Kinder sprechen immer wieder ertragreich offen darauf an und so erwiderte ein neunjähriger, sehr hyperaktiver Junge einmal feinfühlig: »Ja, aber es sind doch nicht alle Stachelschweine gleich! Manche haben sicher lange Stacheln und andere kurze … die brauchen dann doch nicht alle das Gleiche!« Und ein anderes Kind mit zwanghaft-ängstlichen Zügen meinte eindrücklich: »Ich würde den Schmerz aushalten, wenn ich dafür nah bei meinem Papa bin …«

Mit psychodynamischem Blick scheint es eigentlich weniger um Antworten als um Fragen und mehr um die kindliche Phantasie bzw. das einfache Staunen als um vermeintlich reif-erwachsene Vorstellungswelten zu gehen. Dies verstehe ich als etwas tief Empirisches, wobei solch komplexe zwischenmenschliche Abläufe wohl niemals gänzlich mit streng wissenschaftlichen Methoden erfasst werden können. Das bedeutet jedoch keinesfalls, dass ich mich als psychodynamisch orientierter Therapeut den gängigen wissenschaftlichen Methoden verschließe. Im Gegenteil bin ich sehr interessiert an verschiedenen empirischen Zugangswegen und versuche allen mit integrativ-liebevoller, aber durchaus auch kritisch-zweifelnder Attitüde zu begegnen.

Vielleicht so wie ein neugieriges und immer hinterfragendes Kind, dass sich innerlich niemals zufrieden gibt mit allzu erwachsenen Antworten auf seine wesentlichen Fragen. Im Kern ist es wohl diese kindlich-spielerische Haltung und unsere unermessliche Phantasie, die Wahrheit und Wissen schafft. Oder um es wissenschaftlicher zu formulieren: »Phantasie ist wichtiger als Wissen, denn Wissen ist begrenzt. Phantasie aber umfasst die ganze Welt« (Einstein, 1929).

Hier kommt die Liebe grundlegend ins Spiel, da Phantasien wie erwähnt psychischer Segen und Fluch zugleich sein können. Nur mit liebevoller Haltung lassen sich diese gespaltenen Lebensbedingungen der Conditio Humana sinnlich aushalten und förderlich transformieren. So mag auch die zweiteilige Darstellungsform der Liebe im antiken Mythos in Aphrodite und Eros ihrem komplex-dualistischen Wesen geschuldet sein.

1 Eine kurze Biografie der Liebe

Die Erscheinung des Eros als lustvoll-launisches Kind spricht dafür, dass die Kraft der Liebe einerseits mit der Kindheit zusammenhängt und infantil-spielerischen Elementen folgt, während Aphrodites Gestalt für die erwachsen-genitale Liebe steht. Bezeichnenderweise stellt Eros bei Platon dabei gerade nicht das eigentlich Schöne dar. Vielmehr erscheint er als halbgöttliches Kind von Poros, seinerseits Gott des erfüllenden Reichtums, und von Penia, die als Sterbliche für die Personifikation von mangelnder Armut steht, in seinem kosmischen Zwischenwesen auf der Lebensbühne.

Das antike Denken ist besonders bei Platon von menschlichen Dualismen und deren (un-)möglicher Überwindung geprägt. Er war es mit seinen berühmten Dialogen auch, der unsere idealistische und sehsüchtige Liebeshaltung nach der »besseren Hälfte« bis heute geprägt hat. Die platonische Liebe als geläufiger Begriff für asexuelle bzw. befriedigungslose Liebesformen zeugt dabei von einem unvollständigen oder gar falschen Verständnis von Platons Einsichten. Die Wirkung seiner Schriften generell und vor allem bezüglich der lustvoll-erotischen Liebe und ihrer Dynamik kann nicht überschätzt werden, wobei hier vor allem der Übergang vom Mythos zum Logos und damit auch der direkte Bezug zur Psychoanalyse betont sei (vgl. Bergmann, 1999).

Platon hat zwei wesentliche Theorien der Liebe hinterlassen, die erste sieht Eros als »Dämon«, d. h. als Mittler zwischen Göttlichem und Menschlichem, und beschreibt damit eindrücklich die bereits angeführte humane Grundverfassung vom Verlust der natürlichen Unmittelbarkeit. Als philosophie- und damit menschheitsgeschichtlich absolut herausragende Gestalt hat Platon durch das Erschaffen seiner dialogisch auftretenden Figuren diesen humanen Zwischenweltraum aufs Ertragreichste versinnbildlicht. Immer auf der leidenschaftlichen Suche, wird für das Menschenkind nie gänzlich ersichtlich, wie und wo die Wahrheit – über sich selbst – zu ergründen ist und ob die wahren Lehrmeister auf dieser Suche im Äußeren oder im Inneren zu finden sind. Im wohl berühmtesten Liebesdialog, dem Symposium, bringt uns die mystische Priesterin Diotima als geistige Führerin von Sokrates – seinerseits ja Lehrer von Platon – die absolut wegweisende Rolle der Liebe näher. Sie ist die treibende Kraft, die den Menschen in seinem Streben nach Unsterblichkeit körperlich über seinen Nachwuchs, aber eben insbesondere auch seelisch erschafft und fortleben lässt.

Platons zweite Theorie schließt sich daran an und betont anhand des bekannten Mythos vom »Kugelmenschen« als ursprünglich sogar dreigeschlechtlichem Wesen die menschliche Sehnsucht nach Wiedervereinigung: »Wir waren *ganze* Wesen. Die Begierde also und das Streben nach dem Ganzen ist es, was man Liebe nennt« (zit. aus ebd., S. 71).

1.3 Historischer Entwicklungsabriss der Liebe

Auch wenn es dabei den Anschein hat, als herrsche das antike Liebesbild schon ewig, so taucht die Vorstellung der romantischen Liebe, wie wir sie heute u. a. in der partnerschaftlichen Sehnsucht und Verliebtheit kennen, erst vor ca. 250 Jahren in der kulturellen Geschichte auf. Bis zur Renaissance bzw. Aufklärung waren die Paar- und Familienbeziehungen ausschließlich von lebenspraktischen Aspekten und geschlechtsspezifischer Arbeitsteilung geprägt. Auch wenn das klassische Altertum die Liebe sehr gepriesen hat, kannte es die leidenschaftlich-romantische Beziehung, geschweige denn die Liebesheirat zwischen Frau und Mann so überhaupt nicht.

Mit dem Zerfall des römischen Imperiums und der gleichzeitig zunehmenden Ausbreitung des christlichen Glaubens in Europa, gedieh die Vorstellung, dass die wahre Liebe einzig und allein Gott zu gelten habe. Welche mitunter grauenhafte Entwicklung mit dieser Liebesvorstellung für Jahrhunderte verbunden war, bezeugen nicht zuletzt die dunkelsten Kapitel des Mittelalters und der Kirchengeschichte. Erst mit der Renaissance und der folgenden Aufklärung veränderten sich diese Strukturen grundlegend, auch wenn beispielsweise die Minnegesänge ab dem 11. Jahrhundert als geistiger Vorläufer des heutigen Liebesbildes gesehen werden können.

Insbesondere im Zuge der Romantik in Verbindung mit der unaufhaltsamen Industrialisierung entwickelte sich allmählich der moderne Zeitgeist der romantischen Liebe. Dabei wurde es über den Kapitalismus und die erstarkte gesellschaftliche Kommerzialisierung jedem Einzelnen unabhängig vom Alter, Geschlecht und sozialer Schichtzugehörigkeit möglich, für ein existenzielles Einkommen zu sorgen und selbstbestimmter zu leben (vgl. Branden, 1982, und Egen, 2009). Der technische Fortschritt und die voranschreitende Automatisierung rückten rapide die geistigen Fähigkeiten der Menschen in den Vordergrund, womit sich das existenzielle Isolationsgefühl der Menschen enorm potenzierte. Das Bedürfnis nach Beständigkeit, Kohärenz und Sinnhaftigkeit wuchs, was die Menschen nun wiederum vermehrt im Ideal der freien Partnerschaftsliebe bzw. Sexualität und Familiengründung zu finden versuchten. Die Psychoanalyse kann auch als Kind dieser Suche gesehen werden, wobei sie sich innerhalb einer zeitgeistigen Fortschrittsdynamik zusehends selbst zu suchen scheint.

1.3.1 Psychogenese und Bildung einer liebevollen Kindheit

Bevor auf die Liebesgeschichte der Psychoanalyse näher eingegangen wird, kann ein eindringlicher Blick in die Entwicklungshistorie der Kindheit und Jugend liebesdynamische Perspektiven weiter erhellen. Im Zuge einer zunehmenden Individualisierung der westlichen Lebenswelt intensivierte und vertiefte sich parallel der empathische Blick auf das Kind und die Jugend, manche Wissenschaftszweige behaupten gar, die Phänomene Kindheit und Empathie, wie wir sie heute selbstverständlich verstehen, wurden erst in den letzten zwei bis drei Jahrhunderten geprägt. Ohne hier in ausführlichere Analysen gehen zu können, lassen sich beide Bereiche als kulturhistorisch bzw. psychogenetisch wandelnde Begriffe verstehen (vgl. Hermsen, 2002, S.151). In jedem Fall bilden sie fundamentale Säulen einer dynamischen Liebeserkundung.

Was bedeutet eigentlich Kindheit und wie hat sich die – liebevolle – Sicht auf das Kind über die Menschheitsgeschichte hin entwickelt? Gibt es jenseits kategorisierender Alterseinstufungen überhaupt etwas Ureigenes des Kindes und wie wird dieses im wahrsten Sinne des Wortes gebildet? Beschäftigt man sich mit der entsprechenden wissenschaftlichen Literatur, so fällt auf, dass relativ wenige Untersuchungen zur Stellung des Kindes und dessen Entwicklung aus kulturhistorischer Perspektive vorhanden sind.

Ariès als einer von zwei diesbezüglich herausragenden Forschern sieht den Grund dafür darin, dass es bis zur Neuzeit keine eigentliche Phase der Kindheit gegeben habe. Er hat in seiner vielbeachteten »Geschichte der Kindheit« zivilisationskritisch herausgearbeitet, dass Kinder in früheren Jahrhunderten wie »kleine Erwachsene« gewesen seien. Das Eltern- bzw. Erwachsenen-Kind-Verhältnis habe sich dabei von einem ursprünglichen Zusammenleben im »großen Haus« des Stammes- und Geschlechtsverbandes zu immer mehr Distanzierung und damit auch Entfremdung hin entwickelt. Insbesondere die zeitgenössischen Errungenschaften der westlichen Industriegesellschaften von (Kleinst-)Kinderbetreuung und Bildung außerhalb der »Sozialität« der Sippengemeinschaft hätten zu einer extremen Trennung von Kinder- und Erwachsenenwelt geführt. Diese münde – schließlich auch durch die Etablierung der modernen Kleinfamilie – über immer mehr Ausgrenzung und Spezialisierung in einer »Verfallsgeschichte« der Kindheit (Ariès, 1975).

Dem entgegengesetzt hat im Anschluss deMause als zweiter hier bedeutsamer Geschichtswissenschaftler und Psychoanalytiker wirkungsreich gefragt: »Hört ihr die Kinder weinen« (deMause, 1977). Dabei drückt bereits die vielzitierte Einleitung seines gleichnamigen Werkes eindrücklich die wesentliche Position aus:

> »Die Geschichte der Kindheit ist ein Alptraum, aus dem wir gerade erst erwachen. Je weiter wir in der Geschichte zurückgehen, desto unzureichender wird die Pflege der Kinder, die Fürsorge für sie, und desto größer die Wahrscheinlichkeit, dass Kinder getötet, ausgesetzt, geschlagen, gequält und sexuell missbraucht wurden« (ebd., S. 12).

DeMause deklariert in seinen eindrücklichen Untersuchungen ein kulturunabhängiges Evolutionsschema der Eltern-Kind-Beziehungen als *die* zentrale Antriebskraft des historischen Wandels.

> »Der Ursprung dieser Evolution liegt in der Fähigkeit der jeweils nachfolgenden Elterngeneration, sich in das psychische Alter ihrer Kinder zurückzuversetzen und die Ängste dieses Alters, wenn sie ihnen zum zweiten Mal begegnen, besser zu bewältigen als es ihnen in der eigenen Kindheit gelungen ist« (ebd., S. 14).

1 Eine kurze Biografie der Liebe

Die Menschheitshistorie ist aus dieser Sicht geprägt von Phasen verschiedener »psychogenetischer Erziehungsmodi«, die sich durch immer enger werdende Eltern-Kind-Verhältnisse verändert haben. Auch wenn die früheren, teils extrem brutalen Erziehungsmodi von Kindesmord, -missbrauch bzw. -misshandlung über willkürliches Weggeben und intrusivambivalentes Erziehungsverhalten laut deMause nie gänzlich verschwinden, d. h. also auch heute noch nachwirken, so sieht er eine eindeutige Entwicklung hin zu einem immer stimmigeren Gesellschaftsverhältnis von Eltern und Kindern.

Festzuhalten bleibt hier, dass beide genannten Haltungen zur kindlichen Entwicklungs- und Bildungswelt zwei Pole eines Kontinuums mit reziprok-wandelnder Dynamik bilden. In dieser einfachen pädagogischen Polarität zwischen Unter- und Überbehütung bzw. Vernachlässigung und Verwöhnung verdichten sich die natürlichen Generationenthemen, die jegliche Erziehungs- aber auch Beziehungskultur im Zusammenspiel von Tradition und Innovation auf der ganzen Welt seit jeher begleiten. Niemand weiß dabei genau, was schlussendlich das richtige Maß an lustvoller Bedürftigkeitsbefriedigung und angemessener Frustrationstolerierung für das Menschenkind hierbei ist, wobei diesbezügliche – auch wissenschaftliche – Diskussionen selten so aufgeladen erscheinen wie bei diesem universellen Bildungsthema vom Heran- zum Erwachsenden. Je genauer man kognitiv darauf schaut, desto unklarer scheint eine mögliche Antwort auszufallen, und es ist zu ersinnen, wie sehr dabei Emotionales, Intuitives und eben Unbewusstes ins Spiel kommt. Auf psychodynamischer Ebene findet sich hier die loslassend-bewahrende Grunddialektik des Gebens und Nehmens zwischen absoluter Abhängigkeit und grenzenloser Freiheit wieder. Als existenzieller Dialog zwischen Lebens- und Todesangst bildet dieser Raum das ab- und auflösende Leben zwischen individuell-kollektiver Wahrheit und Wirklichkeit. Dabei will ich mit Rank hervorheben, dass psychologisch nicht so sehr das Realitätsprinzip als vielmehr ein lebenslanges Realisierungs- bzw. Relativitätsprinzip bedeutsam erscheint. Auch Alfred Adler wandelt mit seiner richtungsweisenden Individualpsychologie auf diesen universellen Bildungsebenen (Adler, 1966 u. 1973).

Alles ist relativ und der historische Blick unterliegt immer auch psychologischen Strukturen, genauso wie die psychologische Sichtweise historischen Gesetzmäßigkeiten folgt. So ist man ja nicht nur das Kind seiner

Eltern, sondern immer auch das seiner Zeit und Umgebung, wobei Erikson bezüglich der unausweichlichen Generativität stimmig »die schicksalshafte Funktion der Kindheit im Gewebe der Gesellschaft« betont (Erikson, 1984, S. 393). Jeder große Mensch ist schließlich einmal sehr klein und damit völlig abhängig gewesen. Ganz gleich also, ob man im Kind und seinen Kräften eher das begierige Wesen und einen potenziellen Tyrannen sehen mag oder doch wohlwollend-empathisch seine kompetenten und intentionalen Potenziale liebevoll zu erkennen vermag: Aus psychodynamischer Sicht sollte nicht übersehen werden, dass existenzielle Abhängigkeit, einseitiges Macht-Ohnmachtsgefälle und damit verbundenes potenzielles Ausgeliefertsein *schon immer* unausweichliche Beziehungserfahrungen in *jedem* Menschenleben darstellen.

Nun bezieht sich die erzieherische Haltung in der Regel natürlich auf den eigenen Nachwuchs, wobei die elterliche Fürsorge wie gesehen evolutionsbiologisch aufs Tiefste in uns verankert scheint. Sobald es jedoch um eine entsprechende Übertragung auf kollektive Kreise außerhalb des eigenen Sippen- bzw. Familienbundes geht, wird es kritisch. Wie weit trägt die Übertragung, und kann ich meinen Nächsten wirklich lieben, solange mir dieser fremd, d. h. außerhalb meines egoistischen Bewusstseinsrahmens, ist? Kann sich der individuelle seelische Apparat überhaupt wahrhaft in den Anderen einfühlen, oder handelt es sich selbst bei noch so altruistischen Verhaltensweisen lediglich um zutiefst introspektiv-projektive und schlussendlich egoistische Selbstvorgänge? Während zahlreiche Nachfolger hier recht zuversichtlich bis enthusiastisch gewesen sind, ist der Urvater der Psychoanalyse zeitlebens nicht zuletzt diesbezüglich höchst skeptisch geblieben. Freud beschlich bekanntermaßen ein enormes Unbehagen, was das kulturelle Gesellschaftsleben der Menschen betrifft.

2 (Moderne) Psychoanalyse und ihr Herzstück: die Liebe

Wie wohl keine andere Wissenschaftsdisziplin hat sich die Psychoanalyse als Tiefenpsychologie der Erforschung äußerer und vor allem innerer Lebens- und Liebesbeziehungen gewidmet. Allein Freuds Werk zeugt von einer lebenslangen Liebeswidmung, wobei sich über die Fortentwicklung der verschiedenen psychoanalytischen Denk- und Forschungsausrichtungen ein inzwischen nur noch schwer überschaubarer Fundus an psychodynamischen Liebeszugängen gebildet hat. So ist naturgemäß auch in psychoanalytischen Kreisen nicht leicht ersichtlich, wovon man eigentlich redet, wenn man von Liebe spricht. Es spannt sich also ein weites Feld auf, in dem man sich schnell verirren kann. Freud konstatiert diesbezüglich an seinem Lebensende schließlich selbst etwas verloren wirkend: »Wir wissen wirklich sehr wenig über die Liebe« (aus Reik, 1985, S. 22).

Dem kann ich nach intensiver Arbeit an diesem Buch vorbehaltlos und von ganzem Herzen nur zustimmen. Je mehr ich mich mit der Liebe beschäftigt habe und je mehr ich über sie wissen wollte, desto rat- bzw. kraftloser wurde ich, aber sie hat mich mit ihrer unbegreiflichen Kraft auch fasziniert. Die Liebe erscheint hier nicht nur als der vielbesungene wilde Vogel, der einfach nicht zu fassen ist, sondern sie ist auch überall in der Luft. Dabei vermag sie einem den Atem zu rauben oder aber einen behaglich zu umhüllen.

Bei den Wirrungen der Liebe kann es im Kern natürlich nicht um Wissen im eigentlich intellektuellen Sinne gehen. Vielmehr wird es annähernd poetisch und Wesentliches bleibt – auch in diesem Buch – unerwähnt! Um mich und meine Leserschaft also gleichsam nicht allzu sehr zu verlieren, werde ich mich persönlich an wesentliche psychodynamische Quintessenzen halten. Diese Essenz bildet sich aus den unerschöpflichen Liebeserklärungen und Geschichten der Psychoanalyse, die sie seit ihrem

Entstehen sowohl inhaltlich als auch auf zwischenmenschlicher Ebene begleiten. Die Psychoanalyse hat eine bewegte, mitunter wenig liebevolle Historie voll von gegenseitigen Anfeindungen und unzähligen Liebesverflechtungen mit teils heftigen sexuellen Verfehlungen (vgl. Krutzenbichler & Essers, 2010), sie *ist* im wahrsten Sinne des Wortes eine dramatische Geschichte. Bei wenigen Wissenschaften sind persönliche und konzeptionelle Ebenen so verschränkt wie bei dieser empirischen Beziehungsdisziplin. Aus diesem bewegten Werdegang ist schließlich eine essenzielle Heilkunst hervorgegangen, die sich fundamental auf eben diese generativen zwischenmenschlichen Liebesbereiche bezieht.

Erfahrungsgemäß bildet sich diese Kunst in Beziehung zu Heranwachsenden am liebevollsten aus einer *spielerischen Empirie* heraus und so erhält sich die psychodynamische Wissenschaftskunst seit jeher aus diesem tiefgründigen Erfahrungsschatz von klinischer Praxis und forschender Theorie. Heilung steht hierbei in ihrer weitreichenden Etymologie bezeichnenderweise für Ganzwerdung bzw. Ganzheit und so bewegt sie sich dynamisch in unmittelbarer Nähe zur Liebe und ihren Kräften.

> »Ich hab' Dich ganz, ganz lieb!« Während der vierjährige Patient diese Worte an einen alteingesessenen Stofftiger in meiner Praxis richtet, durchdringt mich eine eigentümliche Gefühlswallung in der Bauchgegend. Hintergründig sind mir bei dem Jungen massive Trennungsängste bei familiären Verlusterfahrungen bekannt, wobei er seit etwa einem halben Jahr zu mir in Therapie kommt. In dieser Zeit hat sich einiges Heilsames entwickelt, wobei ich in unserem höchst verdichteten Moment das spontane Gefühl habe, dass er den Tiger – so wie auch mich – besitznehmend in seinen Bann zieht und wir regelrecht im vielzitierten Übergangsraum zu schweben scheinen. Angesteckt von dieser einnehmenden Stimmung setze ich mich neben ihn auf den Boden, wobei er weiterhin mit Leib und Seele auf »seinen« Tiger bezogen scheint. »Den hast Du wohl sehr lieb!« gebe ich schließlich in einer fragenden Gewissheit weiter. »Nein«, insistiert er daraufhin mit Nachdruck, »ganz lieb!« Erst viel später dämmert es mir, dass der Junge mit seiner »ganzen Liebe« etwas womöglich Essenzielles ausgedrückt haben mag!

Bekanntlich beschäftigen sich Kinder durch- und eingehend mit der Frage, wer wen wie sehr liebhat, wobei das Liebhaben psychodynamisch in engstem Verhältnis zum Liebsein steht. Auch wenn dabei im Kontakt bzw. in der psychotherapeutischen Praxis mit Kindern und Jugendlichen zunächst einmal wenig Liebenswertes in Erscheinung treten mag und Empfindungen von Missgunst, Ärger oder gar Hass analytisch dominieren: Sämtliche Strömungen fließen im übertragenen Sinne synthetisch in Richtung einer wesentlichen Ganzheit und sind psychodynamisch weniger als widerständige, denn als liebeswillige Kraft zu deuten.

Diese uns alle an- und umtreibende Lebensenergie hat in der Psychoanalyse diverse Namen wie Trieb, Libido, Wille und Begehren bekommen, wobei hier keine tiefergehende Leib-Seele-Diskussion mit feinanalytischen Abhandlungen über ihre ursprünglichen Hintergründe erfolgt. Aus meiner Position speist sich diese Urkraft aus unserer unausweichlichen Daseinsbedingung als duale und eigenartig isolierte Wesen auf der sinnlichen Suche nach etwas Wohlbekanntem, das auf ewig unbekannt bleibt. Es ist nah und doch so fern!

Da wo das Sinnliche im Un- oder gar Wahnsinnigen, das Andere im Eigenen, das Geben im Nehmen hingebend anzunehmen ist, da scheint die Liebe. Dabei geht es weniger um Einheit als um Ganzheit. Raum und Zeit sind relativ, Regression und Progression in ihren jeweiligen benignen und malignen Ausformungen verdichten sich im Hier und Jetzt, wobei Liebevolles als sinnvolle Metapher für ganzheitliche Erfüllung im Gemeinsam-Einsam-Sein gedeutet werden kann.

2.1 Die Fähigkeit, Begriffe für etwas zu finden, was im Grunde unbegreiflich ist

Wiederholt entzieht sich die Liebe den Worten und über rein intellektuelles Wissen findet man wohl schwerlich zu ihr. Während sich psychodynamisch Entscheidendes in bzw. zwischen präverbalen Bereichen vollzieht, können Einblicke in verbale Differenzierungen zumindest gewisse Orientierung in Liebesdingen vermitteln. Diesbezüglich haben sich in verschiedenen Sprachräumen unterschiedliche Begrifflichkeiten für bestimmte Liebesformen etabliert, über welche man sich den vielfältigen Phänomenen konstruktiv nähern kann. Besonders das Altertum hat einen reichen Wortschatz geliefert, so spricht man liebesbezüglich u. a. von

- *Eros* als der *begehrend*-sinnlichen,
- *Agape* als der transzendent-*uneigennützigen,*
- *Philia* als der *verbindend*-anerkennenden bzw. *Philautia* als der *Selbst*liebe und
- *Storge* als der familientragend-*aufrichtigen* Ebene.

Das deutsche Wort »Liebe« stellt dabei in seiner potenziellen Vielfalt psychodynamisch einen eher dürftigen Gehalt dar. Besonders in Bezug zur Psychodynamik bei Heranwachsenden kann hier eine Differenzierung zwischen *Liebe* als Namenwort, *Lieben* als Tunwort und *Verliebt* als Wiewort fruchtbare Erkenntnisräume eröffnen. Zu dieser spielerischen Unterscheidung inspirierten mich wie so oft die Kinder, die es in ihren verschiedenen Spontanäußerungen immer wieder schaffen, auf so einfache existenziell-dynamische Gegebenheiten hinzuweisen. Man muss nur angemessen hinhören bzw. mit allen entsprechenden Sinnen wahrzunehmen vermögen. Diese bedeutsame Zusammenstellung hebt dabei hervor, wie unser Sprachaufbau zwischen aktivem Subjekt (das etwas tut) und passivem Objekt (dem etwas angetan wird) vermittelnd zu unterscheiden weiß. Im Altgriechischen gibt es dabei grammatikalisch die Ausdrucksform des »Mediums«, bei dem nicht mehr ersichtlich zu sein braucht, wer wann wie genau etwas tut bzw. wem etwas getan wird. Im Englischen heißt es analog dazu, dass man »in die Liebe fällt« (engl.: to fall in love), während sie uns gleichzeitig regelrecht »überfällt« oder gar »fallen lässt«. Psychodynamisch wesentlich erscheint mir dabei das Mysterium, wer uns alle als existenziell aus der Welt gefallene und potenziell verlorene Wesen in und bei diesem Fall – wiederholt – trägt?

Liebe erahne ich in diesem Geheimnis als die kosmische Urkraft, an der jeder Mensch als natürliches Wesen potenziell teilhat. Sie ist im Wesentlichen unergründlich und lässt sich personalisiert als unser aller Lebensvermögen begreifen, wobei das transzendente Moment der Liebe auch in ihrer Etymologie erkennbar werden mag. In vielen Sprachen gibt es eine Verbindung zwischen Liebe, Verlassen und Glaube (love, leave, believe), so dass eine enge Beziehung zwischen Trennung, Liebe und dem Vertrauen in das Objekt besteht, dass es eine Einheit des Urzustandes wiederherstellen wird (Boesky, 1980, in Cohen, 2014).

Alle meine eigenen Ausführungen über die Liebe orientieren sich dabei grundlegend an den wegweisenden Darlegungen des Heiligen Thomas von Aquin, welche erstaunliche Ähnlichkeiten zu moderneren psychoanalytischen Liebeskonzeptionen aufweisen. Seine zeitlosen Ausführungen eignen sich als Grundlage meines Erachtens besser für eine stimmig-ertragreiche Verbindung zu psychodynamischen Überlegungen bezüglich Kindern, Jugendlichen und Familien als manche zeitgenössischen Konzepte, wie z. B. die »Dreieckstheorie der Liebe« (Sternberg, 1986). Dieses in Fachkreisen verbreitete Modell fokussiert sich auf Liebesbeziehungen von Erwachsenen und differenziert die drei Komponenten Intimität, Leidenschaft und Verbindlichkeit. Dabei lassen sich über die jeweiligen Kombinationen und Ausprägungen dieser drei zwischenmenschlichen Elemente acht Arten der Liebe finden und etwaige Dysbalancen erkennen, tragfähig befriedigende Beziehungen seien geprägt von einem diesbezüglich möglichst ausgewogenen Liebesdreieck. Aus psychodynamischer Sicht ist hierbei vor allem im Hinblick auf Intimität wiederholt auf die Ebene des Selbst und dessen immerwährend bildender Findung bzw. Wahrung hinzuweisen. David Schnarch hat aus dieser Perspektive treffend zwischen »fremd bestätigter« und »selbst bestätigter« Intimität unterschieden (Schnarch, 2010, S. 126). Er betrachtet in Anlehnung an psychodynamische Konzepte die »Entwicklung des bezogenen Selbst« und betont die Bedeutung der »Differenzierung« in Liebesbeziehungen als Fähigkeit,

2.1 Die Fähigkeit, Begriffe für etwas zu finden, was im Grunde unbegreiflich ist

»zwei elementare Lebenskräfte in Einklang zu bringen: das Bedürfnis nach Individualität und das Bedürfnis nach dem Miteinander« (ebd., S. 66).

Thomas wiederum betrachtet das Begehren und die Liebe, den *amor*, als die fundamentalste Bewegung der Seele (s. Hoenen, 2002). Diese Psychodynamik der Liebe verbindet er in ihrer irdischen als auch überirdischen Dimension und betrachtet sie in ihrer relational-erstrebenswerten Kraft als ein Wohlgefallen der ersehnten Übereinstimmung mit etwas Geliebtem. Die Ursache der Liebe besteht im Gewahrwerden einer bestimmten Übereinstimmung mit dem anderen, wobei diese ersehnte Übereinstimmung bewirkt, dass die natürliche Liebe des Menschen zu sich selbst auf das andere Objekt übertragen wird. Die Selbstliebe gehöre dabei zu jedem Geschöpf und diene durch das Streben nach dem, was für das Geschöpf gut ist, vor allem der Selbsterhaltung. Entdecken die sehnsüchtigen Menschen nun beieinander eine Übereinstimmung, so werden auch ihre Bestrebungen eins: Was also für den einen gut ist, ist auch für den anderen gut; man liebt den anderen wie sich selbst. Von größter psychodynamischer Bedeutung ist dabei, dass natürlich verschiedene Formen der zwischenmenschlichen Übereinstimmung existieren, Thomas unterscheidet in Anlehnung an Aristoteles deren drei: Die erste Art ist bedingt durch einen gegenseitigen *Vorteil* und dem daraus resultierenden jeweiligen Nutzen für die betreffenden Personen. Die zweite Form zielt auf den wechselseitigen *Genuss* aufgrund jeweiliger *Eigenschaften* des anderen Menschen, wobei die dritte als dauerhafteste und höchste Übereinstimmungsform die Person *als Ganzes* betrifft, *die um ihrer selbst willen geliebt wird* (ebd.).

Ich nenne diese phänomenale Erscheinung des Wohlwollenden »Liebeswille« und gewichte sie am dynamischsten in Beziehung zum eigenen Selbst. In poetischer Anlehnung an ein Bild von Schopenhauer erscheint der Liebeswille als zartes Lichtlein am Horizont, mitunter gar als unscheinbarer Funke, der bei entsprechend kaltherziger Entzündung zu einem ungehaltenen, allesblendenden und kaltblütig verzehrenden Lauffeuer werden kann. Bei angemessen wohlwollender Resonanz entfacht sich allerdings eine wärmend selbstvertrauen-führende Flamme, welche gar zu einem allumfassenden hoffnungstragenden Licht erwachsen kann, vor dem unser Sonnenlicht wie ein Schatten wirken mag.

Lieben wiederum bezeichnet für mich das Tun, welches natürlich auf Liebe basiert und vielfältigste Spektren unterschiedlicher Haltungen zu verschiedenen Liebesobjekten umfasst. Lieben ist einfach relational, d. h., jeder Mensch versucht es in jeglicher Beziehung, vor allem in der zu sich selbst. Als dualistisch-zwischenweltliches Wesen bedeutet dieses Versuchen für das liebeswillige Menschenkind jedoch wiederholt schwierigste Arbeit und höchste Energieleistung, was wiederum zu schwerstem kränkendem Leid und abgrundtiefem Hass führen kann. Lieben erscheint nämlich sowohl als Tätigkeit als auch als Haltung und bewegt sich aktiv-passiv immerwährend zwischen einem Plus- und Minuspol von lieb haben und lieb sein sowie zwischen einem Zuviel und Zuwenig von Liebesgabe und Liebesentzug hin und her. Lieben ist also immer verhältnismäßig und die Liebe ist dabei das Maß aller Dinge. Aus der ursprünglichen Gabe der Liebe kann schließlich die Begabung des Liebens entstehen.

Etwas wesentlich Ähnliches meinen hier wohl auch die zahlreichen psychoanalytischen Konzepte, in denen als möglichstes Lebens- bzw. Therapieziel die Wiederherstellung eines kreativen Erschaffens (Rank), der produktiven Liebe (Fromm) oder schöpferischer Individuation (Jung) die Rede ist. Auch Freuds Credo vom Lieben und Arbeiten als höchst anzustrebende Fähigkeiten im Leben fällt meines Erachtens unter dieselbe existenzielle Kategorie und gilt als Fertigkeit zur liebevollen Beschäftigung mit sich und seiner Umwelt für jedes Lebensalter.

Man kann *Lieben* dabei einfach auch als Mehrzahl von *Liebe* im Sinne ihrer relationalen Vielfalt verstehen: Jede individuelle Seele hat unausweichlich ihre höchst eigene Verbindung zu ihr, während alle sich zutiefst nach der einen Liebe sehnen.

Es existiert also auch keine eindeutig begreifbare Definition von Lieben, genauso wie es keine entwicklungslineare Gleichung gibt, dass früh empfangene Liebe – und sei sie noch so angemessen hinreichend – unbedingt zu potenzieller Liebesfähigkeit führt. Bei allen individuellen als auch kollektiven, d. h. elterlich-familiären und gesellschaftlich generativen Abläufen geht es für das Menschenkind vielmehr darum, die Liebe wiederholend zu ersinnen, um lieben kennenzulernen.

Verliebt schließlich steht in meinem Verständnis für alle emotional-affektiven bzw. sinnlich-erotischen Zustände, die den Menschen in seiner psychosexuellen Anlage zeitlebens begleiten. Dieses leidenschaftliche Phänomen umfasst in seiner inneren und äußeren Dynamik weit mehr als den zeitlich begrenzten, verzückend-ekstatischen Zustand der Verliebtheit und bewegt sich somit in meinem liebeswilligen Verständnis ebenfalls recht nah an ursprünglichen psychoanalytischen Konzepten. Spielerisch ließe sich gegendynamisch auch von zer- oder entliebt sprechen, und es wäre psychodynamisch der lebensentscheidenden Frage nachzugehen, wie flexibel sich dieser individuelle Liebeswille zwischen Selbsterhaltung und -hingabe zu gestalten vermag. Besonders der erwähnten Erotik und allem Sinnlichen kommt hierbei höchste psychodynamische Bedeutung zu, diese Bereiche erscheinen für mich universell und in jeglicher Beziehung am Werk. Natürlich durchdringen sich die umschriebenen Sphären in inneren als auch äußeren Weltenräumen gegenseitig, ohne dass irgendeine Seele schlussendlich ergründen könnte, wo aktiv das Eine beginnt und passiv das Andere endet. Das Wesentliche im Leben ist wohl zu *durchlieben*.

2.2 Freud und die Sprache der Liebe

Obwohl auch die Psychoanalyse in diesen klaftertiefen Strömungen zu keiner geschlossenen Theorie der Liebe findet, hat sie nicht zuletzt durch das Schaffen ihres Schöpfers mutige und bedeutende Möglichkeiten zu ihrer psychologischen Erschließung eröffnet (vgl. Bergmann, 1999). Ausgehend von einer dynamischen psychosexuellen Entwicklung des Menschen hat Freud grob umrissen drei Liebestheorien entwickelt, ohne sie selber so zu benennen. Diese beschäftigen sich mit unterschiedlichen Aspekten der Liebe.

Die erste Theorie war ein Nebenprodukt seiner Entdeckung der infantilen Sexualität und sie betont die unbewusste Abhängigkeit der erwachsenen Liebeswahl von kindlichen Urbildern. Darüber wird unter anderem erhellt, warum eine Integration von erwachsener Liebe und sexuellem Begehren mitunter so schwerfällt. Die zweite Theorie fußt auf dem Boden von Freuds Verständnis der menschlichen »Eigenbeziehung«, für die er später den vertrauten Begriff des »Narzissmus« verwendet. Sie beleuchtet aus metapsychologischer Sicht, wie Selbstliebe durch Projektion des Ichideals sich in Liebe zum anderen verwandelt, also die innerseelischen

Abläufe, die besonders beim Verlieben von psychodynamischer Bedeutung sind. Bei der dritten Theorie geht es um den dynamischen Entwicklungsprozess, über den die Fähigkeit geschaffen wird, tragfähige Beziehungen ohne allzu zerstörerische Ambivalenzen aufrechtzuerhalten. So betont Freud, dass dauerhaft währendes Lieben, im Gegensatz zum Zustand der Verliebtheit, nur über ein gewisses Maß an Reife zu bewerkstelligen sei (ebd., S. 222–252). Liebe stellt schließlich wesentlich mehr als eine Manifestation des Sexualtriebs dar!

Freud hatte bekanntlich von Beginn an Großes im Sinn und er hat den Weg zu etwas wahrlich Sensationellem (*engl. sense:* Sinn) angestoßen. Neben der Enthüllung des sinnlich-sexuellen und (im wissenschaftlich neutralen Sinne zu verstehenden) polymorph-perversen Kindheitswesens des Menschen hat er sich bahnbrechend mit dem humanen Unbewussten beschäftigt, dem man sich nur annähernd nähern kann! Hier liegt sinngemäß das wirkliche Skandalon der psychoanalytischen Bewegung: Sie hat einen entscheidenden Anstoß (gr. *skandalon:* Anstoß, Aufsehen) gegeben und andeutend deutlich gemacht, wie sehr wir Menschen im Unwissen leben und in unserem Wesenskern der – äußeren und inneren – Welt auf existenziell-traumatische Weise ausgeliefert sind. Das will im Grunde niemand wirklich wahrhaben, zur menschlichen Wahrheit gehört dabei eben auch, was für ein elend-zerstörerisches und zu kaltblütig-brutalster Gewalt bereites Wesen wir alle potenziell in uns tragen.

Freuds Triebdualismus mit der betonenden Beziehungsnähe von Liebesleben und Tod lässt sich dabei in seiner aufsehenerregenden, skandalösen Kernaussage auf zutiefst existenzieller Ebene verstehen. Diesem unerhört verstörenden Nukleus kann – auch im Kreis der Psychoanalyse – wohl nicht genug Gehör verschafft werden. Eine diesbezüglich hinweisende Quelle findet sich bei Hilda Doolittle, einer Schriftstellerin und Analysandin Freuds, die in ihrem »Tribut an Freud« (Doolittle, 2008, S. 71) folgendes Zitat von ihm beschreibt:

> »Meine Entdeckungen sind nicht in erster Linie ein Allheilmittel. Meine Entdeckungen sind die Basis für eine sehr gewichtige Philosophie. Es gibt sehr wenige, die das verstehen, es gibt sehr wenige, die fähig sind, das zu verstehen.«

Auch wenn also der Schöpfer der Psychoanalyse in seiner charakteristisch skeptischen Manier die Aussicht auf ein Allheilmittel gegen die existenzielle Grundbedingung des Menschen wiederholt relativiert hat, so hat sein gewagtes tiefenannäherndes Wirken nach zahlreichen konfliktgeladenen Wirrungen samt entsprechender Entgleisungen quasi als Nebenwirkung den Grundimpuls für den absolut entscheidenden psychotherapeutischen Heilungsimpuls bewirkt: die Liebe! Dies wurde durch die achtsam-geduldige Widmung an die individuelle – verletzte – Seele seiner Patienten und die damit einhergehende Besinnung auf die heilsame Bedeutung von Beziehung möglich.

Freud hat dabei neben einer adulten Perspektive immer den Blick auf das inwendige Kind jedes Erwachsenen und dessen kraftvolle psychischen Einflüsse gerichtet. Seine – dem Zeitgeist entsprechend eher patriarchalische – Sicht ist dabei vom damaligen gesellschaftlichen Klima der Spannungsaufladung zwischen Prüderie und durchaus großem sexuellem Wissenschaftsinteresse begleitet gewesen. Insbesondere die Pionierjahrzehnte der Psychoanalyse waren wie erwähnt von einer explosiven Gemengelage geprägt und Freud scheint regelrecht erschrocken zu sein vor den Geistern der Liebe, die er selbst herbeigerufen hatte. Er erkennt dies auch und weist in seinen bemerkenswerten Überlegungen zur »Übertragungsliebe« vollkommen zurecht nachdrücklich darauf hin, dass »die Kur in der Abstinenz durchgeführt werden« muss (Freud, 1915, S. 224), nur um einige Sätze weiter zu ergänzen, dass dieses behandlungstechnische Feld unbedingt weiterer »eingehender Diskussion bedarf« (ebd., S. 225).

Für den Psychoanalyseschöpfer bedeutete die von Erwachsenen so hoch besetzte Sexualität dabei zeitlebens mehr als Genitales, wenngleich er diesem machtvollen Antrieb große Aufmerksamkeit gewidmet hat. In dieser entscheidenden Haltung wurde und wird Freud wohl bis heute missverstanden, obgleich er selbst mehrfach nachdrücklich darauf hinweist:

> Der »Begriff des Sexuellen umfasst in der Psychoanalyse weit mehr als im herkömmlichen Sprachgebrauch; er geht nach unten wie nach oben über den populären Sinn hinaus. [...] Wir sprechen darum auch lieber von *Psychosexualität*, legen also Wert darauf, dass man den seelischen Faktor des Sexuallebens nicht übersehe und nicht unterschätze. Wir gebrauchen das Wort Sexualität in demselben umfassenden Sinne, wie die deutsche Sprache das Wort ›lieben‹« (Freud, 1910, S. 136–137).

2 (Moderne) Psychoanalyse und ihr Herzstück: die Liebe

Die Missdeutungen und oft ganz und gar nicht liebevoll ausgetragenen Konflikte im Hinblick auf die Haltung zur wahren psychoanalytischen Theorie und Praxis sind dabei auch intern leider unzählig und begleiten die Psychoanalyse unmissverständlich seit ihren Anfängen. Dabei möchte ich hier liebesdynamisch wiederholt andeuten, wie schwierig und angstbesetzt es für ertragend tragische Willenswesen wie uns Menschen zu sein scheint, sich in jeglicher Beziehung vom Liebevollen leiten und verführen zu lassen. Nichts erscheint einfach schwieriger! Freud selbst fragt sich eindrücklich, woran man die »Echtheit einer Liebe« denn erkennen solle, und resümiert auf die therapeutische Beziehung und die berüchtigte »Übertragungsliebe« gerichtet, dass man »kein Anrecht« habe, »der in der analytischen Behandlung zutage tretenden Verliebtheit den Charakter einer ›echten‹ Liebe abzustreiten« (Freud, 1915, S. 228).

> »Jetzt sind wir unter uns!« Die Worte des achtzigjährigen Freuds an seine adoleszente Patientin stammen aus dem Munde eben dieser jungen Frau, die sich als alte Dame an ihre heilsame Begegnung mit ihm aus dem Jahre 1936 erinnert. Die Schilderungen aus einem Interview der dann 88-Jährigen dienen hier einer lebendigen Veranschaulichung der vielbehandelten Arbeitsweise und liebevollen Haltung des Psychoanalyseschöpfers. Auch wenn diese Darstellungsform auf behandlungstechnischer Ebene relativierungsbedürftig erscheinen mag und Freuds therapeutische Ambitionen zeitlebens von Ambivalenz bis Widerstand geprägt waren, sprechen die berührenden Memoiren dieser Zeitzeugin im Wesentlichen für sich:
> Auf die Interviewfrage, welcher Seelenzustand die 18-jährige Patientin als eine der letzten in Sigmund Freuds Wiener Praxis geführt habe, meint sie: »Das Alleinsein. Ich war das einsamste Mädchen in Wien – und ein Einzelkind. Meine Geburt 1918 hat meine Mutter das Leben gekostet. Dass sie mir das Leben geschenkt hat, machte die Liebesehe meiner Eltern zunichte. Ich glaube, mein Vater hat mich für diesen Schicksalsschlag verantwortlich gemacht. Er war um mich besorgt, aber geliebt hat er mich wahrscheinlich nicht.« Als Anlass für ihre Behandlung bei Freud, die aus einer einzigen (!) Sitzung bestand, nennt die alte Dame das Fehlen jeglicher liebevollen Kommunikation mit ihr, obgleich sie ein materiell und an Bediensteten reiches Leben geführt habe.

Als sie im jugendlichen Alter zunehmend kindlich vereinsamtes Verhalten in Form von Verkleiden und alleinigem Theaterspielen zeigte, wurde vom Hausarzt u. a. ein »Seelenleiden« diagnostiziert. Der wohlhabende Vater suchte daraufhin mit seiner »verrückten Tochter« Freud in dessen bereits berühmter Praxis auf.

Wie alle heutigen Heranwachsenden bei ihrem psychotherapeutischen Erstgespräch auch habe die Patientin ihre Eindrücke dabei zunächst einmal »verdauen« müssen. Die Räumlichkeiten seien für eine Arztpraxis völlig untypisch gewesen und hätten ungewohnt, aber besonders wegen des eindrücklichen Sofas ein wenig wie »zu Hause« gewirkt. An den für sie damals völlig unbekannten Arzt in Gestalt von Freud erinnert sich die Patientin auf Nachfrage als steinalten Mann. Trotz seiner Gebrechlichkeit sei der Raum durch seine Erscheinung dabei »völlig erfüllt« gewesen und Freud habe die Patientin »sofort vollkommen ausdrücklich angesehen«! Zu ihrem Vater sei er von Beginn an distanziert gewesen. »Dann fragte er mich nach meinem Namen. Aber mein Vater antwortete. Er fragte nach meiner Schule, mein Vater antwortete. Was ich in der Freizeit mache, mein Vater antwortete. Ich saß da wie ein mitgebrachter Gegenstand, wie immer bei uns in der Familie.«

Freud habe darauf zunächst einmal geschwiegen und dann kam »die Revolution« für die Patientin: »Freud schickte meinen Vater aus dem Zimmer. Meinen Vater! Unglaublich! So einen Vater schickt man nicht aus dem Zimmer! Niemals! Sein Gesicht war voller Wut über diese Zumutung. Aber ich hatte plötzlich nicht mehr diese Höllenangst vor seinem Despotismus.« Der Druck sei »wie weg« gewesen, als der Vater der freundlichen Bestimmtheit von Freud gehorchte. Und dann »wendet sich Freud sofort vom Vater ab. Er nimmt mich in den Blick, dreht seinen Sessel zu mir, rückt näher auf mich zu und ist mir mit seinem ganzen Körper zugewandt. Mir zugewandt!«

Freuds Ausstrahlung beschreibt die Patientin weiter als »ruhig, angenehm, wohlwollend, gar nicht wie ein Arzt, der Angst macht. Eher wie ein guter, alter Onkel, der mich meint, nur mich.« Und das Entscheidende: »Sigmund Freud war der erste Mensch in meinem Leben, der wirklich Anteilnahme gezeigt hat, der mich wichtig genommen hat, der etwas von mir erfahren wollte, der Einzige, der mir wirklich zuge-

2 (Moderne) Psychoanalyse und ihr Herzstück: die Liebe

hört hat!« In seiner Haltung habe Freud es geschafft, dass sich die Patientin »geöffnet« habe und über all die emotionalen Alltagsdinge ihres Lebens reden konnte. Besonders bei ihrem Einsamkeitsgefühl habe sie sich empathisch verstanden gefühlt: »Seine Anteilnahme hat mich umhüllt. Erstaunlich, nicht wahr? Dass er sich für ein junges, unbedarftes, unmündig gehaltenes Kind interessiert!« Schließlich kann die Patientin darüber auch über Intimeres sprechen und schildert, wie sie bei den regelmäßigen Kinobesuchen mit dem Vater, von diesem bei jeder sich ankündigenden Liebes- bzw. Kussszene nach draußen kommandiert wurde.

Dies habe Freud nachdrücklich zum Anlass genommen, liebevoll an die Selbst- und Eigenständigkeit der adoleszenten Patientin zu appellieren. »Ich sei achtzehn, erwachsen, und als Erwachsene würde die Klage allein nicht mehr hinreichen. Alles, was mir wichtig wäre, müsste ich nun eigenständig durchsetzen. Es sei angebracht, die eigenen Wünsche zu kennen und für sie Widerspruch einzulegen.« Die besagten Liebesszenen betreffend, »verordnete« Freud regelrecht, dass die junge Frau bei der nächsten Situation auf ihrem Platz bleibe: »Wenn die nächste Kussszene im Kino kommt, bleiben Sie sitzen! Ich sage ausdrücklich: Sie bleiben sitzen!« Die abschließenden Worte des Psychoanalyseschöpfers hallen dabei eindrücklich nach und haben der Patientin lebenslang Kraft gegeben: »Denken Sie an mich!« (Roos, 2006).

Gleichgültig ob man Freuds Werk idealisiert, den gebührenden Tribut zollt oder ihm und seinen Methoden kritisch bzw. gar strittig gegenübersteht, Freuds Wirkung auf die moderne Psychotherapie im Allgemeinen kann schwerlich bestritten werden. Das Bahnbrechende der ursprünglich ja medizinischen psychoanalytischen Methode liegt diesbezüglich im Bezüglichen und weniger im theoretischen Gedankengebäude, d.h. in der mutigen und für die damaligen ärztlichen Verhältnisse völlig ungewohnten praktischen Beziehungsarbeit mit den Patienten.

So hat sie anteilnehmend gewissermaßen den Raum für alle folgenden Psychotherapieströmungen, insbesondere die in Bezug zu Kindern und Jugendlichen, geöffnet. Während Freud seine Erkenntnisse aus den unmittelbaren Begegnungen mit seinen erwachsenen Patienten bezog, hat er der gesamten Beziehungs- und Entwicklungsforschung einen unermesslich liebevollen Dienst erwiesen. Er hat die Wurzeln der Liebe nämlich dort ge- und untersucht, wo sie bis dahin nicht einmal vermutet wurden: in der – frühesten – Kindheit. Von dort ist es schließlich kein allzu großer Schritt mehr zur direkten psychotherapeutischen und damit relationalen Beschäftigung mit Heranwachsenden und deren Entwicklung gewesen. Zahlreiche forschende Pionierinnen und Pioniere sind dabei bis in die archaischsten Liebes- und Lebensbereiche vorgedrungen.

3 Entwicklungsdynamik und Liebe

Wie erlebt der Säugling, der Fötus oder gar der Embryo das Leben? Wir alle haben es durchlebt und doch kann sich kein Mensch bewusst daran erinnern. Wir alle haben unseren Ursprung vergessen. Während sich die Psychoanalyse seit jeher dieser infantilen Amnesie widmet, geht die moderne Hirnforschung dabei vereinfacht formuliert davon aus, dass die zu Lebensbeginn größtenteils bereits vorhandenen Gehirnzellen noch unzureichend verknüpft sind. Dadurch sind die entsprechenden neuronalen Netzwerke zur explizit episodischen Erinnerung noch nicht entwickelt, viel mehr werden Erlebnisse, Erfahrungen und »Wissen« implizit prozedural gespeichert bzw. verarbeitet: »Das frühkindliche Wissen wird als ›Körpererinnerung‹ und als implizites Wissen darüber, wie die Welt ›funktioniert‹, gespeichert« (Solms & Turnbull, 2004, S. 183). So gehen unbewusste Körperprozesse jeglichen bewussten Abläufen des Fühlens, Denkens sowie Handelns voraus.

3.1 Das Menschenkind und der Ursprung von Sinnlichkeit

Dabei kommt aus Sicht der zeitgenössisch neurologischen bzw. affektpsychologischen Forschung den basalen humanen Emotionen höchster motivationaler und überlebensbedeutender Stellenwert zu (ebd., vgl. auch Lewis, Amini & Lannon, 2001). Das Bewusstsein nimmt hier die zentrale

Vermittlungsfunktion zwischen innerer und äußerer Welt wahr und bewertet auf seine Art, ob etwas gut oder schlecht, d. h. evolutionsdynamisch sinnvoll erscheint. Dies vollbringt das wahrnehmende Bewusstsein, indem es bewirkt, dass sich Dinge gut, mittelmäßig oder schlecht anfühlen.

Auf diesen biologischen Elementarebenen vermögen sogar Einzeller, die weder Sinnesorgane noch ein Nervensystem haben, *nützlich* von *schädlich* zu unterscheiden. »Alle Wahrnehmungsvorgänge und alle Denkvorgänge beginnen damit, dass die einzelne Zelle lernt, die Depolarisierung ihrer Zellmembran als Zeichen zu nutzen« (Plassmann, 2021, S. 25). Auf diesem rhythmischen Wechselspiel zwischen Ruhe- und Aktionspotenzial fußt gewissermaßen das gesamte Leben, wobei sich in der de- bzw. repolarisierenden Dynamik der neuronalen Zelle »die Urform eines Zeichens« (ebd.) erkennen lässt, aus der in der Evolution schließlich komplexe Nervensysteme werden. Das Potenzial des Einzellers, die Veränderung seiner Zellmembran als Zeichen zu verwenden, kann dabei mit Damasio als »Protoemotion« bezeichnet werden.

3.1.1 Vorgeburtliche Sinnes- und Liebeswelt

Das individuelle Leben beginnt mit einer Verschmelzung. Auf biologischer Ebene vereinigen sich bei der geschlechtlichen Fortpflanzung eine weibliche Ei- sowie eine männliche Spermazelle und beide Zellkerne verschmelzen befruchtend miteinander. In diversen zutiefst dynamischen Wachstumsschritten bildet sich daraufhin ein Zellorganismus, welcher ab seiner dritten Lebenswoche als Embryonalwesen gilt. Aus der modernen Pränatalforschung geht dabei hervor, dass sich die Strukturen und Funktionen eines Embryos nicht nacheinander herausbilden, vielmehr erwachen sie synchron zum Leben. Während sich beispielsweise das Herz herausbildet, beginnt es bereits zu schlagen, und auch bei der Herausbildung der embryonalen Extremitäten, sind diese bereits in Bewegung. Selbst das im basalen Aufbau befindliche Nervensystem ist von Beginn an in regem Kontakt mit dem Umfeld und wird durch äußere Einflüsse mitgeprägt. Die Wissenschaft erkennt hierbei inzwischen bereits beim Embryo rudimentärste psychische Funktionen und es wird nicht ausgeschlossen, dass das menschliche Wesen bereits unmittelbar nach seiner befruchteten Entstehung Erfahrungen macht, die zu tiefen Eindrücken und lebenslangen seelischen Manifestationen führen können (Ustorf, 2012, S. 19–40, vgl. auch Hüther & Krens, 2013).

Ab der neunten Lebenswoche, d. h. beim fötalen Wesen, ist inzwischen wissenschaftlich erwiesen, dass es während seines intrauterinen Wachstums gewisse Sinnes- und Gefühlsfunktionen entwickelt. So verfügt das Kind bereits im Mutterleib über wesentliche Wahrnehmungs- und Gedächtnisfunktionen, wobei es über verschiedene Kanäle immerwährend in regem Austausch mit seiner Umwelt steht. Zu Beginn besteht diese Beziehung ausschließlich über die psychophysische Verbindung zu seiner Mutter; mit dem stetigen Wachstumsverlauf vermag es diese Relationseindrücke immer mehr durch seine eigenen Sinnesorgane zu erhalten. Dabei erfährt die Tiefenstruktur bzw. Emotionalität des kindlichen Wesens bedeutsame Prägungen.

In dieser prä-, peri- und postnatalen Welt spielen die inneren und äußeren Gefühls- bzw. Phantasieerfahrungen ein große Rolle, besonders da in diesem Stadium aufgrund der sehr hohen Neuroplastizität des menschlichen Gehirns psychodynamisch von einem höchst verdichteten Repräsentanzgeschehen ausgegangen werden kann, wobei sich entscheidende neuronale Abläufe energetisch bekanntlich zwischen den unzähligen Zellenden, den Synapsen abspielen. »Die allererste und wichtigste Aufgabe des Gehirns ist (und bleibt zeitlebens) nicht das Denken, sondern das Herstellen, Aufrechterhalten und Gestalten von Beziehungen« (ebd., S. 100). Aus empirischer Perspektive ist somit hervorzuheben, dass auch auf neurophysiologischer Ebene alles strukturell verbunden und systematisch bezogen ist und objektive wissenschaftliche Zugänge naturgemäß immer eine subjektive Dimension umfassen.

3.2 Selbstemotionen und ihre wegweisende psychotherapeutische Bedeutung

Die Subjektebene hat sowohl während ihrer menschheitsgeschichtlichen, als auch in der psychoanalytischen Erforschung bekanntlich zahlreiche Namen und Kategorisierungen erhalten. Am stimmigsten erscheint mir hierfür der gebräuchliche Begriff des »Selbst«. Diesen verbinde ich mit unserem existenziellen So- bzw. Dasein, also mit dem, was wir einfach sind. In nuancierter Abgrenzung hierzu sehe ich beispielsweise die Nomenklatur der »Identität«, diese steht mehr für das, was wir sein können.

Mit Plassmann teile ich dabei ein entwicklungsdynamisches Selbstmodell, das in seiner Grundlage von systemisch-fließenden Prozessen mit selbstregulierendem Ziel geprägt ist:

»Die wichtigsten Prozesse, die von Nervensystemen, nicht nur vom menschlichen, für das Ziel der Lebenssteuerung entwickelt wurden und die schließlich auch der Entwicklung eines Selbst zugrunde liegen, sind:

- die *Repräsentanzbildung* (Entstehung von Bildern und Karten und damit von inneren Objekten)
- die *emotionale Bewertung* der Repräsentanzen (Kategorisieren)
- der eigentliche *Selbstprozess* (Prozess, der ein Selbst entstehen lässt)« (Plassmann, 2021, S. 27).

Das Selbst befindet sich in einem gleichwertigen Strom von psychophysischen Kräften des Eindringens und Ausstoßens und je nach Entwicklungsstadium werden diese Kräfte subjektiv gemessen: »Beispielsweise ist mittlerweile klar, dass Emotionen die Funktion haben, allen inneren und äußeren Ereignissen einen biologischen Wert zu geben« (ebd., S. 25). Nach diesen neuesten neurobiologisch-psychodynamischen Erkenntnissen werden seelische Vorgänge grundlegend von Emotionen organisiert und reguliert. »Durch diese Ergebnisse der modernen Emotionsforschung erhalten Emotionen, die lange als Randphänomene betrachtet wurden, eine für die Lebenssteuerung, für den lebendigen Organismus und für geistiges Funktionieren fundamentale Rolle«. So wird aus dem »wissenden Selbst« ein »gefühltes Selbst«, wobei das Grundcharakteristikum seelischer

Wachstumsprozesse ein neuordnender Vorgang resonierender Umwandlung ist. Dieser »Transformationsprozess« bildet das intersubjektive Zentrum der psychotherapeutischen Arbeit, krankmachendes bzw. traumatisierendes emotionales Material ist dabei immer geprägt von »Unreguliertheit und Unregulierbarkeit«.

So geht es in einer heilsamen Behandlung vereinfacht formuliert um den erfühlten Zugewinn an Emotions- und damit Selbstregulation, wobei von bestimmten Prozessen ausgegangen wird, die hier wegweisend sind. Die zwei bedeutsamsten sind die »Regulation der Emotionsstärke und die Regulation der Emotionsqualität«, tendenziell »zu schwache« genauso wie »zu starke« affektive Übertragungsenergien können auf erhebliche psychische Belastungsdynamiken hinweisen (ebd., S. 93–97).

3.2.1 Selbstresonanz und Liebe als *das* Grundgefühl

Für die Praxis der intersubjektiven Psychotherapie und ein entsprechend liebevolles Verstehen und Durcharbeiten sowohl mit Heran- als auch Erwachsenden spielt die emotionale Resonanz also eine entscheidende Rolle. Auf welcher strukturellen Gefühls- oder Gedankenebene auch immer, bezüglich ihrer regulatorischen Kraft ist die Liebe verhältnismäßig das Maß aller Dinge. Während sie als Grundgefühl durch die oben genannten Abläufe also erfahrbar und wesentlich mit gebildet und erschaffen wird, bildet die Liebe wiederum das ursprüngliche Fundament all dieser dimensionalen Dynamiken.

In so unendlich vielfältigen Gestalten sich die Liebe nun offenbaren mag, »das Gemeinsame, das, was letztlich die Liebe ausmacht, ist ganz schlicht der Wunsch, einem anderen wohltun zu wollen« (Riemann, 2017, S. 13). Dieses Wohltuende in Bezug zu Kindern und Jugendlichen hat sich einstimmend an den Bedürfnissen der Heranwachsenden zu orientieren und ist nur über eine hinreichende Selbstreflexion der elementaren emotionalen kindlichen Begehren annähernd zu erreichen. Brazelton und Greenspan haben aus kinderärztlicher resp. -psychiatrischer Perspektive in ihrem Grundlagenwerk hierfür »Die sieben Grundbedürfnisse von Kindern« herausgearbeitet. Auch sie betonen aus tiefer Verbundenheit zum

Kindlichen, wie wenig die elementaren Bedürfnisse unserer Kinder weder bei uns noch in anderen Ländern wirklich befriedigt würden.

3.3 Was bedürfen Heranwachsende für ihr Liebeswohl?

An erster Stelle der grundlegenden kindlichen Begehren steht hierbei *das Bedürfnis nach beständigen liebevollen Beziehungen.* Damit Kinder sowohl körperlich als auch seelisch wachsen und gedeihen können, brauchen sie in jeder Lebenssituation verlässlich fürsorgliche Relationen zu hinreichend warmherzigen und feinfühligen elterlichen Bezugspersonen. Auf diesem Boden wird es Kindern möglich, ihre Gefühle zu erspüren und schließlich auch verbal zu kommunizieren. *Das Bedürfnis nach körperlicher Unversehrtheit, Sicherheit und Regulation* spricht als nächstes im Grunde für sich, wobei die beiden Autoren als Anwälte der Kinder hier eindrücklich die so häufigen Misshandlungen und Vernachlässigungen von bereits ganz kleinen Kindern und Jugendlichen problematisieren. Im *Bedürfnis nach individuellen Erfahrungen* geht es um die erzieherische Würdigung der Einzigartigkeit des Kindes, während *das Bedürfnis nach entwicklungsgerechten Erfahrungen* dieses individuelle kindliche Wesen von seinem jeweiligen psychophysischen Entwicklungsstand aus betrachtet. Nur unter einer diesbezüglichen fürsorglichen Beachtung kann das Kind die entsprechenden Entwicklungsschritte und -konflikte förderlich bewältigen. Das anschließende *Bedürfnis nach Grenzen und Strukturen* kann laut der beiden Fachleute gar nicht hoch genug bewertet werden, sie sehen eine verantwortungsvoll-tragende und konstruktiv-strukturierende Disziplinumsetzung nach der Liebe als zweitbedeutsamstes Erziehungsthema an. Die beiden letzten *Bedürfnisse*, zum einen *nach stabilen, unterstützenden Gemeinschaften und kultureller Kontinuität* und zum anderen *nach einer sicheren Zukunft* berühren das angemessene und verlässliche Angebot an förderlichen sozialen Lern- und Beziehungsumfeldern für das Kind, die Achtung jeglichen kulturell-familiären Hintergrundes im Gemeinwesen und schließlich auch die erzieherische Verantwortung von Politik und Gesellschaft, insbesondere im Hinblick auf kohärente Zukunftsperspektiven für Kinder und Jugendliche in einer sich rasant verändernden globalisierten Welt (Brazelton & Greenspan, 2008).

Dabei scheint die Antwort auf die Frage, wo sich unser Kollektiv gerade in solch unsicheren Zeiten der Veränderung bezüglich eines liebevollen Umgangs mit Kindern und Jugendlichen und deren gesunder Entwicklung bewegt, einfach: Es gibt keine! Besonders die Psychoanalyse und ihre forschenden Untersuchungen konnten ja zeigen, wie unvorhersehbar komplex der menschliche Entwicklungs- und Lebensweg verläuft und wie schwierig dabei eine exakte Unterscheidung von Gesundheit bzw. Krankheit sein kann. Wer entscheidet denn schlussendlich wirklich, ob ein Heranwachsender in diesem oder jenem kulturell-gesellschaftlichem Umfeld und Zeitgeist seelisch krank ist? Natürlich ist diese Einschätzung immer relativ und wahrscheinlich entzieht sich die Liebe nicht zuletzt hier einem wahrhaften Zugang, kommt dabei aber umso wirklicher zum Tragen.

3.3.1 Psychische Grundbedürfnisse des Menschenkindes

Die Krankheit als auch das Kranke zeigen sich entwicklungsdynamisch nämlich durchgehend dort, wo es an relativ maßvollem und haltendem Lieben krankt. Psychodynamisch lassen sich diesbezüglich die angesprochenen Elementarbedürfnisse hervorragend durch die »psychischen Grundbedürfnisse« ergänzen. Diese umschreiben die beiden Entwicklungspsychologen Zdeněk Matějček und Josef Langmeier in ihrem berühmten Buch über »Kinder ohne Liebe« und »psychische Deprivation im Kindesalter« (Langmeier & Matějček, 1977) wie folgt:

> »Das Kind ist in seinem Wesen aktiv und seine Aktivität richtet sich grundsätzlich auf die Welt und auf die in ihr befindlichen Dinge. Der Mensch bemächtigt sich der Dinge, er benützt sie, er formt sie um, er erwartet und überprüft die Ergebnisse dieser Tätigkeit und schafft neue Projekte. Die Dinge, ob einzeln oder zusammen, erhalten nur durch diese Aktivität ihren Sinn. Aber in dieser Aktivität

liegt auch das Wesen des Selbstbewusstwerdens: In der Welt und inmitten aufgegriffener und verstandener Dinge begegnet der Mensch sich selber. Dieser grundlegenden Aktivität der Welt gegenüber entfaltet er sich in einem Prozess von ununterbrochenen Antizipationen und deren Erfüllung, womit sich das Subjekt selbst aktiv ergänzt und verwirklicht.

Die Grundtendenz des lebenden Organismus zum aktiven Kontakt mit der Welt kann also von einem biologischen Gesichtspunkt als Tendenz zur Erhaltung und Reproduktion des Lebens des einzelnen und der Gattung betrachtet werden, vom psychologischen Gesichtspunkt aus jedoch am besten als Tendenz zur Realisation und Erfüllung des individuellen Lebens in der umgebenden Welt. Dieses ›In-der-Welt-Sein‹ (die ›In-der-Welt-Selbstverwirklichung‹) geschieht nun immer im psychologischen Zeitraum: Die Tendenz zum aktiven Kontakt mit der Welt wird im Zeitstrom als Dauer im Wechsel und im Raum-Zusammenhang (Zusammenfließen und Getrenntheit) erlebt« (S. 230).

Daraus ergeben sich die vier »psychischen Grundbedürfnisse«, von denen immer jeweils zwei polar sind:

- *Das Bedürfnis nach Variabilität*, d. h. ein Begehren nach Veränderlichkeit der Reize und nach neuer fortschreitender Stimulation.
- *Das Bedürfnis nach Stabilität*, d. h. das Bedürfnis, im Wechsel der Geschehnisse eine Dauerstruktur, Ordnung und Gesetzmäßigkeit sowie eine Kontinuität von Vergangenem, Gegenwärtigem und Zukünftigem zu finden.
- *Das Bedürfnis nach Abhängigkeit*, also das Bedürfnis nach Bindung zur Außenwelt im Allgemeinen und zu spezifischen Objekten im Besonderen, die zum Fundament der Lebenssicherheit wird.
- *Das Bedürfnis nach Unabhängigkeit*, also das Bedürfnis nach persönlicher Separation von der Umwelt, nach Autonomie und Identität im sozialen Netz der Welt.

Für das Wechselspiel dieser rhythmischen Objektweltresonanz hat insbesondere Bion unübertreffliche dynamische Modellsysteme geschaffen. Er sieht das menschliche Wesen gleichsam mit protoemotionalen »Präkonzeptionen« auf eine unausweichlich zwischendimensionale Welt kommen, in der namenloses Chaos regiert und in der man sich ohne liebevoll tragende Transformationsbeziehung verliert. Mit seiner genialen Erkenntnis von projektiv-identifikatorischen Elementarvorgängen im humanen Seelenleben hat er höchst bereichernde und psychotherapeutisch wegweisende Impulse gegeben. »O« steht dabei sinnbildlich für das, was uns im tiefsten Wesen ausmacht. »O« bleibt erkenntnistheoretischen Zugangswegen wohl auf ewig verschlossen und lässt sich nur über die Gefühlswelt annähernd erschließen. Schließlich zu erreichen ist es nur mit Liebe!

»Ich fühle, also bin ich« vermittelt der bekannte Neurowissenschaftler Damasio nachhaltig (Damasio, 2000), und wenn uns kleine Kinder bei genauerem Hinsehen etwas lehren, dann dass Soma und Psyche einfach untrennbar sind, genauso wie Fühlen und Denken schlussendlich auch. So *ersinnen und rekonstruieren* wir unser Leben von Anbeginn an, wobei sich unsere Sinne mit dem Gehirn als zentrale Schaltstelle sowohl die äußeren als auch die inneren Eindrücke *nehmen* und diese *wahr* machen. Hierin schlummert natürlich auch das gesamte menschliche Potenzial an Enttäuschung.

Existenzdynamisch formuliert erscheint das menschliche Wesen eingebettet in einem kosmischen Resonanzraum voll mit potenzieller Liebe und in Relation zu krankmachenden bzw. gesundhaltenden Energien dreht sich schließlich alles um das *geliebte Selbst*. Als gesundheitsentscheidendes Entwicklungs- und Lebensthema gestaltet sich also die Frage, ob wir als dualistisch-liebeswillige Wesen diese ursprüngliche Liebe wahrzunehmen vermögen.

3.4 Existenzielles Wachstum und die Natur der Liebe

Die Frage, auf welchen Lebens-, Beziehungs- und Nervenbahnen der Mensch zu diesem ursprünglichen Liebesvermögen wahrnehmend gelangen kann, beschäftigt die Psychoanalyse seit jeher. Man kann mit ihr von einer wesentlichen psychophysischen Kraft des Individuums ausgehen, die es bereits pränatal an- und umtreibt. Zeitlebens verschränkt sich diese innerweltliche Dynamik mit einflussreichsten Kräften, die außerweltlich ihr

Unwesen treiben. Pointiert bietet sich dabei der Begriff des *Triebes* gut als Ausgangspunkt für eine grundlegend differenzierende Betrachtungsweise an: Während Freud den Schwerpunkt im *Angetriebenen* des Menschen gesehen hat, sehen viele Forscher und Forscherinnen nach ihm prinzipiell mehr das *Antreibende* dieser Kraft.

3.4.1 Die umtreibenden Sinne im Kosmos des Lebens

Nicht nur entstehungsgeschichtlich herausragend für die Psychoanalyse erscheint in dieser zweiten Riege Otto Rank, der sich als einer der ersten wesentlich von den Standpunkten Freuds entfernt hat. Diese Distanzierung kann neben ihrer beziehungsdynamisch emotionalen Bedeutung auch auf inhaltlicher Ebene als ein zentrales Zerwürfnis der Psychoanalyse mit weitreichenden Folgen angesehen werden.

Rank erweitert Freuds paternalistisch geprägtes Modell wesentlich durch mütterliche, präödipale Prinzipien, da er sich als einer der ersten Psychoanalytiker dem humanen Seelenleben bis zu seinen spürbaren Anfängen im Mutterleib empirisch nähert. Dabei versucht er in seiner »Willenspsychologie« den Menschen und das Seelenleben nicht allzu sehr reduktionistisch zu kategorisieren, sondern vielmehr dessen unausweichliche Einbettung in einem wechselkosmischen Geschehen von Wille und Zwang bzw. von Wahrheit und Wirklichkeit hervorzuheben. Für ihn stehen »Selbstentwicklung« und »Fühlen lernen« im Mittelpunkt jeglicher therapeutischen Bemühungen, wobei er die von ihm so betonte frühe Mütterlichkeit dynamisch immer auch von ihrer bedrohlich verschlingenden Seite gesehen hat (Rank, 2015). Dabei versteht Rank das humane Ich in unmittelbarer Anlehnung an das »Selbstbewusstsein« nicht nur als bloßen Schauplatz des ständigen Konfliktes zwischen den beiden Großmächten Es und Über-Ich:

> »Nicht nur ist das individuelle Ich selbstverständlich der *Träger* der höheren Instanzen, […]; es ist auch der zeitliche *Repräsentant* der kosmischen Urkraft, gleichgültig ob man sie nun Sexualität oder Libido oder Es nennt. Das Ich ist daher umso stärker, in je größerem Ausmaß es Repräsentant dieser Urkraft ist, und die *Stärke dieser im Individuum repräsentierten Urkraft nennen wir Wille*« (ebd., S. 9).

Hier nimmt Rank eindeutig Stellung und betont im Gegensatz zur klassischen Psychoanalyse und ihrer Nuancierung der triebhaft-bemächtigenden Energien die schöpferischen Eigenkräfte des Menschen. Für ihn ist es lebensmöglich, dass das Menschenkind zu seinem individuellen Willen findet: In einer liebe- und friedvollen Entwicklung erscheint es potenziell möglich, von einem »*Nichtwollen, weil man muss*«, über ein »*Wollen dessen, was man muss*« zu einem »*Wollen dessen, was man will*« zu gelangen (ebd., S. 118). Rank kann mit seinem Werk als schöpferischer Wegbereiter der zahlreichen psychodynamischen Wissenschaftsrichtungen gesehen werden, die sich für sehr relational-frühe humane Entwicklungsphasen interessieren und entsprechende Objekt- bzw. Liebesbeziehungsdynamiken erforschen.

Das Physische ist dabei natürlich fest im Menschen und seinen Genen verankert, ontogenetisch über das (groß-)elterliche Erbmaterial und phylogenetisch über den Gentransfer der Erbstrukturen unserer frühesten Vorfahren. Die elementarsten Lebens- und Stoffwechselvorgänge spielen sich auf vergessenen und doch zutiefst bekannten Ebenen ab, wobei in diesen Dimensionen unsere kosmische Natur einfach deutlich wird. Balint hat inspirierend darauf hingewiesen, wie das menschliche Wesen organisch eingebunden ist in die kosmische Rhythmik des elementaren Werdens und Vergehens. In diesem empirischen Sinne verschränken sich Innen- und Außen-, Mikro- und Makrowelt dynamisch. Balint lehnt sich hier an seinen Lehrmeister Ferenczi und dessen bereits erwähnten Gedanken über relationale Freiheits- resp. Verschmelzungswünsche und die »thalassale Regression« an. Komprimiert kommt dabei die kosmische Haltung zur beziehungs- und trennungsdynamischen Grundkondition des Menschen zum Ausdruck, die bei Balint in seiner Begriffsschöpfung der »Oknophilie« und des »Philobatismus« hervorragt. In beiden etwas sperrig erscheinenden Bezeichnungen steckt als »philia« die Liebe, »okneo« steht dabei im Griechischen für »zögern, fürchten, sich anklammern«, während »batein« »weggehen« bedeutet und das »Philobatische« auf einer Nachbildung des Wortes »Akrobat« (gr. *ákros* für höchste, oberste, spitz) beruht. Aus diesem dynamischen Gegensatzpaar entwickelte Balint seine Typologie menschlichen Grundverhaltens zwischen Zugehörigkeit und Autonomie, wobei aus heutiger Sicht kritisch anzumerken ist, dass er beide Ausrichtungen in ihrer Extremität eher als pathologisch und behandlungsbedürftig betrachtet hat. Ich tendiere psychodynamisch hier zu einer ganzheitlichen Perspektive zwischen extra- und introvertierten Kräften: Beide Pole des einerseits Nähe und andererseits Freiheit liebenden menschlichen Wesens betrachte ich als wechselseitige Strömungen innerhalb der zyklisch-relationalen Dynamik von Vertrautem und Neuem unserer Lebenswelt.

Freud seinerseits hat dabei unterschieden zwischen dem »Anlehnungstypus«, der in seiner Liebespartnerwahl unbewusst mehr dazu neigt, sich dem Sehnsuchtsideal einer nährenden Mutter bzw. eines schützendes Vater hinzugeben, und dem »narzisstischen Typus«, der sich in der Liebeswahl am eigenen, selbstidealisierten Ebenbild orientiert (Freud, 1914). Balint stellt Freuds Theorie des »primären Narzissmus« eine mehr beziehungsorientierte Sicht und den Glauben an die »primäre Liebe« gegenüber. In diesen »Urformen der Liebe« geht es psychodynamisch weniger um erogene Zonen oder psychosexuelle Reifungsphasen als vielmehr um früheste Lebensabschnitte, die unausweichlich jede menschliche Entwicklung begleiten und notwendigerweise von einer »primitiven Objektliebe« geprägt sind. Balint beschäftigt sich neben zentralen behandlungstechnischen Fragen mit psychodynamisch höchst bedeutsamen Aspekten der Regression und untersucht, wie Patienten in bestimmten Phasen einer psychoanalytischen Behandlung auf die Ebene der »Grundstörung« regredieren.

Balint zentriert in seiner Theorie die enge Verbundenheit zwischen dem Kind und seinem mütterlichen Gegenüber und betont deren triebhaftes relationales Wechselspiel. »Als die biologische Basis dieser primären Objektbeziehung ergab sich die triebhafte Aufeinanderbezogenheit von Mutter und Kind; die beiden sind aufeinander angewiesen, aber zugleich auch aufeinander abgestimmt, sie befriedigen sich selbst durch einander, ohne aufeinander Rücksicht nehmen zu müssen« (Balint, 1981, S. 106). Diesen Gedankengang verdichtet Balint schließlich in seinen erwähnten psychodynamischen Überlegungen zu Regressionsvorgängen, welche je nach Umweltbeschaffenheit individuell gut- oder bösartige Züge annehmen und in der archaischen Grundstörung des Menschen münden können. Dies alles wird vorzüglich in der Metaphorik zusammengebracht, dass Patienten behandlungstechnisch in diesem Zustand eine Umgebung benötigen, die sie unmittelbar annimmt und bereit ist, sie »zu stützen und zu tragen, wie die Erde oder das Wasser einen Menschen trägt […] der Analytiker […] muss sich als mehr oder weniger unzerstörbar erweisen […] er muss die Entwicklung einer Art von Vermischung zwischen ihm und dem Patienten zulassen« (Balint, 1998, S. 177). Diese »harmonische Verschränkung« aus ihrer beziehungsrelevanten Dimension bringt Balint in Abgrenzung zu betont triebdynamischen Betrachtungen wiederholt mit der Luft zum Atmen in Verbindung, hier würde auch niemand auf die Idee kommen, dies als Ausdruck einer oralen Gier aufzufassen. Vielmehr kommt hier die menschliche Abhängigkeit zum Ausdruck, und Entscheidendes zeigt sich psychodynamisch in der Regel dann, wenn es zu – elementaren – Mangelzuständen kommt. Dabei verlaufen Hauptströme von Überlebensessenziellem, wie Nähr- und Sauerstoff, durch den Mund.

Mütterlich-väterliche Kuss-Urszene

Eines der möglicherweise faszinierendsten Dinge, die uns Menschen mit dem Stoff, der aus Liebe besteht, durchdringen kann, ist der Kuss. In seinen zahlreichen Facetten hat er verschiedenste wissenschaftliche Erklärungsversuche hinter sich, auf zwei der gängigsten beruft sich wiederholt auch die Psychoanalyse. Diese evolutionsbezogenen Theorien nehmen zum einen an, dass Küssen eine kultivierte Form der bei vielen Tieren vorkommenden Mund-zu-Mund-Fütterung darstellt, wobei Freud hier das Einverleiben als triebdynamische und das Saugen an der Mutterbrust als psychosexuelle Komponenten hervorgehoben hat. Die andere evolutionsbiologische Annahme setzt bei dieser fortpflanzungssexuellen Ebene an und beschreibt, wie beim leidenschaftlichen Küssen von Mund zu Mund ein unbewusst physiologischer Abgleich über eine etwaige hormonelle Passung stattfindet. Forschungsergebnisse sprechen jedoch eher gegen einen allgemein biologischen als vielmehr für einen kulturellen Hintergrund des Küssens (Best, 2001). In vielen Kulturen tritt der Kuss hauptsächlich in ritualisierten Formen auf und leidenschaftliches Küssen ist in zahlreichen Gesellschaften tabu. Natürlich wird es genau hier wiederum psychodynamisch hoch interessant und es stellen sich elementare Menschheitsfragen, wie die nach einer liebevoll-sinnlichen bzw. sinnvoll-lieblichen Befriedigung humaner Grundbegehrlichkeiten von annehmbarer Nähe und Distanz.

3.4 Existenzielles Wachstum und die Natur der Liebe

Ein 16-jähriger Jugendlicher mit ängstlich-depressiver Symptomatik offenbarte mir in einem Gespräch, dass ihm in seiner Partnerschaft »Sex eigentlich Spaß« mache, was »irgendwie überhaupt nicht geht« seien intime Zungenküsse. Davor würde er sich regelrecht »ekeln«. Da ich dies so oder so ähnlich tatsächlich schon relativ oft von adoleszenten Patientinnen und Patienten gehört habe, frage ich wenig überrascht nach, was ihn denn da genauer störe? »Das fühlt sich so … nah an«, gibt er vielsagend zurück. Nach meinem nickenden Zustimmen gelingt es uns auch im weiteren Therapieverlauf, gemeinsam auf dieses für ihn so zentrale Konfliktthema einzugehen. Es stellt sich hierbei heraus, wie sehr ihn wirkliche Nähe bzw. Intimität ängstigt und regelrecht überfordert, wobei er selbst anfängt zu erahnen, dass dies auch mit seinen Eltern und deren teils unangemessen übergriffigem Gebaren zusammenhängen könnte. Dabei deute ich strukturstärkend wiederholt unsere Beziehung im Hier und Jetzt sowie seine diesbezügliche Fähigkeit an, sich mit mir auf solche intimen Themen einzulassen. Unter anderem gelingt es dem Jungen darüber, seine inneren Abbilder nicht nur zu erkennen, sondern diese annähernd zu ersinnen und damit integrierend zu fühlen.

Den Kuss umweht wohl nicht umsonst ein mythischer Zauber und er steht für zutiefst Sinnliches. Im kindlichen Sinne vermag das Küssen liebesbeweisenden und damit überlebensessenziellen Charakter einzunehmen. Darüber hinaus kann ein Kuss – zum Beispiel auf eine verletzte Wunde – transformierend wirken und wie ein Wunder Schmerzhaftes zu etwas Heilendem verwandeln. In Märchen zeigen sich diese erlösend-heilsamen und transformativen Wirkungen nachhaltig, Dornröschen wird ja bekanntlich aus einem tiefen, todesnahen Schlaf wachgeküsst. Bei Jugendlichen und Adoleszenten erreicht das Küssen durch die genital-sexuelle Reifung und die bis dahin so nicht erlebbare Erregung eine weitere Sinnesstufe. Nun vermag das Menschenkind jemand anderem von Mund zu Mund so nahezukommen, dass neben den Körpersäften auch die gemeinsamen Atemströme ineinanderfließen, wobei in der antiken Mythologie der Atem als Sitz der Seele gegolten hat. C. G. Jungs phantastische Archetypen der beiden weiblich-männlichen Urprinzipien nehmen symbolisch, aber auch etymologisch hierauf Bezug, *Anima und Animus* stehen in ihrer lateinischen Begriffsherkunft für ätherisch-geistige Seelenbereiche und beim Küssen verschränken sich höchst berührend bis erregend individuelle Welten. Der Kuss vermag in seiner inspirierenden (lat. *Inspiratio*: Beseelung, Einhauchung) Kraft wie gesehen sogar die Intensität des sexuell-genitalen Aktes zu übertreffen, näherer und intimerer Austausch ist sinnlich wenig vorstellbar. Durch die Nähe des oralen zum zentralen Sinnesorgan findet beim erwachsenen Kuss ein annähernd körperlich-seelisches Liebesspiel statt. Amor und Psyche treffen sich.

Es begegnen sich jedoch auch Eros und Thanatos! So wie mir als Menschen der Lebensatem eingehaucht werden kann, kann er auch ausgesaugt werden, der Mythos vom Tod, der einem genauso wie die Liebe den Atem nehmen kann, ist gleichsam uralt. In moderner und für Heranwachsende zugänglicher Form repräsentiert sich dieses Schreckensbild in den Figuren der »Dementoren« aus den Harry-Potter-Geschichten; deren Zauberkraft des Seelenaussaugens erscheint gar unheimlicher als der Tod selbst.

Damit schließt sich existenzdialogisch der Kreis und man trifft zyklisch auf die sich relational wiederholende Dynamik von Kindlichem zu Heran- und Erwachsendem zwischen Leben, Liebe und Tod. Gleichgültig wo man sich freischwebend in dieser Energetik positioniert bzw. positioniert wird, der Glaube an die ungeahnten Kräfte des Lebens berührt annähernd alle psychodynamischen Positionen. Dem Glauben schenke ich dabei respektvollste Achtung und würdige ihn in seiner zutiefst humanen Bedeutsamkeit als Quelle unseres Urvertrauens. Ich selbst gehe dabei wesentlich vom menschlichen Liebeswillen aus. Dieser strebt ursprünglich nach Einklang und begehrt nach inspirierender Resonanz, wobei er ob seines urdualistischen Wesens nur annähernd analysierbar scheint. Wir Menschen suchen also eine lebensentscheidende Nuance mehr Befriedung als Befriedigung!

»Atmen! Ruhig durchatmen«, betone ich wiederholt gegenüber meiner adoleszenten Patientin, die mir unmittelbar nach Beginn unserer psychotherapeutischen Begegnung aufgeregt schildert, dass sie auf dem Weg zu mir »beinahe eine Panikattacke« gehabt habe. Sie sei »immer noch ziemlich aufgewühlt«, wobei ich bei aller aufgeregten Betroffenheit aus therapeutischer Sicht auch etwas froh bin, in dieser angstbesetzten Situation quasi live mit ihr an ihrer symptomleitenden Emotion arbeiten zu können. Dabei benutze ich mit meiner beruhigend-strukturierenden Atmungsanleitung bewusst eine verhaltensorientierte und psychoedukative Intervention, nähere mich dabei sinnlich jedoch auch vor- bzw. unbewussten Ebenen. Meine assoziativ zugewandte Haltung zielt auf die mir bekannte Anamnese der jungen Frau; neben der lebensbegleitenden Depression der Mutter und zahlreichen familiären Sterbefällen bzw. Verlusterfahrungen weiß ich hier von belastenden Nähe- bzw. Beziehungsängsten seit ihrer Pubertät. Besonders zu ihrem Vater habe sie »schon immer keine gute« und »vertrauensvolle« Beziehung, wobei wir im bisherigen therapeutischen Prozess gemeinsam erarbeiten konnten, dass sie »eigentlich noch nie« jemandem »so richtig« vertrauen habe können. Nach gewisser Beruhigung bin ich neben Gedanken zu etwaigen psychosexuell-ödipalen und libidinös-erotischen Dynamiken innerlich genau mit diesem Vertrauensproblem beschäftigt und deute dies der Patientin gegenüber noch in dieser Sitzung berührt an: »Ich bin – genauso wie Sie wahrscheinlich – immer noch angerührt von der Situation vorhin. Wie fühlen Sie sich jetzt?« Nachdem sie ihre aktuellen Emotionen nur vage beschreiben kann, führe ich fort, wie nah uns diese »aufregende« Atmosphäre von vorhin gebracht haben mag. »Das zeugt ja auch irgendwo von gegenseitigem Vertrauen, dass wir nun relativ ruhig hier beisammensitzen können.« Nach längerem Schweigen in spürbar offenerer Atmosphäre traue ich mich dann noch etwas »näher« an sie heran und spreche tatsächlich die Liebe bzw. unser aller Liebeswillen an. »Davor kann man auch wirklich Angst haben! Es ist ja wahrlich nicht einfach im Leben zu lieben … ich meine zu vertrauen!« Inzwischen deute ich das Liebesthema bei stimmig erscheinendem Gegenübertragungsgefühl bei sehr vielen Patienten jeglichen Alters in angemessenen Worten an, wobei mir zur nachhaltigen Beziehungsregulation das universelle Bild des neugeborenen Säuglings hilfreich erscheint. So meine ich darauf bezugnehmend schließlich auch dieser Patientin gegenüber, dass es »richtig viel Mut braucht, auf die Welt zu kommen!« In einer Mischung aus angstbefreiter, befriedender Ruhe und erfrischend provokantem, befriedigendem Ärger reagiert die Patientin daraufhin eindrücklich authentisch: »Das hab ich ja irgendwie hingekriegt …« Erstmalig wirkt die Patientin in diesem Gegenwartsmoment auf mich so, wie sie ist als lebendige junge Frau, und es wird im weiteren Therapieprozess möglich, sich gemeinsam dem mutuellen Liebeswillen bzw. der Kraft der Liebe resonant und ertragreich zu nähern. Darüber schafft es die Patientin, zunehmend offener über ihre inneren Welten und Sehnsüchte zu reden, worüber schließlich eine deutliche Verbesserung ihrer ängstlich-depressiven Symptomatik erfolgt.

3.4.2 Psychosexuelle Triebentwicklung und treibende Liebesphasen

Den Mysterien des menschlichen Liebeslebens und dessen dynamischer Entwicklung näherte sich die Psychoanalyse wie erwähnt zunächst aus einer sexualitätsbasierten und ausschließlich triebbezogenen Auffassung ihres Schöpfers. Dabei verstand und definierte Freud den Trieb biologisch, sah jedoch gleichzeitig dessen psychologische Dimension. Somit stellt der Trieb die psychische Repräsentanz einer somatischen Reizquelle dar und ist zur aktiv-passiven Spannungsentladung dranghaft auf ein Objekt bzw. Gegenüber zielgerichtet. Die dabei fließende Energie nannte Freud bekanntlich Libido, wobei diese zu Beginn des Lebens im Autoerotismus ausschließlich die eigene Person besetze, dann über die Phase des Narzissmus in das Spannungsfeld zwischen Selbst- und Fremdwelt übergehe, um schließlich in der Objektliebe zu münden.

Freuds monumentale »Drei Abhandlungen zur Sexualtheorie« führen wegweisend sein monistisch ausgerichtetes Triebmodell aus, in dem neben der Annahme einer konstitutionellen Bisexualität und der revolutionären Beobachtung der infantilen Sexualität die psychosexuelle Phasenlehre mit ihrer verstehenden Einordnung der menschlichen Partialtriebe hervorsticht. Dies hat erforschenden Raum geöffnet zu einem tiefgehenden und nicht bewertenden Verständnis des kindlichen bzw. erwachsenen Liebeslebens. Freuds Triebkonzept unterlag dabei wie erwähnt, ähnlich wie viele seiner anderen Modelle und Begriffsverwendungen, zahlreichen Modifizierungen und kulminiert über die ergänzende Anerkennung der Ichtriebe schließlich zum urdualistischen Modell vom Lebens- und Todestrieb. Dabei hat er selbst wiederholt auf das Mythische und letztlich Unbestimmbare des Triebwesens hingewiesen (vgl. Freud, 1905, 1920 u. 1933 [1932]).

Eine zeitgemäße psychodynamische Perspektive integriert inzwischen die Ebene der psychophysisch-sexuellen Reifungsentwicklung mit den Dimensionen der Objektbeziehungs- resp. Bindungserfahrungen sowie der Ich- bzw. Selbststrukturen. Grundsätzlich geht man dabei von fließenden Übergängen zwischen den entsprechenden Ebenen aus und entwicklungsdynamische Reifungspositionen werden relativiert. Das menschliche Wesen ist so betrachtet zeitlebens im existenziellen Dialog:

»Die Vorstellung von Entwicklungsphasen, die in der Kindheit beginnen und in der Kindheit enden, wird also von den neueren Befunden nicht bestätigt, sondern vielmehr verdeutlichen sich existenzielle *Themen*, die lebenslang beteiligt sind am Entstehen und Bewahren eines gesunden Selbst. Es wird hier sehr deutlich, dass wissenschaftliche Disziplinen wie die Gehirnforschung und die Säuglingsforschung den Menschen und seine Entwicklung als etwas Fließendes, etwas lebenslang in Bewegung Befindliches sehen, was sich selbst organisiert und reguliert« (Plassmann, 2021, S. 79–80).

Wir Menschen sind partielle Wesenheiten und wir ahnen, erkennen oder wissen das zeitlebens. Das Menschenkind bewegt sich stets in einer triangulären Welt, was einfach bedeutet, dass alles in allem enthalten ist und doch darüber hinausgeht. Psychodynamisch gedeutet ist alles von Anfang an da und es geht wesentlich darum, wie anhaltend und liebevoll sich alles entwickelt. Die klassischen triebtheoretischen Phasen sind dabei in ihrem dynamischen Charakter als »Entwicklungsstufen der psychosexuellen Organisation« zu verstehen (Ermann, 2019, S. 52).

Hier hat Erik Erikson mit seiner Idee vom Lebenszyklus und den »Acht Phasen des Menschen« sehr fruchtbare Impulse geliefert und das klassische psychosexuelle Phasenmodell bereichernd um die psychosoziale und identitätsstiftende Lebenskomponente ergänzt (Erikson, 1984). Dabei beziehen sich die ersten fünf bzw. sechs Phasen unmittelbar auf Kindheit, Jugend und Adoleszenz, allerdings betrachtet Erikson in seiner epigenetischen bzw. generativ beziehungsdynamischen Perspektive auch die Stadien des Erwachsenseins als für alle Lebensalter mutuell bedeutsam. Er betrachtet die jeweiligen Entwicklungsstufen als Krisen, die vom Individuum in dynamischer Bezogenheit zu seiner Umwelt und seiner dabei verinnerlichten Erfahrungen bewältigt werden müssen.

Dabei werden wiederum die Zwischentöne des Lebens in ihrer liebesdynamischen Bedeutung erkennbar. Psychophysische Entwicklung, Wachstum und damit das Leben an sich scheinen sich wesentlich in dynamischen Übergangszeit-Räumen abzuspielen. Besonders die Säuglingsforschung hat darauf hingewiesen,

> »dass kontinuierliche Erfahrungs*muster* eher als *spezifische* Erfahrungen die Vorläufer und Ursachen von Pathologien sind. Deshalb können Rekonstruktionen des möglichen Ursprungs von Pathologien schwierig sein, weil ein solcher Ursprung oft gar nicht existiert, jedenfalls nicht als diskretes Ereignis, das in bestimmten Phasen oder Zeitabschnitten lokalisierbar wäre. Die Muster sind nur noch als Familienatmosphäre, Familienklima oder affektiver Stil des Umgangs rekonstruier- und erinnerbar. Ihr gradueller, kumulativer Effekt kann den Entwicklungsprozess einschneidender beeinflussen als gelegentliche dramatische Verläufe« (Dornes, 2004, S. 74).

Aus dieser Perspektive lassen sich einerseits interaktionelle Abläufe mit *ruhigem* und auf den ersten Blick *unspektakulärem* Spannungsniveau sowie andererseits Vorgänge mit *sensationellem* und direkt *spektakulärem* Moment differenzieren. Beide Sphären haben entscheidende entwicklungsdynamische Bedeutung; die klassische psychoanalytische Sicht betont tendenziell, sicherlich auch ein Stück weit aufgrund ihrer Entstehungsgeschichte, die dramatischen Momente.

In diesem Sinne ordne ich die nun komprimiert dargestellten Phasen ohne Altersangabe (vgl. Ermann, 2019, S. 52–55; Erikson, 1984, S. 241–270) meinerseits als jeweils ineinander übergehende und sich gegenseitig bedingende Entwicklungsspektren, welche ganzheitlich durch weitere psycho-sozial-physisch bedeutsame Organisationsstrukturen ergänzt werden können. So ist eine organische Entwicklung auch abhängig vom Hautgeschehen, von der auditiven und visuellen Wahrnehmung, dem nasalen Prinzip, der Tiefensensibilität und nicht zuletzt auch von unserem Transzendentalsinn, also von der Suche nach etwas, das über uns hinausgeht und doch zu uns selbst gehört. Im Grunde sind Körper und Geist als Ganzes eine erogene, also liebesursprüngliche Zone.

Das orale Entwicklungsspektrum zwischen Urvertrauen und Urmisstrauen

Die Oralität (von lat. oris: der Mund) bildet die primitivste Stufe der psychosexuellen Entwicklung, der Mund ist hierbei durch Nahrungsaufnahme, Saugen, Nuckeln und Beißen eine primäre Quelle von Befriedigung. Die Suche nach dieser Art von Befriedigung bleibt ein Leben lang in der Liebe erhalten. Sie lässt sich als orale Lust verstehen und zeigt sich u. a. im Akt des Küssens und oralen Liebkosens, aber auch im vokalen Austausch des Miteinandersingens, Liebeserklärens und liebevollen Miteinandersprechens. Zentrales psychosexuell dynamisches Konfliktthema ist Einverleibung und Verschlungenwerden, welches sich auf psychosozialer Ebene als grundlegendste Polarität zwischen Urvertrauen und Urmisstrauen abbildet. Dabei wird beim Säugling über die regulierende und nahrungsspendende Verlässlichkeit seiner elterlich-fürsorglichen Bezugspersonen das Gefühl des Vertrauens erweckt. Inkorporation, Introjektion und Projektion sind dabei die basalen psychodynamischen Mechanismen, über die sich eine frühe Regulation zwischen Säugling und Umwelt gestaltet. Erikson hebt hier besonders die enorme Bedeutung des Glaubens als individueller und kollektiver Urvertrauens- bzw. Sinnstifter hervor.

Beeinträchtigungen der Oralität bzw. Fixierungen aufgrund hoher oraler Frustrationen können unter triebpsychologischen bzw. psychosozialen Gesichtspunkten u. a. zu Urmisstrauen, Trennungs- und Abhängigkeitsproblemen, Depressionen, Suchterkrankungen und Essstörungen führen.

Das anale Entwicklungsspektrum zwischen Autonomie und Scham/Zweifel

In der Analität (von lat. anus: After) erfährt das Kind durch den Fluss und das Ausscheiden sowie Zurückhalten seiner Exkremente Lust bzw. Befriedigung. Als zentrales Thema erscheint hier die Polarität zwischen Loslassen und Festhalten, es entwickelt sich kontinuierlich die Fähigkeit, Wille (Begehren) und Zwang (Bedürfnis) als unterschiedliche Qualitäten wahrzunehmen. Autonomie bildet sich heraus und es verdichtet sich die Konfliktdynamik zwischen Selbstbehauptung und Trotz einerseits und

Gehorsam bzw. Unterwerfung andererseits. Triebdynamisch steht das Hergeben und Behalten bzw. aktives und passives Lusterleben im Mittelpunkt. Diese Phase ist triebtheoretisch bedeutsam im Hinblick auf das Erlernen eines sozialen Miteinanders, der Konfliktfähigkeiten und der späteren Über-Ich-Entwicklung. Erikson sieht die anale Phase als wegweisend an für das Verhältnis von Liebe und Hass. Er hebt auf psychosozialer, identitätsdynamischer Ebene eindrücklich die »Kehrseite« des Menschen hervor: Sowohl bezüglich der nun immer stärker aufkeimenden aggressiv trotzigen Kräfte des Kleinkindes als auch bezüglich seiner tatsächlichen, körperlichen »Hinterseite« spielen sich nun – zwischenmenschlich – entscheidende Dynamiken ab. Den »Hintern« kann man selbst nicht sehen und doch unterliegt er in dieser Zeit einem wesentlichen Einfluss von außen und dem Willen anderer. So fokussiert Erikson mit den »Blicken der Welt« auf das Individuum allgemein und auf seine dunklen, schmutzigen Seiten im Speziellen die Erlebnisse von Scham und frühem Zweifel. Um diese gesund zu integrieren, ist das Kind auf eine liebevolle, die divergierenden Kräfte insoweit ausgleichende Umwelt angewiesen, ansonsten drohen ein innerer Rückzug und eine übermäßige Beschäftigung mit sich selber.

Dies kann schließlich zu einem frühreif-rigiden Gewissen und zu Zwangsneurosen führen. Des Weiteren können ungelöste Probleme der Analität in Aggressionshemmungen, Unterwürfigkeit und Symbolisierungsstörungen münden.

Das infantil-genitale (ödipale) Entwicklungsspektrum zwischen Initiative und Schuldgefühl

Die infantil-genitale Phase ist geprägt vom neugierigen Erforschen des eigenen Körpers und dabei insbesondere der Genitalien. Analog zur weiblich-männlichen Geschlechtspolarität stehen das Thema Eindringen und Aufnehmen im Mittelpunkt. Erste kindlich-schwärmerische Verliebtheitsgefühle, Schau- bzw. Zeigelust und eine allgemeine Sexualneugier entwickeln sich, so dass auch Geschlechtsunterschiede bewusster werden. Aus dieser Erkenntnis bildet sich in der Phantasie die Dichotomie zwischen »Haben« und »Nicht-Haben«, bei Jungen also einen Penis zu haben, aber keine Gebärfähigkeit, während Mädchen Fruchtbarkeit besitzen, jedoch keinen Phallus. Die Triebimpulse zeigen sich in dieser Phase noch bisexuell, beide Eltern werden begehrt und das Kind will von beiden geliebt werden. Aus diesem doppelten Begehren erwächst der Ödipuskomplex als konfliktaufgeladene Position zwischen Liebe und Hass im Verhältnis zu beiden Eltern. Während die klassisch triebdynamische Ansicht hier Schwerpunkte auf die psychosexuelle Komponente zwischen gleichgeschlechtlicher (positiver) und gegengeschlechtlicher (negativer) ödipaler Identifizierungsvorgänge legt, betonen zeitgemäße psychodynamische Entwicklungsmodelle das Wechselspiel zwischen trieb- und beziehungsdynamischen Abläufen.

So beschreibt auch Erikson diese Entwicklungsphase aus psychosozialer Sicht als von zunehmend initiativen, d. h. von Selbstwirksamkeit geprägten Impulsen für das Kind bestimmt. Diese treffen in einer reziprok-relationalen Dynamik auf die elterlichen Bezugspersonen, deren Liebe man ersehnt. Natürliche Neid- und Eifersuchtsanteile rivalisieren nun verdichtet um das jeweilige Elternteil, wobei diesbezüglich unvermeidliche Enttäuschungen zu Angst vor Liebesverlust, Frustration und Schuldgefühlen führen. In entsprechenden Bewältigungs- und Abwehrmechanismen flüchtet sich das Kind in seine Phantasien, »wird zum Riesen und Tiger; in seinen Träumen aber rennt es angsterfüllt um sein Leben« (ebd., S. 250). So stellt der womöglich etwas ungeschickt gewählte Begriff des »Kastrationskomplexes« die Furcht dar, zur Strafe für die mit den genitalen Erregungen verbundenen Phantasien die (nun energisch erotisierten) Genitalien zu verlieren. Das Schicksalhafte und existenziell Zentrale in diesem psychodynamischen Moment mit Eriksons Worten:

»Infantile Sexualität und Inzest-Tabu, Kastrationskomplex und Über-Ich vereinigen sich hier zu jener spezifisch menschlichen Krise, in der das Kind sich von einer ausschließlichen prägenitalen Elternbeziehung dem langsamen Prozess zuwenden muss, selbst ein Glied der Geschlechterfolge, ein Träger der Überlieferung zu werden. Hier kommt es zum schicksalhaften Bruch, zur großen Umformung im emotionalen Kraftwerk, zu einer Kluft zwischen potentiellem menschlichem Sieg und potentieller totaler Vernichtung. Denn von hier ab wird das Kind für immer in einem inneren Zwiespalt leben. Die Triebfragmente, die bisher das Wachstum des kindlichen Körpers und Geistes unterstützt haben, zerfallen nunmehr in einen infantilen Teil, der den Überschwang des Wachstumspotentials fortsetzt, und einen ›parentalen‹ Teil, der Haltungen wie Selbst-

Beobachtung, Selbst-Entscheidung und Selbst-Bestrafung unterstützt und steigert« (ebd.).

Verfestigungen in diesem Komplexgeschehen können bewirken, dass sich das Individuum schwer bzw. nicht von den geliebten Eltern bzw. einem Elternteil zu lösen vermag. Mögliche symptomatische Folgen können sich in einer Bekämpfung der eigenen Geschlechtlich- und Sinnlichkeit mit einhergehenden erotischen Bindungsschwierigkeiten zeigen.

Das Entwicklungsspektrum der Latenz zwischen Leistung und Minderwertigkeitsgefühl

In der Zeit der Latenz (von lat. latere: verborgen sein) werden keine neuen Sexualziele gewählt, Sexualität und libidinöse Energien sind jedoch selbstverständlich weiterhin am Werk. Diese werden jedoch in beträchtlichem Maße sublimiert und in andere, meist sachlich-rationale und kognitive Interessen verlagert. Das Kind wird fähig, auf Trieb- und Lustbefriedigung zu verzichten oder sie hinauszuzögern, sexuelles Verlangen wird verdrängt und in soziale Erfahrungen umgeleitet. Über diese Abwehrvorgänge sublimiert das Kind aus psychosozialer Warte zunehmend seinen Drang, die anderen Menschen seiner Umwelt durch unmittelbaren Kontakt zu erobern sowie jetzt und auf der Stelle Mama oder Papa zu werden. Das Kind lernt, sich Anerkennung zu verschaffen, indem es etwas leistet. In allen Kulturen erhalten die Kinder in dieser Phase eine bestimmte Form systematischer Belehrung. Dieser »Eintritt ins Leben« bedeutet nun also Schulleben, »sei die Schule nun der Acker, der Dschungel oder das Klassenzimmer« (ebd., S. 253).

Risiken und Gefahren in dieser Phase liegen in möglichen Unzulänglichkeits- und Minderwertigkeitsgefühlen, wobei das Kind bei entsprechenden Frustrationen in die familiäre Rivalität der ödipalen Periode zurückfallen kann. Erikson sieht in der Latenz trotz des Ruhens der Triebimpulse eine sozial sehr prägende Zeit und er betont in Verbindung mit der Ruhe vor dem Sturm der Pubertät die große Bedeutung für die Identitätsentwicklung.

Das genitale Entwicklungsspektrum zwischen Identität und Rollenkonfusion

Im genitalen Stadium (von lat. gens, gentis: das Geschlecht) und dem Eintritt in die Pubertät erwacht die Sexualität unter hormonellem Einfluss zu neuer Macht. Diese erhält dadurch nun eine wesentliche Dimensionserweiterung, Sexualität dient ab diesem Stadium auch der Fortpflanzung und nicht mehr ausschließlich der Lustbefriedigung. Die Partialtriebe, also die bis hierher dominierenden Erregungshandlungen und Bedürfnisse fließen nun integrativ in die erwachende Genitalität und bahnen den Weg für das neue Sexualziel, den Orgasmus. Das Menschenkind dringt damit in unentdeckte Liebessphären der genital orgastischen Lust vor und es eröffnen sich neue Möglichkeitsräume der orgiastischen Ekstase des essenziellen Aus-Sich-Tretens. Dabei stellt sich die bereits angesprochene sehnsüchtige Lebensfrage, welcher existenzielle Liebesweg eingeschlagen wird und ob ich als individuelles Menschenkind dabei eher auf- oder untergehe?

Die autoerotische Haltung der frühkindlichen Phase mit familienbezogenen Sexual- bzw. Liebesobjekten verändert sich dynamisch in Richtung einer außerfamiliären Orientierung. Dabei bleibt natürlich eine mächtige sexuelle Selbstbezogenheit erhalten, diese manifestiert sich nun in neugierigen, genital-sexuellen Wiederentdeckungen des eigenen Körpers und entsprechenden masturbatorischen Handlungen. Durch die andrängende Suche nach Liebespartnern außerhalb der Familie übernimmt die Sexualität nun eine wichtige Ablösungsfunktion aus der Kindheit und der Kindheitsfamilie, Freund-, Partner- und Gemeinschaften in sozialen Peergruppen werden essenziell. Die Wahl bei der Suche nach Liebesobjekten bzw. Partnern verläuft zunächst noch orientiert nach den kindlichen Liebesobjekten und verlagert sich mit zunehmender Verselbstständigung in Richtung von idealisierten Vorbildern, Idolen sowie Lehrerpersönlichkeiten. Diese Schwärmereien beinhalten in der Regel keine wirklichen Partnerschaftsambitionen und ähneln dem Gefühl, dem ab nun eine besondere Wirkmächtigkeit zukommt: der Verliebtheit.

Erikson sieht in dieser bewegenden Lebensphase ein *Moratorium*, d. h. eine Übergangs- und potenzielle Experimentierperiode zwischen Kindheit und Erwachsensein, in welcher die Jugendlichen hohe identitätsfestigende Integrationsleistungen zu vollbringen haben. Dabei betont er die Identitätskrisen und möglichen Rollenkonfusionen, einschließlich teils kriminellen, hypersexuellen und gar psychotisch anmutenden Handlungen, die bei all den strukturellen Libidoverschiebungen auftreten können. Erikson erkennt in der Verliebtheit neben triebsexuellen Aspekten eine wesentliche Liebessuche der Jugendlichen. »Die Liebe des Jugendlichen ist weitgehend ein Versuch, zu einer klaren Definition seiner Identität zu gelangen, indem er seine diffusen Ich-Bilder auf einen anderen Menschen projiziert und sie in der Spiegelung allmählich klarer sieht« (ebd., S. 256).

Eriksons Theorie postuliert dabei einen engen Zusammenhang zwischen der Identitätsentwicklung im Jugendalter und der Entwicklung romantischer Intimität im jungen Erwachsenenalter. Studien konnten hierbei einerseits belegen, dass für stabile Partnerbeziehungen junger Erwachsener tatsächlich eine reife Identität Voraussetzung ist, die meisten Adoleszenten sind jedoch andererseits noch mit ihrer Identitätsentwicklung beschäftigt und führen eher unverbindliche sexuelle Beziehungen. Insgesamt hat die moderne Entwicklungspsychologie den für die Psychoanalyse so bedeutsamen Elterneinfluss relativiert. Obgleich die romantische Entwicklung untrennbar mit der Aufgabe der Ablösung von den Eltern verbunden ist, läge ein konzeptueller Fokus deutlich auf den Peerbeziehungen, aus denen sich schließlich romantische Partnerbeziehungen entwickeln (Seiffge-Krenke, 2022).

Gelingt die Abnabelung von den elterlichen Liebesobjekten nicht hinreichend, kommt die Genitalität nicht ausreichend zum Zug und die Heranwachsenden bleiben ihren Eltern weit über die Pubertät hinaus in Kinderliebe verbunden. Diese Dynamik kann zu diffizilen Störungen in partnerschaftlichen bzw. erotischen Liebesbeziehungen führen.

Pubertär-adoleszente Liebeswelten zwischen körperlicher und ganzheitlicher Liebessehnsucht

Die entscheidende pubertär-adoleszente Übergangszeit vom Kind zum Erwachsenen lässt sich metaphorisch in ihrer identitätshervorbringenden Dynamik auch als einschneidender Geburtsvorgang verstehen. Tatsächlich ist ja die Psychoanalyse und mit ihr ein entsprechend freiheitsbewegter Geist ursprünglich aus der relationalen Beschäftigung mit Heranwachsenden hervorgegangen, die – unter den gegebenen gesellschaftlichen Bedingungen – Schwierigkeiten mit dem Erwachsenwerden und ihrem Liebesleben hatten.

Der moderne Zeitgeist scheint dabei nicht minder bewegt. Im Gegenteil, heutige Jugendliche und Adoleszente sind einer Vielzahl von dynamischen Einflüssen ausgesetzt und sie müssen wie gesehen mit erhöhten elterlich-kulturellen Erwartungen und entsprechenden narzisstischen Projektionen fertig werden. Psychodynamisch bezieht sich der Begriff Pubertät mehr auf die körperlich-sexuelle Reifung und die Periode kurz vor der Entwicklung der primären und sekundären Geschlechtsmerkmale, der Ausdruck Adoleszenz wird dagegen für die psychologische Anpassung an eben diese Pubeszenz gebraucht (Blos, 2001).

Dabei werden fünf Phasen unterschieden: Zu Beginn steht die *präadoleszente Phase*, in der durch die Zunahme des Triebdruckes die vermeintliche Stabilität aus der Latenzzeit schwindet und es zu Schwankungen zwischen kleinkindhaften Abhängigkeitsbekundungen und grandiosem Unabhängigkeitsgebaren kommt. Die anschließende *Frühadoleszenz* führt zu inneren und äußeren Absetzungen von den inzestuösen Liebesobjekten, thrill- und abenteuerspende Freundschaften auf der einen und vertrauensvoll-geheimnisteilende Beziehungen auf der anderen Seite werden immer bedeutender. In der darauf folgenden *eigentlichen Adoleszenz* kommt es nun zum endgültigen Bruch mit den infantilen Liebesobjekten. Dies hat eine narzisstische Isolation mit Rückbezugsimpulsen und emotionaler Selbstversunkenheit zur Folge; früher ist das die Zeit der Tagebücher gewesen, heutzutage ersetzen dies digital-soziale Medienwelten vielgestaltig, wobei selbstherbeigeführte, oft schmerzhafte Anstrengung und Erschöpfung hinsichtlich der Gewinnung eines eigenen Lebendigkeitsgefühls typisch für dieses Stadium sind. Die *Spätadoleszenz* ist schließlich geprägt von einer Konsolidierung, der großes strukturierendes Gewicht beikommt. Hierbei geht es um die Integration der infantilen Konflikte in den Mittelpunkt der Erwachsenen-Selbstvorstellung, d. h., die frühen Elternerfahrungen und Konflikte werden nicht aufgelöst, sondern verstärken durch jeden Versuch des ich-synthonischen Meisterns eines Resttraumas die Selbstachtung. Die Stabilisierung der Selbstachtung gilt dabei als eine der psychodynamischen Hauptleistungen des nun Erwachsenen, womit auch eigene Verantwortungsübernahme und autonome

Lebensentwürfe möglich werden. Bei der abschließenden *Postadoleszenz* steht die lebenspraktische Umsetzung der entsprechenden Entwürfe im Vordergrund, bei insoweit zufriedenstellendem Gelingen bindet sich das Vertrauen, das früher den Eltern entgegengebracht werden konnte, an das gewachsene Selbst und vieles wird innerlich und äußerlich dafür getan, um das Gefühl der Würde und der Selbstachtung aufrechtzuerhalten (vgl. ebd., S. 66 ff.).

Insgesamt hat die Psychoanalyse das romantische Beziehungsgeschehen unter Jugendlichen bzw. jungen Erwachsenen kaum beachtet (Seiffge-Krenke, 2022, S. 197) und sich traditionell mit den Partnerbeziehungen Erwachsener bzw. mit entsprechenden ödipalen Beziehungskonstellationen beschäftigt. Dabei können entwicklungskonzeptuelle Modelle orientierungsgebende Impulse bezüglich der psychodynamischen Arbeit mit Jugendlichen bzw. jungen Erwachsenen und deren Liebesleben liefern. Das Konzept der Vier-Phasen-Sequenz von Brown kann beispielsweise als repräsentative Veranschaulichung dienen, in welchen Stadien sich die heterosexuellen romantischen Interessen, Fähigkeiten und Beziehungserfahrungen Heranwachsender entwickeln. Der Phasenablauf dabei ist dynamisch, also weder starr festgelegt noch unvermeidlich oder unwiederholbar, wobei ich die Dynamik hier bei jeglicher sexuellen Orientierung als gültig betrachte: Die *Initiationsphase* stellt dabei einen Wendepunkt in den sozialen Aktivitäten Jugendlicher dar. Hier muss der Frühadoleszente sich vom Gruppenspielgeschehen seiner Kindheit tendenziell lösen und sich neu einlassen. Dabei geht es auch hier um eine Erweiterung des Selbst und das Vertrauen in die Fähigkeit, romantische Beziehungen zu potenziellen Partnern aufzubauen. In der *Statusphase* geht es um die Konfrontation mit dem Druck, die den sozialen Erwartungen der Peergroup angemessenen Liebesbeziehungen zu führen. Romantische Beziehungen werden eingesetzt, um Anerkennung unter Gleichaltrigen zu bekommen. Die *Zuneigungsphase* ist nun von der Verlagerung hin zur romantischen Beziehung selbst geprägt. Die Beziehung wird exklusiv und gestaltet sich zunehmend intimer, die Partner sind typischerweise sexuell sehr aktiv. In der *Bindungsphase* schließlich tritt zur entstandenen Intimität eine zunehmende Pragmatik ein. Die leidenschaftliche Verliebtheit weicht einer gewissen Entidealisierung und es stellt sich dabei die zentrale Frage, ob die romantische Beziehung Bestand haben kann (ebd., S. 200).

Kindlich-erwachsene psychosexuelle Zwischenbeziehungsebenen

Zwei Praxisbeispiele mögen hier hilfreiche therapeutische Einblicke in resonant übereinstimmungssuchende Liebesdynamiken gewähren:

> Dabei geht es im ersten Fall um die psychoanalytische Behandlung einer adoleszenten Patientin, die mich im Alter von 19 Jahren damals aufgrund von beginnenden Arbeits- bzw. Konzentrationsschwierigkeiten kontaktiert hatte. Sie fühle sich zunehmend gereizt und innerlich wie leer. »Ich weiß gar nicht mehr, was mit mir los ist!«, präzisiert die junge Frau in den Erstbegegnungen. Diese innere Verfassung führe zu immer mehr zwischenmenschlichen Schwierigkeiten, sowohl in ihren familiären als auch in freundschaftlichen bzw. partnerschaftlichen Beziehungen. Sie habe seit ihrer Jugend wiederholt »polyamore« Liebschaften gehabt. Diese hätten »ganz gut« funktioniert, Eifersucht »oder so« sei dabei für sie »nie wirklich ein Ding« gewesen. Während ich mit beeindruckter Neugier und leisem Zweifel darauf eingehe und frage, wie sie das denn schaffe, verstricken wir uns ein ums andere Mal in theoretisch-intellektuelle Diskussionen über »unsere Gesellschaft« und die unterschiedlichen Hintergründe von »Polyamorie«, »Monogamie« und »Eifersucht« bzw. »freier Liebe«. In letzter Zeit aber »bringt das alles nichts mehr«, resümiert die Patientin resigniert. Bei diesen Beziehungsthemenkomplexen verfängt sich die Patientin wiederholt in teils sehr detaillierten Beschreibungen ihrer sexuellen Aktivitäten und Vorlieben, da mache ihr »keiner etwas vor!« Das übertragungsdynamische Geschehen mitschwingend aufnehmend sind meine eigenen Empfindungen gegenübertragend dabei von Anbeginn höchst ambivalent. Im Kontakt mit der Patientin fühle ich mich einerseits reizvoll eingenommen, dabei jedoch mehr »verschlungen« als sinnlich erregt, davon ausgehend verspüre ich andererseits zunehmend einen mich körperlich überströmenden Anspannungswiderstand, den sehr wenig Libidinös-Annehmliches umweht. Diesen inneren Zustand bringe ich szenisch einmal auch andeutend in die Beziehung ein und bemerke, dass »unsere Sexualität und unser Lustleben ja schon ziemlich spannende und manchmal komplizierte Angelegenheiten sind«. Ich versuche hiermit triangulierend zu signalisieren, dass ich ihre entsprechenden Mittei-

lungen sowohl auf manifest greifbarer als auch auf latent unbegreiflicher Ebene aufnehme und hinreichend bereit bin, mich mit dem Liebeswillen samt den Ängsten vor Sinnlichkeit gemeinsam mit ihr auseinanderzusetzen. Die erregt-aufgeladene Abwehr von elementaren Nähe- und Intimitätsbedürfnissen sehe ich hierbei als eine wesentliche Grundstörung der Patientin, wobei ihre »großspurigen« sexuellen Ausführungen auffällig dissonant und größtenteils wie aufgesetzt wirken. Nur punktuell scheint gegenübertragend etwas lustvoll Erregendes auf, übertragungsdynamisch interessieren mich insbesondere diese Momente. Hier vermute ich auch aufgrund meines anamnestischen Hintergrundwissens psychodynamisch Wesentliches, und so verstehe ich das sexualisierte Gebaren der Patientin als diesbezügliche Bewältigungsform.

Die von der Patientin umschriebenen Familienstrukturen assoziiere ich mit stark ödipal aufgeladenen Verstrickungen und einem von Rivalität und Eifersucht geprägten Klima. Eine wohlwollend-liebevolle narzisstische Grundresonanz wird wenig spürbar, vielmehr scheint vieles von Kränkung, Größenphantasien und unerfüllbaren Sehnsüchten grundiert. Als psychodynamischer Anhaltspunkt sei hier lediglich erwähnt, dass der Vater als erfolgreicher Geschäftsmann starker Alkoholiker gewesen ist. Diesbezüglich habe die Patientin ihn in seinem Auftreten als »sehr launenhaft erlebt«, in ihrer Erinnerung überwiegt dabei deutlich seine »versoffene Art«. Eine mitfühlende Ahnung dieser für die Patientin sehr belastenden Unstetigkeit habe ich gegenübertragend in wiederholten Szenen bekommen, in denen sie ihren »Ekel« vor diesen »absolut widerwärtigen« Situationen beschrieb, wenn der Vater betrunken war. Neben den beziehungsbasalen Bindungs- und Selbstobjektebenen ragt hierbei die sexualisierte Aufladung dieser Momente hervor. Die Mutter ihrerseits scheint diese sinnlich unhaltbaren Dynamiken durch eine narzisstisch wohl sehr fragile Struktur noch zusätzlich ödipal befrachtet zu haben.

Dabei konnte ich während solcher Schilderungen der Patientin den lüsternen und schlussendlich »verlorenen« Blick des Vaters regelrecht vor meinen Augen sehen, ich fühlte mich dabei wiederholt selbst gewissermaßen als übergriffiger Lüstling. Im Verlauf des Therapieprozesses räumt sie ein, dass ihr Sex »irgendwie schon Spaß« mache, im

Grunde seien die Partner bzw. Partnerinnen aber »austauschbar«. Hier kriege ich ein ums andere Mal demonstrativ aufreizend erklärt, »wie leicht« es doch über die entsprechenden Dating-Portale sei, passende Partner und Partnerinnen zu finden. Ihre Mutter bekräftige sie noch bei diesen Online-Aktivitäten und bedauere, diese Möglichkeiten früher nicht gehabt zu haben!

»Ob man sich dabei jedoch auch selber findet?«, gebe ich in solch einer verdichtet aufgeladenen Szene schließlich zurück, worauf ein für diese Therapiephase ungewohnt langes Schweigen der Patientin folgt. Im Beziehungsraum dieser vermeintlichen Stille scheint erstmals ein ertragreiches Regressionsmomentum möglich, der Blick bzw. der gesamte Körperausdruck der Patientin strahlt hierbei vor allem unbeholfene Bedürftigkeit aus. In träumerischer Ahnung verweile ich in diesem Moment bei der mich immer wieder überkommenden Aporie, was wir Menschen denn begehrend suchen: Selbsterkenntnis oder -vergessenheit? Schließlich erschließt es sich mir in Besinnung auf unser aller Liebeswille intuitiv, dass ich mich nur dann ertragreich verlieren kann, wenn ich wiederholend mich selbst spürend ersinne. Dafür braucht es den wiederholten liebevollen Blick des Anderen, den ja diese junge Frau – genauso wie wir alle – in all ihrem Tun schlussendlich sucht. In einer langen psychotherapeutischen Begleitung und dem intensiven Durcharbeiten ihres sinnlichen Gefühlsspektrums von Verliebtheit, Eifersucht und Sehnsucht konnte die Patientin sich neu fühlen und kennenlernen. Das gemeinsame Durchleben dieser tief bewegenden Liebesebenen in der therapeutischen Beziehung eröffnete der Patientin die gesundheitsförderliche Möglichkeit, sich produktive Liebes- und Lebensräume zu erschaffen.

Das Liebesmomentum und die Sinne des Lebens

Als zweites lebendiges Veranschaulichungsbeispiel will ich einen Patienten vorstellen, den ich von seiner Kindheit bis zu seiner Adoleszenz therapeutisch begleitet habe. Diese Beziehung hat auf mich – so wie im Grunde alle Patientenbegegnungen – einen nachhallenden Eindruck hinterlassen. Ohne im Detail auf die Behandlung und die symptomatisch-anamnestischen Hintergründe des Patienten einzugehen, sei liebesdynamisch hier erwähnt, dass er nach vielen begehrlich-verzweifelten Versuchen der Eltern mit künstlich befruchtetem Ursprung geboren worden ist. Besonders die mehrfach belastete Mutter habe sich »so sehnsüchtig ein Kind gewünscht«.

Nun kam dieser Junge in seiner Pubertätszeit nach zahlreichen therapeutischen Vorversuchen zu mir, von mehreren Seiten angekündigt als »hoch aggressiv«, »extrem aufgeladen« und als »völlig vom Weg abgekommen«. Besonders weiblichen Bezugspersonen gegenüber sei er sehr respektlos und sexualisiert beleidigend aufgetreten, auch rassistisch aufgeladene Äußerungen seien keine Seltenheit gewesen. Wie so oft bei solch beschriebenen Kindern und Jugendlichen sehe ich bei unserer Erstbegegnung meinerseits einen eher unsicher-verängstigten und orientierungslosen Jungen, der mir durch seine sensible Ausstrahlung spontan sympathisch ist. Dabei ist gegenübertragend schnell zu erkennen, welch struktur- bzw. beziehungsregulierende Funktion seine aufgeladen-sexualisierte Abwehrart einnimmt. Es bedarf langer und intensiver gemeinsamer Arbeit, damit wir uns seinen inneren Kämpfen und wahren Bedürfnissen annähern können.

Bedeutsame therapeutische Erfahrungen sind dabei wohl Begegnungen gewesen, bei denen der Patient seinen sehnsüchtigen Liebeswillen offenbaren konnte. So kommt er im ersten Drittel seiner Behandlung einmal sichtlich angeschlagen mit Fieber und Halsschmerzen zu mir, wobei mich seine manifest erkennbare Bedürftigkeit sehr berührt hat. Ich biete dem Jungen hierbei eine Decke an und schlage vor, ob er sich nicht auf die Couch legen möchte. Nachdem er dies spontan und dankbar annimmt, entspannt sich die Situation wesentlich: Während der Patient sich auf unsere Beziehung einlässt und seine gewohnte Anspannungserregung loslassen und mutig intime Nähe zulassen kann, entspannt sich nicht nur unser persönlich-sinnlicher Beziehungsspielraum, sondern darüber hinaus ein höchst sinnvoller Übergangsraum. Wir reden die gesamte Stunde so gut wie nichts, während ich sichtbar neben ihm sitzend meinen Gedanken und Gefühlen nachgehe. Diese sind zum einen geprägt von Erinnerungen ans eigene Kranksein und meine familiären Hintergründe, die sich zum anderen mit Phantasien über mir bekannte Erlebnisse und Erfahrungen des Patienten mischen.

Ich mache mir dabei Gedanken über Trennung, Verlust und Trauer, während ich mich gleichzeitig dem Jungen sehr nahe fühle. Schließlich allerdings tritt etwas ein, das ich bis heute immer wieder in therapeutischen Beziehungen erlebe, es aber nur schwer in Worte fassen kann. Es ähnelt den Wahrnehmungen und Empfindungen, die ich nachhaltig in Gesprächen mit seiner Mutter empfunden habe, in der wir uns über die sehr frühe Zeit des Patienten ausgetauscht haben.

Nun ließe sich psychodynamisch natürlich versuchen, Begrifflichkeiten für diese Empfindungssignale aufzuspüren, um diese für den Patienten, in welch auch immer geartetem Gegenübertragungsverständnis, heilsam zu versprachlichen. Empirisch eröffnet es sich mir selbst es inzwischen so, dass dies therapeutisch zunächst genau so wenig nötig sein muss wie die zu klärende Frage, um was für regressive Bewusstseinsebenen es sich hierbei jeweils handelt. Wesentlich erscheint mir persönlich vielmehr der gegenwärtig resonante Begegnungsimpuls und dass sich in solchen Gegenwartsmomenten wie diesem die tiefsten Bedürftigkeitsebenen zweier Lebenspatienten so berühren, dass etwas Heilsames geschieht. Als Therapeut verstehe ich mich selbst hierin als Resonanzvermittler der im existenzdialogischen Raum ersinnlichen Stimmungen, relativ unabhängig davon, was bzw. ob ich überhaupt etwas mit meiner vokalen Stimme von mir gebe.

Die Psychoanalyse behandelt diese unergründlichen Sphären wie erwähnt schon immer. Sie nähert sich relational-therapeutisch dem an, was nicht zu wissen ist und was wir als verletzliche und endliche Menschenwesen irgendwie aushalten müssen. Viele Namen sind dem Namenlosen dabei gegeben worden, jeder Einzelne muss sich dabei wohl in jeglicher Beziehung selbst besinnen, was für ihn Sinn oder Unsinn ergibt.

Ich für meinen Teil möchte dies einfach Liebe nennen bzw. präziser gefasst vom *Liebesmomentum* sprechen. Hier treffen Ich und Du, Selbst und Welt, Vergangenheit und Zukunft als auch Raum und Zeit berührend aufeinander. Diesen letztlich unergründlichen und dennoch gründlich bewegenden »Flow«-Momenten kommt entscheidende psychotherapeutische Bedeutung zu (vgl. Csikszentmihályi, 2008). Sie fungieren als aktiv-passive und triangulierende Impulsgeber in Richtung eines sinnlich *authentischen Selbst*, wobei ich mir inzwischen erlaube, das vielbeschworene psychoanalytische Konzept der Triangulierung in einer tief-metaphorischen Dimension als das *mit Liebe erfüllte Halten des Nicht-zu-Haltenden* zu sehen. Metaphorik ist dabei in ihrer ursprünglichen Bedeutung des »Übertragens« (von gr. *metaphorá*: übertragen, weg- bzw. überbringen) gemeint, wobei es in einer Unterhaltung mit dem Patienten einmal zu einem metaphorisch sehr sinnverdichteten Moment kommt.

Es geht dabei konkret um die Zukunft, das Erwachsenwerden und allgemein ums Menschsein, während ich gegenübertragend wie so oft mit diesem Patienten eine gewisse Schwere und Bedrücktheit empfinde. Wir kommen schließlich aufs Thema Langeweile zu sprechen, worauf der Patient eindrucksvoll meint: »Ha, was soll das auch alles? Was ist denn da der Sinn des Lebens?« Ich reagiere dabei eher raumöffnend und frage spontan zurück, wer denn sagt, dass es nur den einen Sinn im Leben geben muss? »Vielleicht geht es ja um die Sinne des Lebens«, ergänze ich noch. Mir selbst wird dabei erst allmählich die tiefe Mehrdeutigkeit und liebesdynamische Verdichtung hierin bewusst!

Diesbezüglich stell der Patient ein ums andere Mal seine mitunter auch in der Gegenübertragung erregenden Größenvorstellungen vor. Während er mir dabei wiederholt auch die »verdorbenen« Seiten des Darknets samt pornografischer Seiten beschreibt und ich – oft nur grenzwertig aushaltbar – seine delinquent-dissozialen und sexualisiert phantastischen Ergüsse aufnehme, geschieht subtil etwas therapeutisch Wesentliches. Über zum Teil sehr berührende gemeinsame Beziehungserfahrungen mit dem Patienten »ersinnt« sich ein wegweisender existenzieller Dialog, der wiederum Räume öffnet für entwicklungsförderliche Impulse. Diese zeigen sich darin, dass zunehmend adoleszente Beziehungs- und Konfliktthemen wesentlichen Raum in den Begegnungen einnehmen, wobei mich nachhaltig ein Hauch der Urkraft einzunehmen scheint. Diese Kraft ist natürlich nicht zuletzt eine triebhafte, aber auch sinnlich sexuelle, wobei sich diese Dynamiken zunehmend in der Beziehung zum Patienten ausbreiten.

Er schildert dabei vermehrt Traumszenen mit homosexueller Prägung, die ihn tendenziell aufgeladen-aggressiv werden lassen, die darüber aber auch die Möglichkeit der intensiven Annäherung in unserer Übertragungsbeziehung eröffnen. Vor allem das für den Patienten typische Abwehrmuster der offensiv-manischen und dadurch sehr verleugnenden Haltung bekommt hier dynamisches Gewicht. Über meine Andeutungen bezüglich seiner erwähnten Träume wird es für den Jungen langsam möglich, zwischen triebhafter Sexualität und sinnlich-erotischer Bezogenheit zu differenzieren. »Auch zwei Männer können sich anziehend und faszinierend finden!«, meine ich einmal. Hier entsteht im wahrsten Sinne des Wortes ein fruchtbarer Raum und es kann sowohl Mütterliches als auch Väterliches integrierend be- und durchgearbeitet werden. Das führt schließlich dazu, dass der Junge bei all seiner offensiven sexualisierten Art berührend einräumen kann, wie sehr er sich doch vor »dem ersten Mal« ängstigt.

In einer Schlüsselszene kommt der Patient dann erstmalig viel zu früh zu seinem Termin und klingelt beinahe Sturm. Erst lange im Nachhinein erschließt sich mir die Bedeutung dieser Szene, wobei meine Beschreibung bereits von deutendem Verstehen geprägt ist. Er muss mir nämlich unbedingt von seinem ersten Mal berichten, wobei ich eine gewisse Zeit brauche, hier eine triangulierende Haltung einzunehmen. Spontan freue ich mich für ihn und auch darüber, wie wichtig es ihm scheint, mir davon zu berichten. Erst allmählich eröffnet sich, dass es »gar nicht so geil war, wie erwartet.« Zögerlich beschreibt er, dass es mit einem Mädchen passiert ist, für das er eigentlich »gar keine großen Gefühle« hege. Nachdem er zunächst recht kritisch über dieses Mädchen redet, stellt sich heraus, dass sie »viel erfahrener« als er gewesen sei. Während ich dabei versuche, seine eigentlichen Gefühle von Unsicherheit, Scham und Angst hinter seinem Ärger anzudeuten, bricht es aus ihm heraus: »Und übrigens, ich bin viel zu früh gekommen!« Erst hier kann ich seine tiefe narzisstische Kränkung und seine Scham wirklich erspüren. Während ich dabei in libidinös-phallischen Gedanken versinke und über das Männlich-Animalische, aber auch sehr über unsere Übertragungsbeziehung und sein heutiges »Eindringen« in die vorherige Stunde bzw. meinen therapeutischen Rahmen nachdenke, kommen wir auf »Aggression« zu sprechen. Höchst berührend meint er dabei kindlich: »Ich bin eigentlich gar nicht aggressiv! Nur wenn mich jemand ärgert oder eben aggressiv macht!« Dem muss ich nichts hinzufügen, wobei ich seine Aussage des »Zu-früh-Kommens« auch auf einer primär-narzisstischen und damit tief existenziellen Ebene verorte. »Wann kommst Du endlich?« geht mir dabei als zentrale Frage seines Lebensanfangs durch den Kopf.

Aus diesen berührenden Begegnungen mit zwei Lebenspatienten mag etwas Relativ- Relationales ersinnlich werden, das jede psychodynamische Therapie begleitet. So bedeutsam und gewichtig dabei die biografisch-anamnestische Vergangenheit für die Psychotherapie sein mag, im Wesentlichen sind es die sinnlich-liebevollen Gegenwartsmomente im Hier und Jetzt, die etwas Prägendes zu hinterlassen vermögen. Wie bei der Liebe allgemein gibt es auf der einen Seite die »großen« Gefühle und romantischen bzw. lustvollen Erlebnisse, aber auf der anderen Seite existieren bei behutsamem Blick besonders auch die »kleinen« Momente, die Eindruck hinterlassen. Beides vermag zu einer liebevollen Erfahrung des sinnlich Eigenen und damit zum wahren Selbst in stimmiger Resonanz zwischen Freiheit und Bedürftigkeit führen.

3.4.3 Bio-psycho-soziale Liebe – Geschlecht, Identität und sexuelle Orientierung

Umringt vom ein- und aufnehmenden Resonanzfeld des Lebens, durchdringt das Individuum als bio-psycho-soziales Wesen stetig wiederholend die Liebe. Im und durch den Grundrhythmus der Welt schwingen Elemente, die auf einen Resonanzkörper mit empfindsamen Organen stoßen. Diese organischen Instrumente lassen sich je nach Entwicklungsstand und ihres höchst individuellen Charakters sowohl als elementare Gefühls- als auch Lustzentren bezeichnen. Dabei besteht zu Beginn des Lebens noch kein wesentliches Abbild eines eindeutigen Geschlechtes, jedoch schwingen natürlich bei allen versorgenden Bezugspersonen entsprechend bewusste und unbewusste Bilder, Vorstellungen und Phantasien mit, die sich unausweichlich auf das Säuglingswesen beziehen.

Bei diesem elementaren Geschehen des Eindringens und Empfangens lassen sich wie erwähnt die archaischen Ebenen von Anima und Animus als weiblich-männliches Prinzip erkennen. Mir erscheint bezüglich dieser ursprünglichen Dimensionen neben dem Kindlichen weniger Feminines oder Maskulines als vielmehr Mütterliches, Väterliches und Haltendes von psychodynamischer Relevanz. Dem Mütterlichen als innerweltlichem Kosmos wären hierbei Eigenschaften wie Beziehungs- und Binnenorientierung sowie gebärend-nachgiebiges und tragend-versorgendes Vermögen zuzuordnen, während das Väterliche in seinem außerweltlichen Status für Norm- und Gruppenausrichtung als auch Strukturierend-Konsequentes und Leistungsbezogen-Kritisierendes steht. Nichts und niemand kann dabei wahrhaft entscheiden, welcher Pol die starke bzw. notwendigere und welcher die schwache resp. abkömmlichere Seite darstellt. Aus Sicht des individuellen Menschenkindes geht es einfach um Liebevolles und eine entsprechend liebeswillige Haltung.

Diese tiefdimensionalen Abläufe zwischen Innen und Außen basieren auf den urdynamischen Vorgängen von Introjektion und Projektion und stellen in ihrer unendlichen Verschränkung als aktiv- passives bzw. hart-weiches Prinzip des Gebens und Nehmens fundamentale Liebesthemen dar. In den körperlichen Niederungen steht für das menschliche Wesen der Aufbau seiner Fortpflanzungsfähigkeiten im Mittelpunkt, wobei die somatischen Grundorgane wie erwähnt von Anbeginn vorhanden sind. In den seelischen Höhengebieten spielt dagegen die Ausbildung von symbolisierend- selbstreflexiven Fähigkeiten, also einer symbolischen Ordnung im Vordergrund. Natürlich existiert hierbei kein wirkliches Oben und Unten, auch wenn unser hochkultivierter Geist uns das immer wieder vermitteln mag. Freud und seinen psychoanalytischen Forschungsentdeckungen obliegt hierbei der fruchtbare Verdienst, diese Dimensionen über sein wegweisendes Modell der humanen »zweizeitigen Psychosexualität« verbindend- integrativ zu erden und therapeutisch nutzbar gemacht zu haben. Als skeptisch- hinterfragender und aufklärerischer Dialektiker ist Freud selbst wie gesehen zeitlebens sensationell bestrebt gewesen, vertraute Dualismen unseres Liebeslebens, wie Kind/Erwachsener, Homo-/Heterosexuell, Körperlich/Seelisch und eben Weiblich/Männlich zur analytischen Disposition zu stellen.

Im Zeitgeist unserer heutigen Kultur bewegt sich der Mensch dabei in unzähligen Möglichkeitsräumen und lebens- bzw. liebesentscheidende Themen sind von vielfältigem Formenreichtum geprägt. Die sexuelle Lust hat sich kontinuierlich vom biologischen Fortpflanzungsdrang gelöst, wobei Geschlechtlichkeit und Identität aus pluralistischer Dimension betrachtet und ausgelebt werden können. Dabei wird aus heutiger Forschungs- Sicht unterschieden zwischen *Sex* als dem biologischen Geschlecht und *Gender* als dem soziokulturellen Hintergrund von Geschlechtlichkeit. Es gilt als anerkannt, dass die Unterschiede zwischen weiblichem und männlichem Geschlecht kein biologisches Naturschicksal bedeuten, sondern auch von der mittel- und unmittelbaren Gesellschaft des Individuums bedingt sind. Gender umfasst hierbei die Geschlechtsidentität und die Geschlechterrollen, bei welchen es um Sozialisationsprozesse vor dem Hintergrund von biologischen Gegebenheiten und Merkmalen, soziokulturellen Kontexten sowie geschlechtsbezogenen Wert- und Normvorstellungen geht. »Nach diesem Konzept gibt es keine Heterosexualität, Homosexualität oder Bisexualität als solche, sondern allenfalls Sexualitäten, die individuell verschieden sind« (Ermann, 2019, S. 16).

Die Geschlechtsidentität als ein Wesensbestandteil unseres Selbsterlebens, unseres »sexuellen Selbst« (ebd.), umfasst zunächst nicht die Gewissheit, ein Wesen mit *einem* Geschlecht zu sein, als vielmehr die Ahnung, ein Wesen mit einem *Geschlecht* zu sein. Dabei spielt die Befindlichkeit im erlebten Geschlecht zwischen eigener Körperlichkeit und bewusst bzw. unbewusst zugewiesenen Vorstellungen und Erwartungen der nahestehenden Bezugspersonen eine entscheidende Rolle. Auf diesen menschlichen Grundebenen ließe sich psychodynamisch auch die Beziehung zum Körperlichen allgemein betrachten. Dabei müsste es als psychosexuelles bzw. – physisches Wesen statt »Ich habe einen Körper« eigentlich »Ich bin ein Körper« heißen.

Geschlechtsidentität lässt sich aus moderner Perspektive als die innere Struktur verstehen, in der »die verschiedensten bewussten und unbewussten Aspekte von Männlichkeit und Weiblichkeit auf den unterschiedlichsten sozialen, psychischen und somatischen Dimensionen in je individuellen Mischungsverhältnissen aufbewahrt sind« (Quindeau, 2008, S. 96). In einer symbolischen Ordnung von potenziellen Freiheits- und Begrenzungsstrukturen ist das moderne Menschenwesen mehr denn je getrieben, seine Geschlechts- Identitäten und sexuellen Ausrichtungen in einem lebenslangen, intersubjektiven Prozess auszugestalten und sich sozusagen immer wieder selbst zu finden. Dies geschieht natürlich verhältnismäßig und Liebe ist dabei wie gesehen das Maß aller Dinge.

Becker stellt diesbezüglich heraus, dass die Zusammenhänge zwischen Geschlechtsidentität und sexueller Orientierung wissenschaftlich nach wie vor nur in Ansätzen verstanden werden (Becker, 2018). Mit ihr teile ich dabei die grundlegende Meinung, »dass die Psychoanalyse die Kritik der Gendertheorien aufnimmt, zum einen im Sinne eines Hinterfragens von »selbstverständlichen« Annahmen über die Frau, den Mann, den Homosexuellen etc., zum anderen, um Mythen zu dekonstruieren, wie etwa die Notwendigkeit einer radikalen Desidentifizierung des Jungen von der Mutter oder den der Notwendigkeit eines radikalen Objektwechsels beim Mädchen« (ebd., S. 207). Sie betont jedoch auch das Festhalten der Psychoanalyse am Unbewussten, am Konfliktgeschehen, an einer angepassten Triebtheorie, am Konzept der Bisexualität und vor allem an einer dialektischen Auffassung von Natur und Kultur und an der körperlichen Subjektivität, auch geschlechtsspezifisch. Man dürfe sich also durchaus noch fragen, wo die Anatomie eventuell doch Schicksal bleibt, wobei ich mich selbst immer wieder auf unsere ursprüngliche Bisexualität besinne.

In Bezug auf die Entwicklung dieser universellen infantilen Bisexualität denkt Becker über drei sehr nachvollziehbare Varianten nach: zum einen scheint die Aufrechterhaltung der »infantilen bisexuellen Omnipotenz« mit einer gewissen Verleugnung der Geschlechtsunterschiede und der menschlichen Perversionen der modernen Haltung in unseren Gesellschaftskreisen zu entsprechen. Zum anderen gäbe es die »radikale Abspaltung des als gegengeschlechtlich erlebten Selbstanteils«, wie es sich beispielsweise bei den zahlreichen hypermaskulinen bzw. -narzisstischen Männerbildern in den verschiedenen Kultur- bzw. Gesellschaftsgruppierungen zeige. Die »stumme bisexuelle Potenz« schließlich erscheint als die gesunde und glücklichste Lösung im Leben, sie ist in ihren potenziellen Möglichkeiten zur Identifizierung in alle Richtungen u. a. Voraussetzung für jede befriedigende Liebesbeziehung (Becker, 2017, S. 286–287). Insgesamt sieht Becker die aufgeklärten Gesellschaften bezüglich der gegenwärtigen Abhandlungen über die elementaren Fragen, was denn genau Weiblich und was Männlich sei, mit dem konfrontiert, was Ernst Bloch die »Gleichzeitigkeit von Ungleichzeitigem« genannt hat. Sehr stimmig fragt sie sich schließlich, wie viel Kohärenz man eigentlich brauche, um nicht verrückt zu werden. Die Liebe als Kind der Freiheit kann einen ja auch wahrlich in den Wahnsinn treiben.

> Ein junger Mann mit erheblichen Identitätsproblemen hat Ähnliches in einem Erstgespräch mit folgender Aussage beschrieben: »Wer zu genau schaut, wird mit Wahnsinn belohnt!«, was mich spontan an ein Zitat von Kafka erinnert hat: »Der Geist wird erst frei, wenn er aufhört, Halt zu sein« (Kafka, 1993, S. 36). »Was sind wir Menschen nur für Wesen…?« gebe ich anschließend ehrlich bewegt zurück.

Dies berührt zutiefst meine existenzdynamisch fragende Grundhaltung, wobei ich mir selbst die strukturierende Freiheit gewähre, mich als Mann mit insoweit heterosexueller Orientierung zu sehen und zu fühlen. Bei aller Macht unserer sexuell- triebhaften Kräfte erachte ich das Orientierende dabei als die wesentliche Nuance im Leben und meine persönlichen empirischen Erfahrungen lassen mich inzwischen ersinnend erahnen, was die stumme bisexuelle Potenz wahrhaft für uns Menschen und unser Liebesleben bedeutet. So untersuche ich in entsprechenden therapeutischen Konstellationen, bei denen die Geschlechtsidentität der Patienten eine laute Rolle zu spielen scheint, immer auch meine Gegenübertragungsresonanzen in die potenziell stumme bisexuelle Richtung. Neben körperlich-, sozio- und entwicklungsdynamischen Aspekten versuche ich gerade hier, betont auf meine persönlichen Empfindungseindrücke zu achten und reflektiere diese psychodynamisch im Hinblick auf Liebeswille und Konfliktgeschehen. Ich gewähre mir selbst also bei aller respekt- und liebevollen Toleranz immer auch einen kritisch- analytischen Blick auf das innere und äußere Geschehen und versuche damit so hinreichend- vergeblich wie immer, meine therapeutische Haltung und damit den potenziellen Raum für die Patienten zu bewahren. Ich achte dabei auf den wiederholt wahrnehmbaren Druck bei solchen Begegnungen und besinne mich fokussierter als sonst auf die Frage, aus welcher Richtung die Spannungen zu kommen scheinen. In sehr vereinfachten Worten ergründe ich gemeinsam mit den Patienten, wie stimmig bzw. resonant ich ihre innere bisexuelle Potenz samt ihrer sexuellen Orientierungskräfte erlebe und wie stark diese von äußerlichen, generativ- konflikthaften Einflüssen geprägt scheinen.

Exemplarisch für viele ähnlich gelagerte Konstellationen möchte ich diesbezüglich einen Behandlungsfall erwähnen, der wie immer vielfältige psychodynamische Interpretationen erlaubt.

Ein zunächst als 10-jähriger Junge bei mir wegen starken Ängsten vorgestellter Patient macht auf mich von der ersten Begegnung an einen höchst angespannten und dabei sehr angepasst erscheinenden Eindruck. Unmittelbar in der Erstbegegnung werden dabei die hoch aufgeladenen elterlichen Spannungen deutlich, wobei der Vater aufgrund wiederholter Suizidversuche der Mutter das alleinige Sorgerecht trägt. Dieser begleitet den Jungen auch bei fast jeder Gelegenheit, er okkupiert ihn in seiner manisch-getriebenen Art regelrecht. Dabei habe ich mitunter größte Schwierigkeiten, einen angemessenen therapeutischen Raum für den Patienten zu etablieren, dieser wird von dem Vater wiederholt angegangen und wir verfangen uns trotz meines durchaus vorhandenen Mitgefühls für den im Grunde fürsorglich bemühten, aber scheinbar völlig überforderten Vater immer wieder in unglaublich aufreibenden Diskussionen. Meine zahlreichen wohlwollenden Hinweise auf den eigenen Therapiebedarf des Vaters genauso wie mein inter- bzw. supervisorisches Aufarbeiten insbesondere der aggressiv-ungehaltenen Impulse bringen dabei eine gewisse tragende Entlastung, versickern aber schließlich doch in eine subtile Resignation.

Die Mutter des Patienten sehe ich nur sporadisch, sie macht mit einer schweren Depressionsdiagnose im Hintergrund einen gleichfalls wenig erreichbaren Eindruck, strahlt dabei aber zumindest einen Hauch mehr stabilisierende Struktur auf mich aus. Dies aufgreifend verlaufen meine Gespräche mit dem betreuenden Jugendamt bezüglich einer angemessenen Wohnform für den Patienten wenn auch soweit kollegial, so doch gleichfalls eher frustrierend, und ich merke zunehmend, wie ich mich mit dem Patienten und seiner Familie auf grenzgängigem Boden zu bewegen scheine. In meinen diagnostisch-therapeutischen Überlegungen entscheide ich mich schließlich für eine strukturierend-stabilisierende Kurzzeitbehandlung, welche insoweit gewissen Erfolg zeigt, da zumindest die heftigen Angst- bzw. Panikzustände des Patienten sichtlich reduziert werden können.

Nach einer mehr schlechten als rechten Beendigung der Therapie meldet sich nach etwa zwei Jahren der Vater nochmal bei mir, alles sei »wieder katastrophal«. Während ich mich nach dem Jungen und seiner Befindlichkeit erkundige, überrollt mich der Vater wie gewohnt mit seinen eigenen Belastungen und er erwähnt zwei schwere familiäre

Schicksalsschläge. Schließlich doch auf den Patienten kommend, meint der Vater, dass er nun »überhaupt nicht mehr« mit ihm zurechtkomme, wobei er ganz am Ende des Telefonats noch wie nebenbei ergänzt, dass sein Junge jetzt mit einem Mädchennamen angesprochen werden möchte! Ich sehe den Patienten oder, wie ich jetzt ja sagen sollte, die Patientin dabei noch zweimal und beide Begegnungen sind für mich sehr prägend gewesen. Beim ersten Wiedersehen bin ich trotz meiner manifesten Anspannung ob der Begleitung des sehr angeschlagen wirkenden Vaters tief berührt, da ich einen anderen Menschen im Patienten zu sehen scheine. Die äußere Transformation zu einem Mädchen ist mit entsprechend weiblicher Aufmachung und der weiterhin noch kindlich-hohen Stimme eindrücklich und ich gehe einerseits gerne auf diese Veränderung ein. Ich sage also den gewünschten Mädchennamen, wobei ich andererseits innerlich direkt an die Mutter denke und entsprechende identifikatorische Sehnsüchte assoziiere. Ehrlicherweise ist jedoch mein allererster Gedanke gewesen: »Kann ich verstehen, so wie dieser Vater wöllte ich auch nicht sein ...« Nach einer Besinnung auf die für mich wahrnehmbaren Beziehungsabläufe und äußerst knappen Überlegungen zu meinem eigenen bisherigen mütterlich-väterlichen Auftreten deute ich die spürbare Überforderungssituation aller Beteiligten an. Dabei hebe ich mitfühlend-strukturierend meine diagnostischen Eindrücke hervor und betone mit Nachdruck die von mir wahrgenommenen Verstrickungen. Zum Abschluss dieses Gespräches sage ich zu beiden: »Ich verstehe die Not und Verzweiflung hinter all dieser Anspannung. Aber ich sehe im Sinne des Seelenwohls von euch bzw. Ihnen beiden aktuell keine andere Möglichkeit als eine – zumindest zeitweilige – Trennung, nur so könnt ihr dann wieder liebevoll zusammenkommen!«

Zu meiner Überraschung willigt die Patientin – und nach einem kurzen Erschrecken auch der Vater – hierauf ein, dass sie nochmal zu einem alleinigen Termin zu mir kommt. Erst bei dieser letzten gemeinsamen Begegnung wird mir im existenzdialogischen Sinne die große Kompromiss- bzw. Integrationsleistung der Patientin wirklich gewahr. Jenseits meines in der Tat mitunter sehr heftigen Ärgers und entsprechend vermuteter Abwehrbewegungen schaffe ich es über ein wohlwollendes Annehmen, den Liebeswillen dieses Menschen zu ersinnen. »Das bedeutet mehr als alles andere«, sage ich schließlich auch zur Patientin, nachdem wir berührend über ihre »eigene Entscheidung« hinsichtlich ihrer Geschlechtsidentität gesprochen haben. Hier in unserer Abschiedssitzung (später habe ich vom Vater erfahren, dass die Patientin in einer Wohngruppe untergekommen ist) kann die Patientin schließlich erstmalig konkret über ihre Mutter und ihren diesbezüglichen Verlust- bzw. Trennungsschmerz reden. Ich selbst bin wie erwähnt nachhaltig von diesen Begegnungen bewegt, wobei ich mich neben dem Liebeswillen und der bisexuellen Potenz wiederholt auf den Kern der menschlichen Autonomie als das »Recht auf sich selbst« im Sinne einer generativen Eigengesetzlichkeit besinne (von gr.: *autós* »selbst« und *nómos* »Gesetz«).

Mütterliches und Väterliches: Kosmisch trianguläre Verbindungen voll Liebe

In der humanen Lebenswelt mit ihrer Durchdringung von aktiv-passiven, regressiv-progressiven, weiblich-männlichen, ein- und aufnehmenden sowie lust- und unlustvollen Elementen verbindet die Liebe alles. So findet Freuds abschließende duale Triebtheorie von Eros und Thanantos, vom Lebens- und Todestrieb schließlich ihre essenzielle Bedeutung, wobei ihm natürlich bewusst war, dass es in diesen humanwissenschaftlichen Dimensionen schlussendlich um philosophische, d. h. existenzielle Fragen gehen muss. Im Wesentlichen ist das menschliche Liebesleben eine unergründliche Komposition von Phantasie und Realität. *Wahrheit* erscheint in diesen Bezügen wohl eher als *erwachsener* Begriff, *gewachsener* und psychotherapeutisch wohl bedeutsamer scheint die *Wirklichkeit* und wie *wirklich* im Sinne von *wirksam* etwas ist. Dabei spielen existenzdialogisch der Sinn des Lebens, die Wahrhaftigkeit des Todes und die Wirklichkeit der Liebe in- und miteinander.

Mit diesem spielerischen Gedanken will ich eine verbindende Annäherung zwischen Freuds väterlichem und Ranks mütterlichem Prinzip wagen. Versucht man eine liebevolle Zusammenführung der tendenziell biologistisch-rational und der mythologisch-emotional ausgerichteten Strömungen der Psychoanalyse, dann ließe sich jegliche psychodynamische Psychotherapie bzw. Beziehungs- resp. Entwicklungspsychologie als das sehen, als was sie heutzutage ja auch größtenteils verstanden sowie praktiziert wird, als integrativ-relational ausgerichtete, empirische Heilkunst und Liebeserklärung:

> Während »Es« einfach wollen und »Über-Ich« nicht so recht wollen will, will »Ich selbst« liebevoll-wohlwollende und vermittelnd-ordnende Struktur. So könnte kreativ-spielerisch eine Synthese der genannten mütterlichen und väterlichen Grundprinzipien lauten, in welcher sich gleichzeitig die basale Position des kindlichen Urwillens ausdrückt. In dynamisch verdichteter Form zeigt sich hier die Triangularität des menschlichen Daseins, wobei die Liebe und der Tod den Stoff bilden, der dieses elementare Dreieck begründend trägt.

3.5 Liebesobjektbeziehungen – Mütterliches, Väterliches und erste Liebe

Neben Ferenczi und Rank, die sich vom Kind ausgehend psychodynamisch in eine mütterliche Beziehungsrichtung begaben, ist es vor allem Melanie Klein gewesen, die hier wegweisende Impulse geliefert hat (Klein, 1997; vgl. auch Hinshelwood, 2004). Sie erkannte über die direkte Beobachtung von Säuglingen und Kleinkindern, dass es in der Liebe nicht nur um Triebbefriedigung gehen kann, sondern dass es genauso sehr um das Objekt geht, dass diese Befriedigung vermittelt. Da dies in der Regel die Mutter war und ist, gilt die mütterliche Brust als das erste und bedeutsamste Liebes-(Teil-)Objekt, das »Milch« und damit nährende Fürsorge als auch »Honig«, d.h. süß- tröstende Liebe zum Leben, zu spenden vermag.

Nicht genug kann hier die symbolische Bedeutung der Begrifflichkeiten betont werden, aus heutiger Sicht erkennt man das zutiefst Mütterliche auch im Vater, genauso wie eine Mutter basal Väterliches in sich trägt.

3.5 Liebesobjektbeziehungen – Mütterliches, Väterliches und erste Liebe

Klein hat kreativ versucht, Wörter zu finden für Bereiche im ganz frühen Leben, für und in denen es keine Worte zu geben scheint. Liebe ist für sie dabei ein weisender Begriff gewesen, sie war der Ansicht, dass der Säugling von Anfang an über eine große Liebesfähigkeit verfüge (vgl. ebd., S. 492– 493). Aus der Befriedigung erwächst die Dankbarkeit gegenüber dem versorgend-fürsorglichen Objekt, wobei die Befriedigung aufgrund der Begierlichkeit des Menschenkindes von Beginn an auch Neid auslöse. In den frühesten *paranoid-schizoiden* Positionsbereichen des Lebens beruht die Sicherheit des Säuglings dabei auf einem haltenden *Containment* des mütterlichen Gegenübers und der damit einhergehenden Homöostase von Neid und Dankbarkeit. Dies spielt sich hauptsächlich in Vorgängen von *projektiven Identifizierungen* ab, die umso exzessiver verlaufen, je intensiver die Beziehung ist. Dies könne im schlimmsten Fall der schizoiden Liebe zu einer Entleerung des Ichs, also existenzieller Isolation und psychotischen Zuständen führen, der Mensch wird somit »verrückt vor Liebe«.

Dem wiederholt bedrängenden und aufgrund seiner absoluten Abhängigkeit unausweichlichen Neid begegnet das Menschenkind hierin vor allem dadurch, dass es ein *ideales* Objekt, für das es Dankbarkeit empfindet, von einem *verfolgenden* und *gehassten* Objekt abspaltet. Diese *Spaltung* betrachtet Klein als wesentlich im Leben, sie bildet eine tiefe anthropologische Bedingung der existenziellen Unsicherheit. Daraus können – auch vermeintlich geringe – Versagungen dazu führen, dass innere Impulse umschlagen, sich in Hass verwandeln und das Objekt bzw. die äußere Welt zum Verfolger wird. Dies kann im zwischenmenschlich innerpsychischen Liebesspiel zu heftigsten projektiven Verzerrungen und manisch-destruktiven Abwehrformationen führen.

Mit tendenziell anderen Vorzeichen und Begrifflichkeiten beschreiben selbstpsychologische Ansätze im Grunde die gleichen psychodynamischen Vorgänge, hier liegt die perspektivische Betonung wie erwähnt weniger auf triebgeleiteten Vorgängen als vielmehr auf der narzisstischen Selbsthomöostase. Diese erscheint für das kleine Menschenkind je nach Entwicklungs- bzw. Liebesdynamik höchst fragil, besonders in den frühesten Lebensphasen benötigt es hier wie gesehen stabilisierende Feinfühligkeit und den liebenden Blick der elterlichen Bezugspersonen. Ein Zuwenig, aber auch ein Zuviel an Liebe kann hier unmittelbar als erschütternde Gefahr und als tiefe narzisstische Kränkung empfunden werden. In einem archaisch dynamischen Wechselspiel von Idealisierung und Entwertung kann sich gleichsam Liebe unmittelbar in Hass und zutiefst aggressives Gebaren verwandeln. Kohut unterscheidet hier zwischen konkurrierender Aggression, die auf zielhemmende Personen bzw. Umstände gerichtet und im Wesentlichen beherrschbar ist, sowie *narzisstischer Wut*, welche auf bedeutsame Selbst- bzw. Liebesobjekte gerichtet ist, die das Selbst beschämend-schädigend gekränkt haben. Diese mitunter zur blinden Rage steigerungsfähige Rachsucht ist aufgrund ihres enormem Kränkungspotenzials potenziell unstillbar und unersättlich (Kohut, 1989; vgl. auch Hopf, 1998, S. 23).

Nur über das Maß, mit dem es dem Säugling und seinem mütterlichen Objekt in diesem Liebesspiel gelingt, eine dankbare Haltung zu seinem jeweiligen Liebesobjekt wachzuhalten, wird der Säugling und mit ihm sein mütterliches Gegenüber in die Lage versetzt, seinen Glauben an die Liebe und die guten Anteile seiner selbst zu kräftigen. Diese tiefsten Abläufe der Liebe erklärt Bion brillant mit seinem Container-Contained-Modell, in dem die projektive Identifizierung eine elementare Stellung in jeder zwischenmenschlichen Beziehung einnimmt. Über ein verdauend-maßvolles und intuitiv-liebevolles Eingehen des haltenden Gegenübers erfahren hierin die noch nicht aushaltbaren inneren Elemente des Säuglings Transformation, wodurch sich integrative und ganzheitliche Entwicklungsbewegungen eröffnen. Diese Position benannte Klein vielsagend »depressiv«, wohl auch um die empfindsame Zerbrechlichkeit der Liebe und damit des gesamten menschlichen Daseins anzudeuten.

Melanie Klein stellte mit ihrer Beschreibung einer »depressiven Position« im menschlichen Seelenleben emotionale Zustände dar, die vollkommen neu gewesen sind, »neu für die Schreibtisch-Psychoanalytiker« (ebd., S. 493). Diese Bereiche berühren eher romantische und poetische Ebenen, die ja wiederum der Liebe in ihren idealisierenden Kräften sehr nahestehen. Klein hat dabei besonders eine Form der Liebe umschrieben, die eben auch ein sehr quälendes Element enthält: die Sehnsucht. Diese entspricht der mächtigen Suche nach »vollkommener Objektliebe« und der Fähigkeit zur Wahrnehmung »ganzer Objekte«. Lieben in der depressiven Position bedeutet Ahnung und Anerkennung des nichtidealen Objektes, des guten Gegenübers, welches auch Unzulänglichkeiten und Mängel hat. Mit der beginnenden Verinnerlichung dieses Objektes kippt die Liebe nicht mehr so plötzlich in Hass und ein gewisses Maß an emotionaler Stabilität kann sich etablieren. Liebe ist nun mit Anteilnahme und Versöhnlichkeit verbunden, der Mensch ist sehnsüchtig nach Liebe.

Über ihre wegweisenden Gedanken zu den seelischen Urkonflikten von Liebe, Hass und Schuldgefühl (Klein & Riviere, 1983) hat Melanie Klein fruchtbare Räume zur psychodynamischen Erkundung menschlicher Liebespositionen eröffnet. Dem Mütterlichen und dem Idealisierenden kommt dabei wesentliche Bedeutung zu, die Mutter erscheint wie gesagt als das Wesen, das Milch und Honig zu geben vermag. Auch Erich Fromm benutzt in Anlehnung an die biblische Geschichte vom gelobten Land die »glückliche« Mutter als symbolische Garantin für ein glückliches Leben (Fromm, 1999, S. 62).

> Zufall oder nicht, just an dem Tag, an dem ich mir morgens Gedanken über das »gelobte Land« sowie mütterliche Sphären machte und die obigen Zeilen aufgeschrieben habe, fragt mich nachmittags eine 10-jährige Patientin in ihrer Therapiestunde unvermittelt, wie denn das »mit dem Land und der Milch und dem Honig« sei? Mehr als überrascht möchte ich wissen, was genau sie überlege, und das Mädchen meint: »Ha ja, wenn dort in diesem Land so Milch und Honig fließen, was machen dann die Veganer?« Herzhaft lachend gebe ich spontan humorvoll zurück: »Du sagst es! Und auch die Allergiker und Unverträglichen …« Nach kurzem gemeinsamem Lachen fällt mir zum einen mein spaßiger Versprecher der »Unverträglichen« und zum anderen auf, dass die Frage des Mädchens gar nicht so witzig gemeint war. Darüber erkenne ich auch, dass ihr Einwurf eventuell überhaupt nicht so zufällig gewesen sein mag. Mit meinen – in diesem Moment unbewussten – Gedanken über mütterliche Fürsorge und existenzielle Bedingungen bin ich ja in diese Begegnung gegangen, in der mir die Patientin zu Beginn während unseres gemeinsamen Playmobilspiels von der Schule erzählt hat. Dort habe sie der Religionsunterricht beschäftigt, dieser gefalle ihr immer sehr gut, besonders da der »Reli-Lehrer ganz toll ist«. Dies aufnehmend und ihren biografischen Hintergrund mit bis heute höchst konflikthaft verlaufender elterlicher Trennung kennend, deute ich die Beziehungsebene an und wie man da ja auch auf einer Art Suche nach »Milch und Honig« sei. Während das Mädchen darauf eine kurze,

wahrhaft sehnsüchtige Reaktion zeigt, muss ich unmittelbar an die vielen Momente denken, in denen sie mir gegenüber wiederholt ähnlich verliebte Impulse vermittelt hat. Darüber komme ich aufgrund der entsprechend ruhig-melancholischen Atmosphäre ins Sinnieren über den fehlenden Vater in ihrem Leben; dieser hat sich kurz nach ihrer Geburt von der Mutter getrennt und die Patientin hat seither keinen Kontakt mehr zu ihm. Mit der Mutter hat sich daraufhin eine sehr engverwobene gegenseitige Beziehungsabhängigkeit ergeben, was ich psychodynamisch u. a. mit der depressiven Symptomatik der Patientin in wesentlicher Verbindung betrachtete. »Ich hab selber schon darüber nachgedacht und irgendwie fühlt man sich manchmal selbst wie unverträglich«, sage ich schließlich ehrlich ins gemeinsame Spiel hinein, worauf sich der atmosphärische Raum zwischen uns interessanterweise zu öffnen scheint. Während mich anschließend zig behandlungstechnische und dabei vor allem libidinös-ödipale als auch persönliche Dinge beschäftigen, lässt mich eine Sache nicht wirklich los: Mir selbst geht die Sehnsucht nach und ich erspüre nachhaltig, wie nah und emotional ähnlich eigentlich die Suche nach Väterlichem und Mütterlichem im Leben sein kann. Mich bewegt – genauso wie meine Patientin – die Liebe.

3.6 Bindungsentwicklung

So sehr triebaffekt- oder emotionsgeleitete Kräfte das Menschenkind und seine innere Welt bewegen, sie stehen immer in einer dynamischen Wechselwirkung mit der äußeren Objektwelt. Die Psychoanalyse erkannte diese Ubiquität wie gesehen von Beginn an, wobei sie ihre empirische Aufmerksamkeit stetig auf genau diese relationale Übergangswelt zwischen dem Kind und seinen frühesten Liebesobjekten gelenkt hat. Hieraus hervorgegangen ist die Bindungstheorie, welche eine höchst einflussreiche Bedeutung in Bezug auf das natürliche Beziehungsgeschehen des Menschen und damit auch auf die Entwicklung des humanen Liebeslebens eingenommen hat.

John Bowlby hat mit seiner systematischen Bindungsforschung über sozial-familiär schwer belastete Kinder und Jugendliche in Untersuchungen endgültig etwas hervorgehoben, was trotz der so vielen tendenziellen Meinungsverschiedenheiten immer schon psychodynamischer Konsens gewesen ist: die schicksalhafte Relation der Eltern-Kind-Beziehung und ihre machtvolle Bedeutung im Leben (Bowlby, 2006a, 2006b, 2018; vgl. auch Petri, 2007). Über wegweisende Untersuchungen verschiedener kinderanalytischer und pädagogischer Pionierinnen und Pioniere des vorigen Jahrhunderts kristallisierte sich nachhaltig heraus, wie ungünstige Lebensumstände, schwere Familienverhältnisse und psychosoziale Belastungen der Eltern schematisch mit individuellem Leiden und seelischen Erkrankungen der Kinder zusammenhängen.

Aus Sicht der Bindungstheorie, die im wissenschaftlichen Austausch mit namhaften Verhaltensforschern und Humanethologen ihrer Zeit mitentstanden ist, stellt das Streben nach engen emotionalen Beziehungen etwas zutiefst Menschliches dar. Die Bindung des Menschenkindes zu einem mütterlich-versorgenden Gegenüber speist sich aus einer lebenslangen und essenziellen Motivation, die nicht ausschließlich auf triebhaftem Hunger basiert, als vielmehr von dem Bedürfnis nach Sicherheit geprägt ist. Vor diesem – auch evolutionsbiologischem – Hintergrund bedeutet Trennung für das kleine, noch abhängige Kind höchste Lebensgefahr und es ist mit all seinen Kräften bestrebt, diese zu verhindern. Bahnbrechend erkannte Bowlby hierin das »Bindungsverhalten« des Säuglings, welches in einem reziproken Wechselspiel mit der hauptversorgenden Bezugsperson tiefgehende regulatorische Kräfte einnimmt.

Dem Zuwendungsbegehren des Kindes entspricht dabei die Fürsorgehaltung der elterlichen Bezugspersonen, wobei dem zunächst sehr hohen Bindungsbedürfnis in dynamischer Vor-und-Zurück-Bewegung der kindliche Explorationsdrang folgt. Hierbei schafft die insbesondere von Mary Ainsworth erforschte hinreichende Feinfühligkeit des elterlichen Gegenübers das Fundament für eine sichere Bindung: Über die empathische, affektspiegelnde Einstimmung auf die entsprechenden Bedürfnisse des Kindes wird dieses in die Lage versetzt, nicht nur seine elementaren Bedürfnisse von Bindung und Nähe sowie Exploration und Ablösung angemessen zu erleben, sondern auch die regulations- und identitätsstiftende Kraft der Selbstwirksamkeit zu erfahren. Das Menschenkind kann sich so selbst fühlen, kennen und lieben lernen.

Von beziehungs- und psychodynamisch nicht unwesentlicher Bedeutung erscheint hier das Mitgebrachte des Kindes, das mit seinen individuellen Eigenschaften und seinem wesentlichen Temperament von elterlichen Bezugspersonen abhängt, die gleichsam in ihren Eigenarten unter verschiedensten Abhängigkeiten stehen. Eine zentrale Interpendenz betrifft dabei die auf evolutionär-humanethologischer Ebene gegenseitige Abhängigkeit von Eltern und Kind. Auf dieser nicht zu vergessenden Stufe brauchen die Eltern ihren Nachwuchs genauso, wie das Kind sie in seiner existenziellen Not benötigt (Korosidis, 2021, S. 120–121). Bei aller Verbindung treffen mit jedem neuen Leben eben auch verschiedene Liebeswillen aufeinander und entwickeln sich natürlich über eine elterlich wohlwollende Fürsorge liebevoll zueinander.

Das daraus gewobene gefühlsgetragene Band, welches eine Person über Raum und Zeit hinweg mit einer anderen verbindet (vgl. Bowlby, 2006a), wird also im Wesentlichen aus dem Stoff der Liebe gebildet. Auch wenn es für heutige (fachliche) Ohren banal klingen mag, kann mit entwicklungsdynamischer Stimme nicht genug betont werden, wie empfindsam dieses Band im Hinblick auf früheste Trennungs- und Verlusterfahrungen gewebt sein kann. So lassen die von der Bindungsforschung herausgearbeiteten Bindungsstile in ihren unsicher-ambivalenten, vermeidenden oder gar desorganisierten Formen ein wenig von der sensibel-brüchigen Qualität der Liebe selbst aufscheinen. Wie für so viele psychoanalytische Konzepte brauchte es dabei auch für die Bindungstheorie trotz ihrer wissenschaftlichen Fundierung lange Zeit und zusammenführende Energien, um zu einer angemessenen Akzeptanz zu kommen. Aus modernder psychodynamischer Sicht nehmen äußere Einflussfaktoren dieselbe Bedeutsamkeit für die Liebesentwicklung des Menschen ein wie innere Aspekte. So teile ich aus meinen persönlichen Erfahrungen diesbezüglich ein existenziell-dualistisch orientiertes Lebensverständnis und sehe das Menschenkind bei aller empirischen Vorhersehbarkeit von vermeintlich sicheren Bindungsbedingungen auf einem letztlich unvorhersehbaren Weg.

3.7 »Ich selbst und Du« – Selbstpsychologie, Mentalisierung und heilsame Empathie

So eindeutig es auf den ersten Blick wirken mag, was Innen und Außen für das Menschenwesen bedeuten, so mehrdeutig erscheinen bei genauerem, psychoanalytischem Blick diese Ebenen und deren dynamische Entwicklungen bei der Menschwerdung von der Phylo- zur Ontogenese. Während Freud bekanntlich die faszinierenden Traumsphären als verbindend-verstehenden Ausgangspunkt seiner forschenden Entdeckerreise gewählt hat, ist ihm die Empathie, also das »Einfühlen in« einen anderen Menschen, zeitlebens ambivalent und gar mit einem »mystischen Charakter« besetzt geblieben (vgl. Kakar, 2008, S. 1–13).

Im Gegensatz dazu stellt Heinz Kohut bekanntlich Empathie, Intuition und Introspektion in den Mittelpunkt seiner Selbstpsychologie und damit in den psychotherapeutischen Heilungsprozess (Kohut, 1989). Er führte den Begriff »Selbstobjekt« in die Psychoanalyse ein und versteht darunter eine andere insoweit einfühlende Person, die unser Selbstgefühl tragend unterstützt und vom Selbst daher nicht vollständig unterschieden ist. Das Selbstobjekt ist also ein anderes Wesen, das psychisch als Teil des eigenen Selbst erlebt wird. Die Beziehung zwischen Selbst und Selbstobjekt repräsentiert den ursprünglichen Zustand der Verbundenheit, der die frühe Mutter-Kind-Bindung charakterisiert. Auf Grundlage dieser Matrix und einem grundlegenden Bedürfnis nach Kohärenz entwickeln sich schließlich das Selbst und die Objektbeziehungen weiter, wobei Kohut eine endgültige Entwicklung von der Symbiose zur Autonomie für unmöglich hält. Das Menschenkind bleibt also zeitlebens abhängig, »archaische Verschmelzungen« mit »archaischen Selbstobjekten« wandeln sich jedoch fort und es entsteht eine Verbindung »empathischer Resonanz« zwischen Selbst und Selbstobjekt. Liebe stärkt also das Selbst und ein starkes Selbst ermöglicht wiederum intensive Liebeserfahrungen (vgl. ebd. und Bergmann, 1999, S. 346–347). Besonders durch die Selbstpsychologie ist es gelungen, den vielbeschworenen Begriff des Narzissmus von seiner rein pathologischen Konnotation zu befreien. So steht das narzisstische Spektrum in seiner gesamten zwischenmenschlichen Dimension von zutiefst verschränkten und frühesten denkbaren Sphären der Selbst- und Fremdliebe bis hin zu höchst pathologischen Ausformungen der Gesellschafts- bzw. Selbststruktur für etwas grundlegend Menschliches. So gesehen sind alle Menschen unausweichlich narzisstisch, bezeichnenderweise gelingt es eben gerade den sogenannten Narzissten nur unzureichend, angemessen narzisstisch zu leben, d. h. zu wachsen und zu lieben.

Natürlich bildet Empathie die Basis sowohl aller zwischenmenschlichen Beziehungen als auch des gesellschaftlich-kulturellen Zusammenlebens der Menschen allgemein. Somit bewegt man sich mit ihr in wahrhaftig essenziellen Bereichen und wohl sehr nah an der Liebe. Ich werde mich hier aufs Wesentlichste aus psychodynamischer bzw. -therapeutischer Sicht konzentrieren und auch keine weitere definitorische Begriffserfassung zwischen Empathie, Introspektion, Einfühlung und Mitgefühl probieren. Im Grunde teile ich eine verzauberte Einstellung der Empathie gegenüber und frage mich demütig, wie, außer mit der wahrhaft unergründlichen Kraft der Liebe, so etwas wie wahres Mitgefühl möglich scheint? Dass Empathie und deren potenzielle Entwicklung hin zu einem zwischenmenschlichen Verständnisraum dabei ein wesentlicher Schlüssel für ein gesundes und hinreichend liebevolles Leben ist, steht für mich außer Frage!

Der Ethologe und bekannte Empathie-Forscher Frans de Waal geht gleichsam davon aus, dass Empathie und das humane Vermögen zum gegenseitigen Verstehen die entscheidende Grundlage unseres Zusammenlebens und unserer Kultur darstellen. Aus evolutionärer Entwicklungsperspektive gehöre Empathie zu einem verbindenden Erbe, das so alt wie die Abstammungslinie der Säugetiere sei. Sie nutze Hirnareale, die mehr als hundert Millionen Jahre alt sind, was den Menschen wiederum emotional nah ans Tierwesen zu bringen vermag. Darüber ließe sich auch jene tiefgehende Liebesbeziehung zwischen Tier und Mensch erhellen, die besonders in der Kinder- und Jugendlichenpsychotherapie bei entsprechend tiergestützter Begleitung eine unmittelbare Rolle spielt. Die empathische Fähigkeit entstand seiner Meinung nach vor langer Zeit mit motorischer Nachahmung und Gefühlsansteckung, woraufhin die Evolution Schicht um Schicht hinzufügte, bis unsere menschlichen Vorfahren nicht nur fühlten, was andere fühlten, sondern auch verstanden, was diese möglicherweise wünschten oder brauchten. In bildhaft eindrücklichen Worten beschreibt de Waal, wie die Gesamtfähigkeit zur Empathie wie eine russische Puppe zusammengesetzt zu sein scheint:

> »Im Kern befindet sich ein automatischer Prozess, den viele Arten gemeinsam haben. Ihn umgeben äußere Schichten, die für eine Feinabstimmung von Zielen und Reichweite sorgen. Nicht alle Arten besitzen alle Schichten: Nur wenige übernehmen die Perspektive anderer, eine Fähigkeit, die wir meisterhaft beherrschen. Doch selbst die höchstentwickelten Schichten der Puppe bleiben normalerweise mit ihrem ursprünglichen Kern verbunden« (de Waal, 2011, S. 269).

Diese ursächliche Ausgangsbasis bildet bei allen sozial lebenden und kommunizierenden Tieren der *Synchronismus*. Hier beginnt alles mit einer Einstimmung von Körpern, wobei motorische Synchronisation oder Nachahmung koordinativ automatisch erfolgt. Sie erscheint als tiefst archaische Form von sozialem Verhalten und macht sich in Abläufen des Gähnens oder Lachens, aber auch in primitiveren Formen beim tierischen Schwarm- bzw. Herdenverhalten bemerkbar. Ob bzw. welchen Einfluss hierauf die vielgenannten Spiegelneuronen haben ist wissenschaftlich noch ungeklärt, auf alle Fälle kann jedes Menschenkind nebst seiner Einbettung in früheste gewogen-synchrone Rhythmusabläufe die einnehmende Synchronisation mit ihrer urcharakteristischen Dynamik bei solch Begebenheiten wie Musik, Tanz oder Sport lust- und liebevoll erleben.

Die nächste wesentliche Stufe der Empathie wird von *Gefühlsansteckung* gebildet. Während beim Synchronismus so noch kein eigentlicher Gefühlseinfluss direkt wirksam zu sein scheint, treten nun unwillentliche Nachahmungen aufgenommener Mimik- bzw. Gefühlsäußerungen auf. Ab dem neunten Lebensmonat und quasi mit der »psychischen Geburt« des Menschenkindes nach seiner »physiologischen Frühgeburt« geschieht laut dem einflussreichen Anthropologen Michael Tomasello etwas »Dramatisches« (Tomasello, 2020).

Es entsteht über kontinuierlich liebevolle Beziehungswirkungen die für den Menschen charakteristische Fähigkeit zur *Perspektivenübernahme*, welche eine emotionale, kognitive und beide Ebenen verknüpfende Dimension hat. Allen Entwicklungsstufen der Perspektivenübernahme ist im Gegensatz zur Gefühlsansteckung gemein, dass diese ein »subjektives Selbst« (Stern, 2020) als Grundvoraussetzung haben. Erst mit dem Gewahrsein eines vom anderen abgrenzbaren Selbst eröffnet sich die potenzielle Möglichkeit, prosoziale Beziehungen zu gestalten, sei es emotional empathisch, kognitiv analysierend oder emotional-kognitiv und damit mentalisierend (vgl. Schlegel, 2013).

Das Mentalisierungsmodell ist aus dem erforschenden Kombinationsversuch von Bindungs- und Objektbeziehungstheorie entstanden und wurde wesentlich durch Peter Fonagy und seine Mitarbeiterinnen geprägt (ebd., vgl. Fonagy et. al., 2004; Schultz-Venrath, 2013). Im Unterschied zur Perspektivenübernahme, die ja ausschließlich auf den anderen gerichtet ist, verlangt Mentalisieren auch größtmögliche Klarheit über den eigenen psychischen Zustand.

> »Die pragmatische, relativ einfache und kurze Beschreibung von ›Mentalisieren‹ lautet: ›sich Gedanken und Gefühle vergegenwärtigen. Das Mentalisieren verlangt Aufmerksamkeit und mentale Arbeit‹; es ist eine Form der Achtsamkeit, die wahrnimmt, was andere denken und fühlen und was man selbst denkt und fühlt« (ebd., S. 82).

Dieses Vermögen basiert auf der aufkeimenden Fähigkeit des Säuglings, die eigenen Emotionen als Gefühle wahrzunehmen und zunehmend regulieren zu können, was wiederum auf Affektspiegelung und einer gelingenden Verinnerlichung der markierten Emotionsausdrücke der primären Bezugspersonen beruht. Diese »präsentieren« dem Kind durch ihr spiegelndes Verhalten seine emotionalen Zustände »markiert«, d. h. mit eigener affektiver Note versehen, so dass sie von ihm als individuell unterscheidbare mentale Repräsentationen internalisiert werden können.

Auch diese ureigene menschliche Mentalisierungsfähigkeit fußt schlussendlich auf evolutionselementarem Boden. So erscheint der entscheidende Vorteil von Bindung darin, soziale Intelligenz und Gruppenverhalten zu entwickeln, wobei Mentalisieren eine Sonderform der sozialen Kognition darstellt. Es wirkt plausibel, dass eine Fähigkeit, die Reaktionen und Verhaltensweisen von Mitmenschen zu erahnen und damit den sozialen Umgang erfolgreich zu steuern, die Überlebenswahrscheinlichkeit des Menschen erheblich steigert (ebd., 2013, S. 116).

Natürlich muss Mentalisieren im Speziellen genauso wie Empathie im Allgemeinen auch zurückgehalten und unterdrückt werden können. Durchgehend und ständig einfühlend beim Anderen zu sein, erscheint zu riskant bis mitunter lebensgefährlich, und es kann erhebliche zwischenmenschlich-soziale als auch innerpsychische Schwierigkeiten mit sich bringen. »Ob das Leiden des Anderen uns anrührt, zu Mitgefühl und tätiger Hilfe veranlasst, oder ins Gegenteil umschlägt, ist von vielen Faktoren abhängig. Die Steuerung der Bereitschaft zur Empathie, das heißt, wer ein- oder ausgeschlossen wird, hängt zum größten Teil von sozialen und kulturellen Konventionen ab« (Schlegel, 2013).

Hier zeigt sich ja auch die Liebe von ihrer herausforderndsten und wohl brutalsten Seite. Erscheint einerseits eine – wohl zum Teil immer als nichtempathisch empfundene – Liebesabweisung von den bedeutsamen Bezugsmenschen als schmerzlich bis zutiefst kränkend, so kann andererseits der mitfühlende Schmerz beim Leiden unserer Liebsten nur als unaussprechlich qualvoll umschrieben werden, besonders falls Kinder die Leidtragenden sind.

3.7.1 Erbarmungslose Liebe – das Verständnis und die Fähigkeit zu hassen

Kein Buch über die Liebe kann natürlich vollständig sein, schon gar nicht, wenn man kein entscheidendes Wort über Hass und Aggression verliert. Während Melanie Klein sich psychodynamisch wie gesehen hierzu entscheidend zu Wort gemeldet hat, ist es Donald W. Winnicott gewesen, der höchst bereichernde Impulse für ein vertiefendes Verständnis basaler Dynamiken von Liebe und Hass gegeben hat (vgl. Winnicott, 2008). Er behandelt in seinem theoretischen als auch praktischen Schaffen hingebungsvoll die frühesten humanen Lebensbereiche sowohl des Säuglings als auch des Erwachsenen. Auch er begibt sich empirisch in vorgeburtliche Dimensionen und versteht die aggressiven Regungen des Fötus als Manifestation einer ursprünglichen Lebensenergie, die sich in und über Motilität zeige. Er erkennt dabei im Gegensatz zu Klein und Freud keinen naturgegebenen Aggressions- oder gar Todestrieb, vielmehr geht es in diesen vorsprachlich und -symbolischen Bereichen um ein hinreichendes Halten des noch unentwickelten und damit völlig abhängigen Menschenkindes samt all seiner urgewaltigen Kräfte.

»Objektiv« hassen könne das Baby in dieser strukturell weitestgehend noch unentwickelten Lebensphase nicht, es obliegt hier der Mutter, seine

»erbarmungslose Liebe« mit ihrer »primären Mütterlichkeit« zu halten und über »objektive Liebe« in einen Liebeszustand zu transformieren, der von der »Fähigkeit zur Besorgnis« geprägt ist. Entwicklungsdynamisch betrachtet lässt sich mit Winnicott stimmig von »absoluter« und »relativer« Abhängigkeit sprechen, die im »Kontinuum des Seins« zur »Fähigkeit des Alleinseins« und schließlich zu »Unabhängigkeit« mit verständnisvoller Hassbefähigung führen kann. Entgegen zahlreicher Missverständnisse meint Winnicott bei seinen vielschichtigen Beschreibungen des Mütterlichen nichts Ideologisches oder gar Ideales, sondern etwas zutiefst Menschliches, was auch für Kinder- und Jugendlichenpsychotherapeuten sehr bedeutsam erscheint: Als liebevoll- haltendes Gegenüber muss man auch fähig sein bzw. konstruktiv verstanden haben, »objektiv« zu hassen. Nur so lassen sich all unsere gewaltigen zwischenmenschlichen Energien und Kräfte ertragreich erleben. Ohne durchsetzungsfähigen gesunden Egoismus kommt schließlich wohl niemand weit.

3.7.2 Liebevolle therapeutische Einfühlung

Psychotherapeuten dürften also von dieser Liebes- und Hass-Beziehungsthematik essenziell betroffen sein, vor allem wenn sie mit Heranwachsenden arbeiten. In wohl keinem anderen Beruf betrifft einen die Frage nach entsprechend adäquat-ausgeglichenem Umgang mit den eigenen Empathiekräften bzw. -grenzen so unmittelbar und persönlich. In einer Tätigkeit, in der das essenziellste Wirkinstrument die eigene Persönlichkeit ist, scheint es obligatorisch, sich mit reflexivem Blick auf seinen eigenen Liebeswillen wiederholt mit der Frage zu beschäftigen, welche Hintergründe einen dazu bringen und getrieben haben, sich von Berufs wegen viele Stunden am Tag auf das konflikthafte Liebesleben seiner – jungen und noch abhängigen – Patienten einzulassen. Vermutlich wage ich mich hier nicht allzu sehr aus dem suggestiven Fenster, wenn ich behaupte, dass gerade Psychotherapeuten mit dynamisch-verständniswilliger Ausrichtung gegenüber Heranwachsenden selbst eine bewegte Lebens- und Liebesgeschichte haben.

Damit gelangt man zu einem anthropologischen Wendepunkt, bei dem sich psychodynamisch wiederholt die einfache Frage stellt, wo das Fremde in und außerhalb von mir beginnt? Wie tief führt die Eigen-, wie weit die Nächstenliebe und wie war das nochmal mit dem Hass? Auch wenn für den Praxisalltag von Kinder- und Jugendlichenpsychotherapeuten vorwiegend das unmittelbare elterlich-familiäre Beziehungsgefüge für ein Verständnis des Patienten bedeutsam erscheint und eine ethisch-gesellschaftliche Thematik mehrere Nummern zu groß wirken mag, so kommen doch immer »Andere« zu uns. Hier in der Berührung mit den fremden Welten kommt die wesentliche psychodynamische Einstellung des *ständigen Kennenlernens* fundamental zum Tragen: *Nur über ein angemessenes Mitgefühl für dieses Fremde im Kind und im Kindlichen in uns allen lässt sich wiederholt eine liebevoll hilfreiche Haltung gegenüber dem Patienten des Lebens bewahren.* Dabei dient das ständige Kennenlernen in den verschiedenen Kontexten von Selbsterfahrung bzw. Inter- und Supervision der möglichsten Bewusstmachung und -haltung des Eigenen. Es ist als psychodynamischer Helfer gerade in Beziehung zu Kindern- und Jugendlichen also achtsam zu reflektieren, wie eigen ich bezüglich meiner individuellen Liebes- und Lebensgeschichte bin und wie sehr mich dabei unvermeidlich eigene Rettungsphantasien existenziell an- und umtreiben. Diese Dynamiken des existenziellen Dialoges sind natürlich nicht lösbar. Sie stellen sich jedoch bei authentischer Annäherung an individuelle existenzielle Grenzbereiche und damit einhergehendem Erkenntnisvermögen des eigenen Liebeswillens als liebevoll behandelbar dar. Im Grunde ist es ganz gleich, ob man eher zum Idealisieren, Rationalisieren oder gar Katastrophisieren neigt und in welchen Bereichen der antinomischen Vitalkräfte man sich als Therapeut wie auch als Patient des Lebens bewegt: Um die Liebe und deren metaphorische, d.h. übertragend-bewegende Kraft kommt man einfach nicht herum!

3.7.3 Universeller Liebeswille und unausweichliche Liebesübertragung

Die Übertragungsliebe als unausweichlich liebeswillige Liebesübertragung betrifft Kinder- und Jugendlichentherapeuten gleich welchen Geschlechts auf vielfältigen Wegen. Aufgrund der psycho- und beziehungsdynamischen Gegebenheiten im Hinblick auf therapeutische Kontakte zu Menschen verschiedenster Lebensalter werden vielfältige liebesdynamische Ebenen berührt. So erlebt man als Therapeutin unmittelbar die beschriebenen klein-kindlichen Liebesbedürfnisse mit, genauso wie man in pubertäre Verliebtheitsgefühle mit verstrickt sein mag. Man trifft mit seinen Patienten auf adoleszente Liebesgeschichten mit all ihren Höhen und Tiefen und nicht zuletzt steht man in nahem Kontakt zu den elterlichen Liebesdynamiken, welche einen zutiefst mit umtreiben können. Hierbei einen Mittlerraum aus stetig zugewandt-aufnehmender und gleichzeitig angemessen abstinent-neutraler Haltung zu wahren, bedarf höchster Energieleistungen, besonders wenn die Liebe in der Übertragung mächtig zuschlägt:

> Eine 20-jährige Adoleszente eröffnet mir während des ersten Drittels ihrer Therapie in ein recht langes Schweigen hinein: »Ich glaube, ich liebe Sie!« Derweil ich meine perplexe innere Reaktion noch ordne, ergänzt sie: »Jetzt machen Sie aber kein großes Ding heraus, das ist halt so!« In einer Mischung aus Kränkung und Schuldgefühl gebe ich spontan ziemlich überrumpelt zurück, dass die Liebe sehr wohl eine große Sache sei, worauf ich mich und meine Sinne langsam wieder etwas fange. Sie anschauend besinne mich auf unsere Beziehung im Hier und Jetzt, worauf ich ihr mit einem wohlwollenden Blick zurückgebe, wie offen und mutig ich ihre Offenbarung empfinde. Dies wiederum bewirkt – sicherlich wechselseitig – einen sehr kurzen, aber umso intensiveren Berührungsmoment von gegenseitig anerkennender Freude und Stolz.
>
> Das Nachhallen dieser Verdichtungsszene ist im Anschluss bei genauerem Hinhören in vielerlei Hinsicht erkenn- und spürbar gewesen. Oft hatte ich den Eindruck, diese magisch-ominösen Wörter des »Ich liebe Dich/Sie« haben einiges in der – ohnehin nicht unproblematischen – therapeutischen Beziehung noch verkompliziert und wir sind lange nicht bewusst auf diese Situation zurückgekommen. Vielmehr beschäftigten wir uns durchgehend mit ihren wiederholt promiskuitiven Verhaltensweisen bzw. grenzgängigen Symptomen und inneren Strukturen, auf die ich hier nicht näher eingehen will.

Vielmehr mag die geschilderte Szene beispielhaft für all die entsprechenden Begebenheiten in therapeutischen Begegnungen stehen, die wohl endlos analysierbar scheinen. So sind um diese Liebesszene herum vielfältigste beziehungsdynamische Dinge innerhalb als auch außerhalb der Therapie geschehen, von denen ich genauso wie die Patientin manche Angelegenheiten bewusst erkennen wollte und manche nicht. Dabei ist meine suchende Haltung, die ich in den gemeinsamen Begegnungen immer wieder zu finden versuche, vom mutuellen Liebeswillen und dessen Würdigung geprägt. Dieser bewegt sich gleichsam bei, in und um die letztlich unergründlichen existenziellen Sphären, die natürlich gründlich vom triebhaft-sinnlichen Wesen des Menschen bewegt werden. So versuche ich durchgehend, so hinreichend es mir einfach gelingt, neben den höchst umtreibenden sexuellen Ebenen, die universelle Generativität nicht aus dem Sinn zu verlieren. Jenseits von libidinös-erotischen Bedeutungsebenen und etwaiger sexuell-triebhafter Bemächtigung sucht in diesem existenziellen Dialog das Menschenkind neben befriedigenden Höhepunkten einfach etwas Anderes.

Als Therapeut macht man es sich bei dieser einlassenden Haltung nicht unbedingt einfach, insbesondere wenn wie erwähnt die libidinös-sexuellen, aber auch die destruktiv-aggressiven Kräfte in all ihren mächtigen Vermischungen zuschlagen. Sicherlich nicht nur meine klinisch-praktische Erfahrung zeigt hier, dass mit dieser versuchenden Haltung grobe behandlungstechnische Verfehlungen und tragische Übergriffigkeiten tendenziell vermieden werden können. Von dieser potenziellen Gefahr eines Ausnutzens des Macht-Ohnmacht-Gefälles ist aufgrund der eigenen – existenziellen – Abhängigkeiten wohl niemand der psychotherapeutisch Tätigen gänzlich gefeit. Diese kritische und im wechselseitig-kollegialen Erfahrungsaustausch ständig wiederzubelebende Selbsterkenntnis erscheint mir im Hinblick auf eine angemessene therapeutische Haltung gerade im Kontakt mit Kindern und Jugendlichen essenziell.

> Ohne nun bezüglich dieser jungen Frau abschließend sagen zu können, ob sie nach einem langen und intensiven Behandlungsprozess geheilt ist, möchte ich sie selbst mit einer entscheidenden Aussage zu Wort kommen lassen, die sie beim gemeinsamen Scheiden am Ende der Therapie bei mir zu lassen vermag: »Ich weiß, bei mir ist noch nicht alles

> in Ordnung. Und ich weiß auch noch genau, was ich Ihnen einmal gesagt habe. Das ist heute noch irgendwie komisch. Aber ich werde Ihnen nie vergessen, dass ... Sie waren mit ihrer Sanftmut irgendwie immer in Ordnung!«

Unter was für Bedingungen erfährt der – moderne – Mensch als Patient des Lebens die Liebe? Kann man bedingungslose Liebe erleben? Kommt diese von einem idealisierten mütterlichen Objekt ins Leben oder wird sie lediglich davon erweckt und wo bewegt sich auf diesem Liebesweg das Väterliche? Spielen andere Weggefährten wie Geschwister und Familienangehörige dabei eventuell auch eine wesentliche Rolle?

4 »Mutter, Vater, Geschwisterkind« – Liebe, Familiendynamik und begleitende Elternarbeit

In der Kinder- und Jugendlichenpsychotherapie trifft man mittel- oder unmittelbar auf die Eltern und hat mit ihnen ein insoweit tragfähiges Arbeitsbündnis aufzubauen. Besonders bei jüngeren Patienten erscheint eine förderliche Behandlung ansonsten wenig aussichtsreich, wenn auch unter bestimmten Konstellationen nicht gänzlich unmöglich. Auch bei dieser grundlegenden Thematik kann hier nicht der Ort sein, über die vielfältig zu ergründenden psycho- und familiendynamischen Konstellationen zu sinnieren, in denen allen die Liebe ihre schicksalshafte Rolle zu spielen vermag. Wo positioniert man sich schließlich mit all seinen – fachlich aufgearbeiteten und persönlich nie zu ergründenden – eigenen kindlichen Anteilen im generativen Kontinuum zwischen Autonomie und Abhängigkeit? Wie tief lässt man sich als fachlicher Begleiter in diese höchst dynamischen Liebessphären ein und wie weit kann ein Mensch freischwebend aufmerksam bleiben, ohne an eigene Grenzen zu gelangen? Welche angemessen analytische Haltung lässt sich einnehmen in Bezug auf die Eltern, denen man begegnet, und auf deren biografische Belastungshintergründe? Erkennt man eher das Unausgebildete und dadurch unreif Gebliebene der elterlichen Bezugsmenschen, die quasi selber Kind geblieben sind, oder lässt sich erahnen, wie wenig relational-angemessene Liebe sie selbst zu empfangen vermocht haben und dadurch keine eigentliche Kindheit erleben konnten?

Was bedeuten wiederum Eltern, Elternschaft und Familie eigentlich wirklich und wer oder was kann entsprechend liebevolle Positionen einnehmen? Vermögen wir bewahrend wirksam die liebevollen Potenziale zu entdecken, die in jedem Menschenkind schlummern und geweckt werden wollen? Wiederholt gelangt man damit zum existenziellen Dialog und zur elementaren psychotherapeutischen Haltungsfrage, die mit archaischem

Blick auf die humane Urschuld und Scham weniger von einer ethisch-moralischen als vielmehr von einer generativ-existenziellen Dynamik durchdrungen scheint. Darüber lässt sich der Aspekt der Schuld, der jenseits elterlicher Über-Ich-Sphären liegen mag, annhähernd erklären: Alle Menschenkinder als dualistische Wesen haben eine existenzielle Schuld als Lebensverantwortung zu ertragen. Ein jedes ist schließlich zeitlebens dazu getrieben, Antworten auf das Rätsel der Existenz zu finden, um zur Besinnung zu kommen.

> Auch hier bringe ich behandlungsszenisch gerne Kafka ein und besinne mich vor allem mit adoleszenten Patienten wiederholt auf ihn und seine wundersame Erzählung vom »Prozess«(Kafka, 1992) des nichtsahnenden Herrn K., der scheinbar völlig unwissend – also unbewusst – in einen existenziellen Sog von Verurteilung und Schuld gerät.

Diese finale Verantwortung haben wir alle selbst zu tragen, der zentrale Kern dieser existenziellen Urschuld lässt sich dabei niemals auf irgendetwas oder jemanden verschieben. In jedem steckt derweil der potenzielle Liebeswille, dies ertragreich übertragend auszuhalten. Bezugnehmend auf die erwähnte einfache Trias *Menschenkind – Liebe – Tod* lässt sich so entstehungsdynamisch der humane Urgrund untersuchen, auf dem sich unser Dasein als dualistische Wesen gründet. Wir konnten sehen, dass dieser evolutionsdynamisch über eine Form von – immer intensiverer – elterlicher Brutpflege, also aus archaischer Liebe, entsprungen sein muss. Seither begleitet den Menschen eine wohl einzigartige Gabe des selbstbewussten Symbolisierungs- und Phantasievermögens, während ihn gleichzeitig die ahnende Gewissheit seiner Sterblichkeit und des Todes verfolgt.

4.1 »Zu wenig oder zu viel Liebe?« Kindlich-elterliche Liebe, elterlich-kindliche Gewalt

Aus dieser urgewaltigen Lebensgeschichte von Liebe und Tod gibt es kein Entkommen, sie ist unser aller Schicksal. Nirgends verdichtet sich dabei unser individuelles mit unserem kollektiven Erbe so essenziell wie in der unausweichlichen Generativität des menschlichen Lebens. So sehr dabei besonders in unseren Gesellschaftskreisen die Beziehungen zwischen Eltern und Kind von bürgerlich-kleinfamiliären Strukturen geprägt sind, so unterschiedlich gestalten sich Familien- und Erziehungsstrukturen in anderen kulturellen Welten. Elterlich-kindliche Liebesverhältnisse sind ganz einfach nicht immer gleich, was wiederum zu einer psychotherapeutischen Besinnung auf den existenziellen Dialog führen mag. Nochmal: Damit ist eine psychodynamische Grundhaltung gemeint, die sich natürlich an den wissenschaftlich-empirischen Erkenntnissen von frühkindlichen Entwicklungsabläufen orientiert, dabei aber immer wieder versucht, sich auf die Wolke des Nichtwissens zu besinnen, in der wir alle schweben. Auch wenn wir also viel Bedeutsames über gesunde Entwicklungswege, deren Bedingungen und entsprechende Risikofaktoren wissen, psycho- als auch lebensdynamisch lassen sich die entscheidenden Dinge nur nachträglich erkennen und nachtragend ersinnen, so wie es ja auch das ödipale Lebensrätsel beschreibt.

4.1.1 Ödipales Liebes- und Lebensrätsel – vom Heranwachsenden zum Erwachsenden

Erkenntnisdynamisch nimmt der ödipale Komplex seit jeher eine zentrale Rolle im psychoanalytischen Verständnis ein. Erst mit einer insoweit gelingenden Bewältigung der ödipalen Konfliktdynamiken der zwischenmenschlichen Welt kann überhaupt so etwas wie eine erkennende Vorstellung von Räumlich- und Zeitlichkeit und damit der wahre Eintritt in die tragend-strukturierende Symbolwelt des Menschen samt ihrer auszuhaltenden Ambivalenzen gelingen. Nur darüber ist schließlich auch eine gewisse autonome Selbstbildung möglich, welche wiederum in wechselseitiger Verbindung mit angemessener Affektwahrnehmung sowie Empathie die Grundlage für unsere Fähigkeit zum Lieben bildet.

Dabei hat sich auch das psychoanalytische Verständnis des Ödipalen enorm weiterentwickelt. Nach zeitgenössischer Wissenschaftssicht umfasst dieser basale Komplex sämtliche Liebes- und Hassgefühle einschließlich der sich daraus ergebenden Schuldgefühle eines Kindes, welche aus den erlebten personalen Beziehungen in unbewussten intersubjektiven Vorgängen resultieren. Diese im weitesten Sinne familiendynamischen Abläufe erfahren aus kindlicher Perspektive eine insoweit entwicklungsstärkende Bewältigung, sobald das Kind in der Lage ist, die Anerkennung der Generationengrenzen und damit des strukturellen Getrenntseins von Mutter und Vater zu integrieren. Das Kind hat anzuerkennen, dass die Eltern ein von ihm unabhängiges sexuelles Paar bilden, was wiederum ein Durcharbeiten der Trauer über die sich nicht erfüllenden erotischen Bindungen an die Eltern als auch der Aggressionen aufgrund der Rivalität bezüglich dem einen Elternteil erfordert (Mertens, 2014, S. 532).

Diese Erkenntnis umfasst wie gesehen auch zutiefst existenzielle Dimensionen des eigenen Ursprungs und der eigenen Zeit- bzw. Sterblichkeit, was entwicklungsphysiologisch als auch -psychologisch mit der zunehmenden Fähigkeit zur Symbolisierung und Mentalisierung dynamisch korrespondiert. Hier vermag die Liebe es in ihrer kraftvollen Unerschöpflichkeit, auch auf dieser generativen Ebene jeden Menschen zu berühren, ob leiblich verwandt oder nicht. So erscheint trotz oder womöglich gerade wegen unserer sehr machtvollen evolutionsbiologisch-brutgepflegten Wurzeln wohl jeder Mensch potenziell zu aufrichtiger Elternschaft (storgé) fähig und liebevolles Familienleben kann Umfassendes bedeuten! Eltern bzw. elterliche Bezugspersonen haben aus dieser Perspektive hierbei für eine möglichst fördernde Haltung Sorge und Verantwortung zu tragen. Dabei steht aus ödipaler Sicht besonders die Verarbeitung eigener Ambivalenzen von Liebe und Hass, Fürsorge und Destruktivität im Mittelpunkt, die psychodynamisch mit der Geburt bzw. dem Leben eines Kindes immer verbunden sind. Hier kann wiederholt nicht genug betont werden, dass sowohl ein Zuwenig als auch ein Zuviel an vermeintlicher Liebe zu dissonanten und damit auch pathologischen Selbstentwicklungen führen kann. Vernachlässigend-destruktive Elternobjekte wirken mitunter genauso schädigend auf das Menschenkind wie symbiotisch-verstrickende.

Wie auch immer sich das Leben in und außerhalb der eigenen – familiären – Grenzen gestaltet, natürlich betrifft jedes Kinderleben die Eltern existenziell, d.h. in ihrem bewussten als auch unbewussten Dasein als liebeswillige Wesen. Während das Kind wie erwähnt einen Überlebensgarant für die elterliche Generation darstellt und damit eine quasi heilige Position einnimmt, gemahnt es die Erwachsenen an eigene zutiefst abgewehrte Anteile der absoluten Hilflosigkeit und Abhängigkeit.

Die folgende jüdische Fabel kann hier eventuell zeitlose Impulse für ein angemessenes generatives Eltern-Kind-Verhältnis liefern:

> »Ein Vogel wollte einmal mit seinen drei Jungen eine windige See überqueren. Das Meer war so weit und der Wind so heftig, dass der Vogelvater seine Jungen eines nach dem anderen in seinen kräftigen Krallen tragen musste. Als er mit dem ersten die halbe Strecke zurückgelegt hatte, verwandelte sich der Wind in einen Sturm. Da sagte er: »Mein Kind, du siehst wie ich kämpfe und deinetwegen mein Leben aufs Spiel setze. Wirst du ebenso viel für mich tun, wenn du erwachsen bist, und für mich sorgen, wenn ich alt bin?« Das Junge antwortete: »Bring mich nur in Sicherheit, und wenn du alt bist, werde ich alles für dich tun, was du verlangst.« Da ließ der Vater sein Kind ins Meer fallen, wo es ertrank, und er rief: »Das ist das Schicksal eines Lügners, wie du einer bist.« Dann kehrt er zum Ufer zurück und machte sich mit dem zweiten Jungen auf den Weg. Über dem Meer stellte er ihm dieselbe Frage und erhielt dieselbe Antwort. Daher ertränkte er das zweite Kind mit den Worten: »Auch du bist ein Lügner.« Nun holte er sein drittes Junges, dem er dieselbe Frage stellte, und das dritte und letzte Junge antwortete: »Lieber Vater, es ist wahr, dass du hart kämpfst und dein Leben für mich aufs Spiel setzt, und es wäre unrecht von mir, es dir nicht zu vergelten, wenn du alt bist, aber versprechen kann ich dir nur das eine: Wenn ich erwachsen bin und selbst Kinder habe, werde ich für sie tun, was du für mich getan hast.« Worauf der Vater sagte: »Wohl und weise gesprochen, mein Kind. Ich will dein Leben schonen und dich sicher an die ferne Küste tragen« (aus Reik, 1985, S.151–152).

Diese alte fabelhafte Geschichte beschreibt sehr stimmungsvoll, welch mutig-kraftvolle Lebensenergie und im wahrsten Sinne des Wortes gewaltige Arbeit das liebevoll ertragende Großziehen und elementare Loslassen von Kindern benötigt. Dabei lese ich die Moral dieser Geschichte auch als metaphorischen Hinweis auf die inwendigen Kinder in uns selbst und deren liebevoll achtsame Versorgung. In welcher Form auch immer man sich den elterlichen Bezugskräften verbunden fühlt und von diesen nie gänzlich loszulassenden Mächten lassen kann, seelisch verinnerlicht sind zeitlebens mehrere innere Kinder. Paul Federn als wichtiger früher Psychoanalytiker und Wegbereiter der klassischen Ich-Psychologie bzw. moderner Psychotherapierichtungen wie der Transaktionsanalyse, Schema- und Ego-State-Therapie hat mit seiner konzeptionellen Arbeit zu den verschiedenen »Ich-Zuständen« hierzu sehr tiefgehende und höchst fruchtbare Impulse geliefert (Federn, 2017).

Während diese inwendigen embryonalen, oralen, analen, latenten und pubertären Kinder psychodynamisch unsere unausweichlichen Entwicklungsphasen des *Heranwachsenden* repräsentieren, bedeutet *Erwachsendes* die Bildung einer mütterlich-väterlichen Gesinnung, um sein Kind so zu lieben, wie es ist! Wenig vermag wohl so zu beglücken, wie wahre Elternschaft und wirkliche Liebe zu seinem Kind!

Im psychodynamischen Grunde geht es um das Kräftespiel von innerem und äußerem Erleben. Mütterliches und Väterliches empfängt man dabei natürlich von außen und in diversen wechselnden Ausprägungen von den jeweiligen Bezugspersonen, während das Menschenkind von Anbeginn Geschöpf und Schöpfer zugleich ist. Unser urdualistisches Wesen tritt mit der Geburt – oder im Keim vielleicht auch schon davor – in einen ihm fremden Kosmos und nur die Liebe trägt es. Je hoffnungs- und liebevoller sich diese inneren und äußeren Strukturen in der Entwicklung entfalten, desto gehaltener gestaltet sich das Leben.

4.1.2 Familiendynamische Liebeskonzepte

Auf dem Boden dieser existenziellen Dimension fundieren sich die wegweisenden familiendynamischen Erklärungskonzepte, die die jeweiligen Rollen und Abläufe in der Eltern-Kind-Beziehung psychodynamisch bzw. systemisch untersuchen. Herausragend zu nennen sind hier u.a. Horst-Eberhard Richter, Ivan Boszormenji-Nagy und Helm Stierlin, die mit ihren jeweiligen Arbeiten auf die schicksalshaften Dynamiken im Familienleben hingewiesen haben.

Richter hebt mit seinem bahnbrechenden Fokus auf den »Patient Familie« die verschiedenen Rollen hervor, die Kindern unbewusst im familiären Zusammenleben zukommen und dabei potenziell traumatisch wirken können. Als »kindliche Rolle« ist dabei »das strukturierte Gesamt der unbewussten elterlichen Erwartungsphantasien gemeint, insofern diese dem Kind die Erfüllung einer bestimmten Funktion zuweisen« (Richter, 1967, S. 85–86). Richter unterscheidet drei wesentliche Rollenzuschreibungen: *das Kind als Ersatz für einen anderen Partner*, wie z. B. die eigenen Eltern oder ein Liebespartner, *das Kind als Ersatz für einen Aspekt des eigenen Selbst* und damit als Projektionsfläche für die narzisstischen Begehrlichkeiten der Eltern sowie *das Kind in der Rolle des umstrittenen Bundesgenossen*, was den unmittelbaren Einbezug in elterliche Konflikte mit entsprechend widersprüchlichen Erwartungen bedeutet.

Ivan Boszormenji-Nagy hat den Begriff der »Parentifizierung« geprägt, welcher die Vermischung von Generationsgrenzen innerhalb familiärer Strukturen beschreibt. Obgleich diese Rollenumkehr für das abhängig-bedürftige Kind mitunter schwere seelische Überforderung bedeuten kann, ist sie jedoch nicht grundsätzlich als pathologisch zu betrachten. Die Parentifizierung gehöre zum regressiven Kerngeschehen selbst bei harmonischen, weitgehend auf Gegenseitigkeit beruhenden Beziehungen und bei angemessener Dynamik stellt sie einen Prozess dar, durch den das Kind lerne, Verantwortung zu übernehmen (Boszormenyi-Nagy & Spark, 1981).

Über die therapeutische Beschäftigung mit diesen familiären Dynamiken führte Stierlin schließlich das Konzept der »Delegation« ein (Stierlin, 1982). Hier liegt der Schwerpunkt der systematischen Betrachtung auf den jeweiligen unbewussten Prozessen der Rollenübertragungen, in denen das Kind für den Erwachsenen zur Verfügung steht und bestimmte Aufträge übernimmt. Während Stierlin die elterlichen Triebimpulse auf der Es-, Ich- und Über-Ich-Ebene analysiert, legt er einen großen Schwerpunkt auf die familiäre Loyalität. Das Kind erhält in der Delegation »die Erlaubnis und Ermutigung, aus dem elterlichen Umkreis herauszutreten – aber nur bis zu einem gewissen Punkt. Es wird sozusagen an langer Leine gehalten, und seine Freilassung erfolgt nur bedingt und begrenzt« (ebd., S. 24).

Alle Eltern wollen also bewusst oder unbewusst etwas für, aber eben auch von ihren Kindern. Liebes- und beziehungsdetailliert finden sich beim bereits erwähnten Psychohistoriker deMause zusammengefasst drei wesentliche Umgangs- bzw. Reaktionsweisen, welche dem Kind bei dessen basalen Bedürfnissen von den elterlichen Bezugspersonen entgegengebracht werden können:

in der »*projektiven Reaktion*« werden unbewusste und unzureichend integrierte Inhalte der Eltern, wie eigene Liebesübergriffs- bzw. Mangelerlebnisse oder unbewältigte Trauma- bzw. Trennungsängste, auf das Kind übertragen, um dann in teils fataler Art und Weise, z. B. durch heftige Strafen oder massive Zurückweisung von den Erwachsenen, abgewehrt zu werden. Diese Abläufe können schließlich in einer »*projektiven Fürsorge*« münden, in der nicht das abhängige Kind adäquat versorgt wird, sondern lediglich die in das Kind projizierten eigenen Bedürfnisse der Eltern zu befriedigt versucht werden. Die *Umkehrreaktion* schließt hieran an und bezeichnet ebenfalls eine projektive Fehlwahrnehmung des Kindes, welches von den Bezugspersonen dabei als Eltern-Substitut missverstanden wird. Das Kind bekommt dabei den delegativen und nicht zu erfüllenden Auftrag, seinerseits die Eltern emotional stützen und versorgen zu müssen. Der andauernde Wechsel von projektiven und Umkehrreaktionen zwischen dem Kind als Bösewicht einerseits und liebevollem Ersatzversorger andererseits führt zur »*Doppelvorstellung*«. Diese verzerrte bis bizarre Wahrnehmung des Kindes basiert auf besagter Ambivalenz, die umso ausgeprägter und handlungsleitender erscheint, je belastender und desintegrierter die eigenen Kindheitserfahrungen im elterlichen Leben nachwirken. Die »*empathische Reaktion*« schließlich bildet die Grundlage für einen adäquaten elterlichen Umgang mit den kindlichen Bedürfnissen jenseits von eigenen projektiven Beimischungen. Der Erwachsene muss hierbei einerseits in der Lage sein, auf die Stufe der kindlichen Bedürfnisse zurückzugehen und sie richtig einzuschätzen. Andererseits benötigt es aber auch eine adäquate Distanz zu den Begehrlichkeiten des Kindes, um diese angemessen zu befriedigen (vgl. ebd., S. 20–34).

So geht es beim generativen Eltern-Kind-Verhältnis in jeder Hinsicht weniger um bedingungs- oder selbstlose Liebe als vielmehr um einen unbedingten Liebeswillen, d. h. die wiederholte Anerkennung eigener Grenzen und Bedürfnisse, um sich daraus immer wieder selbst zu schaffen. Aus dieser existenziellen Abhängigkeit löst sich das Menschenkind nur bedingt. Bedingungslos erscheint nur der Tod und für diese Lebensgegebenheit gilt es liebevolle Bedingungen zu kreieren. In diesen liebeswilligen Möglichkeitsräumen der Selbsterhaltung und -hingabe liegen Chancen und Risiken mitunter sehr nah beieinander, wo liegt schließlich das jeweilige gesunde Maß an bindender und loslösender Energie? Bei der Lebenssuche nach dieser elementaren Lebens- und Liebesfrage steht weniger Selbsterkenntnis als vielmehr gemeinsame Selbstbesinnung im Mittelpunkt, über welche schließlich liebevoll-ertragreiche Selbstbestimmung im Leben möglich werden kann.

Dabei mag es allen beruflich mit Heranwachsenden Tätigen als Patienten des Lebens im tiefsten existenziell-ödipalen Grunde nicht anders ergehen als allen Menschen, die als elterliche Bezugspersonen alles in ihrer Macht Stehende tun, um für ein möglichst ertragreiches Er- bzw. Großziehen ihrer Kinder zu sorgen. So gesehen lässt sich der Psychotherapeut wiederum als tragender Geburtshelfer verstehen. Wie liebesnah bzw. -fern sich diese gebärende Bildung der Heranwachsenden gestaltet, hängt neben den Ureigenheiten des Kindes und dem gesellschaftlichen Lebensumfeld von den eigenen bio-psycho-sozialen Bildungsebenen der elterlichen Bezugspersonen ab. Was ließ und lässt sich wie ertragreich ertragen in der nachträglichen Tragik des Lebens und welche Opfer vermag man erduldend zu erbringen im Namen der Liebe? Natürlich geht es im existenziellen Dialog dabei weniger um Lust und Unlust bzw. Schuld und Unschuld als vielmehr um etwas viel Bedeutsameres: Über ein Halten des Nicht-zu-Haltenden, das Bewahren von etwas wahrlich Wirklichem, kann wiederholt so etwas wie Hoffnung keimen, welche wiederum aus dem Boden der Liebe sprießt. Ohne diese Grundlage ist man verloren!

Diesen grundlegenden Raum der Therapie muss man den Eltern wiederholt eröffnen, damit sie gemeinsam mit ihrem Kind – wieder – liebevoll zu wachsen vermögen. In diesen Dimensionen liegt ein unermesslich energetisches Potenzial, da man im direkten Bezug zu Heranwachsenden natürlich lebendiger und nachhaltiger als bei Erwachsenen dabei ist, wie wegweisende Lebensgeschichte geschrieben wird. So spreche ich besonders in Therapien mit jüngeren Kindern nach längeren Unterbrechungen immer wieder spontan an, wie körperlich gewachsen ich sie explizit erlebe. Damit versuche ich implizit spiegelnd zu vermitteln, dass das wie auch immer geartete Aushalten einer – für das Kind ja willkürlich herbeigeführten – Trennung, immer auch einen gewissen seelischen Wachstumsschritt bedeutet. Dabei bietet bekanntlich das mit den Patienten bzw. ihren Bezugspersonen bewusst vereinbarte Termin-Setting als ein wesentlicher Baustein einer psychodynamischen Therapie den tragfähigen Rahmen, über und in dem entscheidende innerseelisch-unbewusste Abläufe interpersonell bearbeitet werden können.

»Mit dem Wachstum ist es ja so eine Sache ...«, deute ich vor allem auch in Richtung des Vaters einer 13-jährigen schwer depressiven Patientin an. Dieser hatte sich trotz seiner regelmäßigen Anwesenheit bis zu diesem Zeitpunkt den begleitenden Elterngesprächen der seit etwa einem halben Jahr dauernden Therapie seiner Tochter emotional weitestgehend entzogen. Auf mich strahlte er dabei wiederholt eine Mischung aus interessierter Bedürftigkeit und widerständiger Gekränktheit aus, während die Mutter regelmäßig mit ihrer ungehaltenen Anspannung zu kämpfen hatte. Meine gegenübertragenden Empfindungsassoziationen bewegen sich hierbei ein ums andere Mal auf tief libidinös-ödipalen Ebenen, wobei ich dabei wiederholt große Mühe habe, überhaupt an die Patientin und ihre hierzu völlig entgegengesetzte Ausstrahlung zu denken.

Das erwähnte Wachstum deute ich nun auch hinsichtlich eines »elterlichen Mitwachsens« an, worauf ich offen mein Gefühl anspreche, dass irgendetwas »nicht so recht zu passen scheint«. Obgleich sich dies für die Eltern spontan etwas kryptisch angehört haben mag, reagieren beide überraschend zugänglich darauf und wir kommen auf die Veränderungen und damit auch auf die schwere depressive Symptomatik ihrer Tochter zu sprechen. Hier erfahre ich von der sehr innigen und »liebevollen« Vater-Tochter-Beziehung in der Vergangenheit, dies habe sich erst in den letzten ein bis zwei Jahren verändert. Zur Mutter habe die Patientin ebenfalls ein sehr enges Verhältnis gehabt, ihre Tochter sei als »kleines Mädchen immer so lieb und vernünftig« gewesen, ergänzt die Mutter. Erst seit einer heftig aufgeladenen und mit einer ungleichen Trennung geendeten Beziehung zu einer damaligen besten Freundin habe die Tochter sich zunehmend verändert und distanzierend in »ihre Handywelt« zurückgezogen.

Während ich im Austausch nachhaltig auf die Besonderheiten und Vulnerabilitäten der so bewegenden pubertären Entwicklungsphase mit allen heftigen Ambivalenzen zwischen erwachsender Autonomiebestrebung und kindlicher Bedürftigkeit hinweise, betone ich gerade bezüglich dieser »Unpässlichkeiten« die Wichtigkeit des Gesehenwerdens.

Hier reagieren beide Eltern verhältnismäßig angerührt und die Mutter schildert nun unter Tränen, wie belastend sie die wechselnden Launen ihrer Tochter erlebe. In seltener Einigkeit beschreiben dabei Mutter und Vater das unberechenbare Auftreten ihrer Tochter, in manchen Situationen sei sie »total anhänglich« und »eigentlich lieb«, während sie unvermittelt »völlig abweisend« und »richtig bös« sein kann. Mit diesem regelhaften adoleszenten Grundkonflikt zwischen Autonomie und Abhängigkeit als innerem Leitbild wird es im weiteren Therapieprozess mit beiden Eltern annähernd möglich, eigene Pubertätserinnerungen zuzulassen.

Diesem Abschnitt in der eigenen Entwicklung versuche ich bei allen Eltern hinreichenden Raum zu geben, da die entsprechenden emotionalen Abbilder universelle Bedeutsamkeit im Liebes- und damit Familienleben einnehmen, häufig jedoch im Vergleich zu frühen Kindheitserlebnissen erstaunlichen Abwehrvorgängen unterliegen. Psychodynamisch erscheint die Pubertät nicht selten verschütteter als frühere Kindheitsphasen, da neben der Reaktivierung von ohnehin abgewehrten Anteilen die heftige psychophysische bzw. -sexuelle Umstrukturierung mit all ihren liebesentscheidenden und Leiden schaffenden Bedeutsamkeiten hinzukommt. Wie gewichtig bei dieser Beziehungsarbeit die entsprechend eigenen Erinnerungsspuren des Psychotherapeuten bezüglich der bewegenden Pubertätszeit sind, dürfte eigentlich einsichtig sein. Persönlich versuche ich dabei in meinen Patientenkontakten hinreichend, neben meinen frühkindlichen Repräsentanzen, immer auch die inneren Abbilder meiner pubertären Liebschaften lebendig zu halten. Ich besinne mich dabei wiederholt, so bewusst es einfach geht, auf meine beginnende schwärmerische Verliebtheit samt eigener auto-erotischer Sehnsüchte aus dieser Zeit und versuche damit annähernd, meiner unbeschreiblich bittersüßen Gefühlswelt von damals gewahr zu werden. Besonders der diesbezüglichen Gefühlsachterbahn zwischen teils euphorischen Größenphantasien und mitunter niederschmetterndem Liebeskummer messe ich sehr viel psycho- und damit beziehungsdynamisches Gewicht bei. Seiner Pubertäts- bzw. Adoleszenzkrise, genauso wie unserer darunterliegenden existenziellen Zerbrechlichkeit entgeht schließlich niemand.

Nur auf diesem selbstreflexiven und ständig wiederaufzuarbeitenden Boden ist es mit dieser Familie möglich gewesen, die unbewussten Delegationen beider Eltern vor allem in Bezug auf die töchterliche Depression zu erfassen. Die Mutter konnte dabei eigene Ängste, aber auch Sehnsüchte – wieder – erkennen und sich ihren diesbezüglichen Projektionen auf ihr weibliches Einzelkind annähern. Dies wiederum schaffte strukturierenden Raum für das gemeinsame Erahnen tief abgewehrter ödipaler Rivalitäten, und hier ist es vor allem der Vater gewesen, der unbewusste Überforderungstendenzen erkennen konnte. So ließen sich seine Unsicherheiten bezüglich des psychosexuellen Wachstums seiner Tochter annähernd erahnen und er konnte nach längerem Therapieprozess eigene depressive Verstimmungen aus seiner Jugendzeit erspüren und benennen. »Depressiv sein ist wie Liebeskummer, nur irgendwie schlimmer!«, fasst der Vater während eines berührenden Austausches über eigene vergangene Liebschaften das Erarbeitete schwer seufzend zusammen.

Diese tief dynamische Erkenntnis aufgreifend, wird es mit Mutter und Vater annähernd möglich, einen weiteren zentralen Behandlungspunkt in der begleitenden Arbeit mit den Bezugspersonen aufzunehmen: die elterliche Liebesbeziehung. So wie ich im Grunde gemeinsam mit allen Eltern versuche, auf diese höchst bedeutsamen Wandlungsebenen vom Liebes- zum Elternpaar hinzuarbeiten, deute ich diesen beiden gegenüber die von mir wahrnehmbare Leidenschaftlichkeit während ihrer Meinungsverschiedenheiten an. Dabei bin ich über die Patientin im Bilde, wie betroffen und schuldbeladen sie sich immer wieder diesbezüglich fühle. Mit ihr selbst kann dabei schrittweise erarbeitet werden, wie vermeintlich wenig diese leidenschaftlichen Auseinandersetzungen der Eltern mit ihr zu tun haben könnten, was wiederum zur beginnenden Besinnung auf den ödipalen Komplex führen kann. So können neben den frustrierend ausgeschlossenen Empfindungen auch die bedrückend trauernden Gefühle über diese Konstellation und das »Großwerden« Raum finden, welche ja durch die belastende Trennung von besagter Freundin noch verstärkt worden sind.

In diesem Fall gelingt es mit beiden Eltern, unbewusste Muster in ihren Partnerkonflikten zu erkennen und an diesen zu arbeiten. So kann gemeinsam schließlich die Kollusion als unbewusstes Zusammenspiel der Eltern mit verschiedenen Rollen in einem gemeinsamen unbewältigten Grundkonflikt gesehen werden (vgl. Willi, 1975). Die Mutter kann dabei einräumen, dass sie eigentlich immer jemanden brauche, um den sie sich kümmern könne. Während es früher ihr Mann in seiner narzisstisch-depressiven Bedürftigkeit gewesen ist, habe sie diese Haltung »eigentlich mit Beginn der Schwangerschaft« kontinuierlich auf ihr »kleines Mädchen« verschoben. Dies wiederum hat zu einem sukzessiven inneren Rückzug des »bedürftigen« Vaters geführt, was in Verbindung mit der anschließenden emotionalen Okkupierung seiner Tochter im nun wahrnehmbaren psycho- bzw. familiendynamischen Kreislauf der gegenseitigen Überforderung zu münden schien. Beide Eltern erkannten, wie sehr die Tochter hier etwas stabilisierend zu tragen hatte, was sich ihrer wesentlichen Verantwortung entzog. So fand sie für sich selbst keine andere Antwort als die Flucht in die Depression, wobei ich Verantwortung wie erwähnt immer auch existenziell zu verstehen versuche.

»Eigentlich haben wir uns doch alle lieb!«, ist ein häufiger Ausspruch des Vaters gewesen, der gegenübertragend aus so vielen Richtungen und nicht zuletzt stellvertretend für die Patientin bei mir immer wieder angespannt-verärgerte und frustrierte Gefühle auslöste. In einem langen und intensiven Therapieprozess wurde dabei in wiederholt gemeinsamer Besinnung erarbeitet, »wer im Grunde eigentlich wen oder was wie benötigt«. Über diese von mir angeführte Leitfrage wurde schließlich etwas für die Patientin Wesentliches geschafft: Die basale elterliche Aussage der gegenseitigen Liebe wurde gemeinsam transformiert und quasi neu erschaffen. Indem die jeweiligen Leiden- und Liebschaften weitestgehend dorthin gelenkt werden konnten, wo sie ursprünglich und entwicklungsfördernd hingehören, wurde der triangulierende Raum zum angemessenen Einsamsein – wieder – gefunden.

So ist über die besinnende Bearbeitung der elterlichen bzw. kindlichen Lebens- und Leidensgeschichte die Liebesgeschichte der Patientin neu geschrieben worden. Dadurch sind ihr zunächst zaghaft-ängstliche und schließlich immer selbstbewusstere Autonomieschritte gelungen, was mit einer deutlichen Verbesserung ihrer depressiven Symptomatik einhergegangen ist. In dieser um selbstragende Identität ringenden Entwicklung ist es im letzten Drittel ihrer langjährigen Behandlung verstärkt um Beziehungsthemen und ihre Geschlechtsidentität gegangen, wobei auch unsere Beziehung immer spürbarer ihren emotional gebührenden Platz eingenommen hat. Auch wenn ich selbstverständlich durch meinen angebotenen inneren und äußeren Therapieraum ein möglichst verlässlicher professioneller Begleiter der Patientin gewesen sein mag, hat sich Wesentliches dabei meiner direkten Erkenntnis entzogen. Frei nach Wittgenstein sehe ich das Verhältnis von deutenden Worten zur wahrnehmenden Empfindung inzwischen wie das einer Hilfsleiter zum Emporsteigen auf den Gipfel des Selbstgewahrseins. Oben angekommen braucht man die Leiter nicht mehr unbedingt, sondern nur noch selbstbedingt.

In einer unserer letzten Begegnungen können wir dies gemeinsam sehr berührend einräumen und wir stellen zusammen fest, wie wenig Rationales wir bezüglich der von allen Beteiligten als sehr positiv empfundenen Therapie benennen können. Ich spreche zum Ende dieser Stunde dabei nochmals nachhaltig unsere Gefühlswelt und deren herausragende Lebensbedeutung an. Die inzwischen beinahe erwachsene Patientin meint hierauf sehr bewegend: »Irgendwie ist es jetzt genug mit Therapie ... obwohl es eigentlich nie genug ist.«

So beglückend und befriedigend sich für die Therapeuten dabei die zahlreichen Behandlungen erweisen, die im hinreichend tragfähigen Rahmen zu insoweit ertragreichen Entwicklungen und Wandlungen führen, so belastend gebärden sich die schwierigen Fälle, bei denen man als begleitender Fachmensch unmittelbar mit gewaltigen Energien und höchster menschlicher Not in Berührung kommt.

Zu was für kräftezehrenden und aufzuwendenden Liebesenergiemengen die Not der Patienten mitunter nötigen kann, zeigt wohlmöglich meine schicksalhafte therapeutische Begegnung mit dem Vater einer achtjährigen Patientin aus Zentralafrika, die mir aufgrund emotionaler Regulationsschwierigkeiten und heftiger Verhaltensauffälligkeiten von einer Kollegin der Jugendhilfe vermittelt wurde. Die Mutter des Mädchens ist kurz nach der Geburt in der Heimat aus ungeklärten Umständen gestorben. Die Patientin wuchs daraufhin bei ihren Großeltern väterlicherseits in der heimatlichen Dorfgemeinschaft auf, da die Eltern der Mutter laut ihrer eigenen Aussage gleichsam »nicht zu finden« gewesen seien. In ihrem vierten Lebensjahr sei sie mit zwei älteren und für sie sehr bedeutsamen Geschwistern zu ihrem Vater gezogen, dieser lebte zu diesem Zeitpunkt in nachträglich schwer zu ergründenden Lebensumständen in einer größeren Stadt. Während das Mädchen hier lange keine greifbaren Erinnerungen an diese Zeit benennen konnte, erfuhr ich später vom Vater, dass dieser selbst bereits während seiner Schulzeit als Kindersoldat rekrutiert wurde und »schreckliche Dinge« erlebt und auch getan habe. Kurz nach dem Zusammenziehen mit seinen Kindern, sei er unter größten Mühen nach Deutschland ausgewandert. Nicht nur einmal wird er später mir gegenüber verzweifelt-vorwurfsvoll betonen, dass man »no choice« hat, wenn man arm ist und ums Überleben kämpft!

Seine Auswanderung betonte der Vater immer wieder mit Nachdruck, er verweigerte sich innerlich lange dem Flüchtlingsstatus, welcher der Familie rein juristisch zustand. Ohnehin entzog er sich jeglichen Hilfsangeboten und so konnte ich ihn mit meinen Gesprächsangeboten lange auch nicht erreichen. Aufgrund meiner sporadischen Informationen über sein zunehmend dissoziales und gewalttätiges Verhalten wollte ich wohl auch nicht wirklich etwas mit ihm zu tun haben, vielmehr wuchs auch in der Kooperation mit der Jugendhilfe aufgrund von befürchteter Kindeswohlgefährdung die Sorge um die Patientin.

Schließlich kam es, wie es wohl kommen musste, der Vater erreichte mich auf seine ganz eigene konfrontierende Art: Er erwartete mich eines Abends aufgesetzt kumpelhaft vor meiner Praxis, zusammen mit zwei zwielichtigen Gestalten, die ihm im Auto sitzend gezielt lässig und provokant zur Seite standen. Der drohende Einschüchterungsversuch war hierbei natürlich genauso wie meine angespannte Reaktion nicht zu übersehen, wobei es mir in Besinnung auf die Patientin und vermutlich wohl auch aufgrund meines eigenen biografisch-persönlichen Hintergrundes überraschend schnell gelungen ist, in meiner bedrohten Not auch die drohende Not dieses Mannes zu erkennen. Mit einigermaßen verständnisvollem Auftreten konnte ich den Vater auf meine Rahmenbedingungen und meine Situation hinweisen, was dieser seinerseits verstehend anzunehmen schien. So konnte diese höchst aufgeladene und risikoreiche Erst- bzw. Schicksalsbegegnung annähernd entschärft und in etwas sehr Ertragreiches umgeleitet und gewandelt werden.

Nachdem der Vater seinerseits meine respektvolle Haltung ihm, aber vor allem seiner Tochter gegenüber zu erkennen vermochte, machten wir auf Englisch einen Termin zu einem Elterngespräch aus, über welches sich schließlich eine insoweit regelmäßige gemeinsame Arbeit ergeben hat. Darüber eröffnete sich mir ein ertragreicher Überblick über den Werdegang der Patientin und ich konnte einiges über das Schicksal des Vaters erfahren, was wiederum nur schwer erträglich schien. Tatsächlich hat mir der Vater dabei bis heute keine konkreteren Einzelheiten über die Erlebnisse seiner Kindheit und Jugend geschildert, überhaupt hatte er bis dahin noch nie auch nur im Ansatz darüber geredet. Zu seinen Eltern habe er seit seiner Jugend keinen Kontakt, von der Mutter habe ich aus seinen sporadischen Hinweisen ein sehr zurückgezogen-depressives Bild, wobei sein Vater nach eigenen Angaben »no good man« gewesen sei.

Meine eigenen gefühlsbeladenen und gleichzeitig häufig affektisolierten inneren Bilder zu diesem Geschehen pendelten zwischen schrecklichen Gewaltexzessen und teils nicht anders als bizarr-pervers zu nennenden Assoziationen schrecklich hin und her. Tatsächlich deutete er mir dabei wiederholt sexuelle Übergriffigkeiten aus seiner Zeit als Kindersoldat an, bei denen keine eindeutige Täter-Opfer-Konstellation ersichtlich werden konnte. So schwer mir dabei ein haltendes Zuhören ein ums andere Mal fiel, so hilfreich erschien mir dabei der therapeutische Mitteilungsraum für den Vater. Auch im Nachhinein fällt es mir hier schwer, meine Gegenübertragungsempfindungen voll von schrecklicher Trauer, ungefilterter Wut und überflutender Schuld zu beschreiben oder überhaupt zu begreifen. Ich wusste dabei nämlich aus der Kooperation mit der Jugendhilfe auch von häuslichen Gewaltausbrüchen des Vaters gegenüber seinen Kindern bzw. der Patientin, und die Therapie war von einer durchgängigen Abwägung über eine notwendige Herausnahme der Kinder aus dem familiären Umfeld begleitet.

Eine tief bedeutsame Beziehungs- und damit Psychodynamik machte sich übertragend wiederholt in den Szenen bemerkbar, in denen der Vater berührend unberührt davon sprach, wie ihn selbst in manchen Situationen eine unheimliche Angst vor seinen eigenen Kindern überkomme. Auch wenn mir hier – wie in zahlreichen ähnlichen Konstellationen – die Besinnung auf fachlich-traumadynamische Konzepte sehr hilfreich ist, versuche ich mich vorwiegend auf die zwischenmenschliche metaphorische Berührungsdynamik zu besinnen. Dabei nähere ich mich aus meiner Kindessicht heraus dieser schrecklichen und schwer aushaltbaren Vorstellung und erkenne, dass es bis zu einem gewissen Punkt allen Eltern und damit allen Kindern ähnlich ergeht. Auf diesem unausweichlichen generativen Urgrund geht es um die lebensentscheidende Frage, wie liebe- und gehaltvoll dies getragen werden kann. Die sorgenvolle Angst um das Kind kann sich besonders bei schwer belasteten und seelisch erschütterten Eltern mit der namenlosen Angst vor dem – inneren – Kind verheerend vermischen.

Mit ist es dabei mit harter Arbeit und wiederholter Besinnung auf den existenziellen Dialog wohl gelungen, bei allem gewaltigen Leid meinerseits einen zarten Respekt gegenüber dem Vater und seiner begegnungsoffenen Bereitschaft zu bewahren. Darüber eröffnete sich in diesem Fall tatsächlich eine insoweit konstruktive Zusammenarbeit und vor allem eine hinreichend gesunde Entwicklung der Patientin. Auf diesem Weg ließ sich sogar eine Annäherung an teils tief verschollene mütterliche Bereiche und Erinnerungsspuren erreichen. Tochter und Vater begegneten in der Therapie der liebevollen Erfahrung eines resonanten Angenommenwerdens, während ich bezugnehmend gleichzeitig an ihren potenziellen Überlebenskräften teilhaben konnte. Diese spiegelten sich schließlich auch im zunehmend gehalten-vertrauensvollen und lebensfrohen Auftreten des Mädchens wider, wobei ich mir dabei in Besinnung auf meine eigene Begrenztheit wiederholt ertragreich vorstelle, wie hinter aller gewaltigen Vernichtung und kränkenden Angriffen letztlich unser Liebeswille als Patienten des Lebens steckt.

Selbstredend ist jede begegnende Konstellation in Psychotherapien einzigartig und so stellt auch diese Schilderung nur ein von mir erlebtes Fallbeispiel mit zweifellos schwersten psychosozialen Belastungshintergründen dar. Insbesondere bei der beschriebenen Bedrohungssituation sind dabei zahlreiche Reaktionen seitens der Fachkraft vorstellbar, jede sollte den in diesem Moment bestmöglichen Schutz aller Beteiligten und bei gegebenem Anlass eben vor allem der Fachkraft gewähren. Auch wenn man therapeutisch und psychodynamisch normalerweise andere Dinge im Kopf hat und es im psychotherapeutischen Alltag in der Regel ruhiger zugeht, im Grunde ist dies wohl gar nicht so anders als in eigentlich allen Sitzungen mit den Patienten. All diese Begegnungen werden in einem äußerlichen Schutzrahmen abgehalten, der von einem innerlichen Bewahrungsraum getragen wird.

4.2 Geschwister, Hass, Liebe

Während dabei den vertikalen Beziehungsebenen zwischen Eltern und Kind in der Psychoanalyse schon immer zentrale Beachtung beikommt, sind die horizontalen Relationsdimensionen zwischen Geschwistern und Gleichaltrigen in der entsprechenden Forschung im Vergleich dazu eher vernachlässigt worden. Dabei hat bereits Freud auch aus eigener Betroffenheit schon früh auf die Dynamik der Geschwisterrivalität hingewiesen. Diese sei bei der Geburt eines jüngeren Geschwisters geprägt von der ständigen Sorge einer Aufmerksamkeitsvernachlässigung seitens der Eltern und münde in einer enorm umtreibenden Angst vor Liebesverlust. Nachgeborene Geschwister wiederum neiden den älteren auch vieles, während Einzelkinder großer Neid auf alle Kinder mit Brüdern und Schwestern überkommen kann. Besonders in modernen Patchwork-Familienkonstellationen mit Halb- und Stiefgeschwistern gewinnen entsprechende Dynamiken an Gewicht, wobei der Geschwisterkomplex in allen – kulturellen – Zusammenhängen höchst bedeutsam scheint:

> »Der Geschwisterkomplex spielt eine wesentliche Rolle für den Prozess der Ich-Bildung, der Entstehung des Narzissmus und der Identifikation mit dem gleichaltrigen Anderen. Den Ödipuskomplex können wir als vertikale Achse der Struktur der Psyche betrachten: Seine unterschiedlichen Ausprägungen, die variieren, wie das Subjekt Liebe und Hass an die Eltern, zumal an den Elternteil des anderen Geschlechts verteilt, bilden die Basis sowohl der Sexualität als auch der Generativität, der Geschlechter- wie auch der Generationendifferenz. Doch der Komplex, der das Subjekt zu seinem einzigartigen Schicksal erhebt, wurzelt an-

dererseits auch tief im transgenerationalen Band der Jahrtausende, in der grauen Vorzeit unseres menschheitsgeschichtlichen Erbes.

Der Geschwisterkomplex bildet die horizontale Achse dieser Struktur: Auch er kommt in den unterschiedlichen Formen von Liebe und Hass zum Ausdruck, die in seinem Fall allerdings dem gleichaltrigen und gleichartigen Zeitgenossen gelten, dem Anderen, dem Eindringling, der zu einem Gleichen wird, vertraut und anders, mit dem die Beziehung anderer Erfahrungen möglich sind als die aus der Beziehung zu den Eltern stammenden« (Kaes, 2017, S. 801).

Geschwisterbeziehungen bilden in der Regel die längsten Lebensverbindungen, die ein Mensch zu einem anderen haben kann. Dabei bilden sich unsere innerseelischen Strukturen wie gesehen von Anbeginn über das Ineinanderwirken von dyadischen, triadischen und polyadischen Interaktionserfahrungen ebenso wie über ein Nebeneinander zwischen vertikalen und horizontalen Beziehungsstrukturen (vgl. Romer, 2020, und Sohni, 2011). Das bedeutet bei genauerem analytischem Blick, dass die jeweilige Familien- bzw. Geschwisterkonstellation erheblichen Einfluss auf entsprechende Entwicklungs- und Psychodynamiken hat.

Innerhalb eines horizontalen Beziehungskosmos, der möglichst wenig durch vertikale Setzungen und angeheizte Destruktivität belastet ist, können Geschwister ihre natürlichen Ambivalenzen mit den dazugehörigen Kämpfen um Selbstbehauptung und Abgrenzung auf Augenhöhe ausfechten. Geschwister stehen auf annehmbarer und oft real erreichbarer Ebene für aggressive Affektübertragungen zur Verfügung als elterliche Objekte, womit die Beziehungen zu ihnen ein ertragreiches Lernfeld für die Integration aggressiver Affekte unter Erhalt der Bindungsbezogenheit bilden.

Existiert jedoch im familiären Beziehungsgefüge diese integrativ liebevolle »Urerfahrung« (ebd.) nicht bzw. erscheint sie unsicher, dann drohen sich die Geschwisterrivalitäten in ihrer destruktiven Ausprägung Bahn zu brechen. Diese können bis zum Vernichtungskampf entgleisen, wobei ähnliche zerstörerische Dynamiken in jeglichen Formen von Mobbing in Peergruppen stecken.

»Aus empirischen Studien zu Bullying und Mobbing unter Gleichaltrigen ist bekannt, dass dies auch unter Geschwistern ein verbreitetes Phänomen ist, welches in Familien oft zu wenig bemerkt und ernstgenommen wird, gleichwohl bei hiervon betroffenen Opfern mit erheblich erhöhten psychischen Gesundheitsrisiken für die gesamte Lebensspanne einhergeht« (Romer, 2020, S. 189).

Hier kommt den elterlichen Bezugspersonen in ihrer Rolle als hinreichend liebesfähige Vermittler entscheidende Bedeutung zu. Nur wenn es insoweit gelingt, allen Kindern in ihrer jeweiligen Einzigartigkeit ihren individuellen liebevollen Raum im familiären Umfeld zukommen zu lassen, kann positiv besetzte Geschwisterlichkeit als tiefe Erfahrung einer sozialen Geburt im horizontalen Beziehungsfeld gelingen. So kann jenseits eines »Du oder Ich« potenziell förderlicher Raum »für mich und für dich« entstehen, das Menschenkind gelangt so von der »Zweisamkeit« über die »Dreisamkeit« schließlich zu einer sozial verträglichen und liebevollen »Vielsamkeit« (Sohni, 2011, S. 49).

4.2.1 Liebe existiert nicht ohne Eifersucht, Neid ... und Hoffnung

Gleichgültig ob mit Geschwistern oder ohne, Neid und Eifersucht bewegen in ihrer zwischenmenschlichen Umtriebigkeit alle Menschen. Ob Klein oder Groß, wirklich damit beschäftigen oder sich ihnen reflexiv zuwenden wollen allerdings nur die wenigsten. Während den stechenden Schmerz der Eifersucht wohl jeder Erwachsene kennt, scheint der mitunter quälende Neid häufig tiefer abgewehrt und er manifestiert sich symptomatisch besonders bei Heranwachsenden. Dabei bilden Neid bzw. Eifersucht explizit und implizit fundamentale Säulen klassischen psychoanalytischen Forschungsverständnisses, was sich in konzeptionellen Begrifflichkeiten wie dem Penis- bzw. Gebärneid und vor allem in der von Eifersucht dominierten ödipalen Situation widerspiegelt.

Besonders Melanie Klein hat sich wie gesehen diesen tief lebensumtreibenden Ebenen gewidmet und unterscheidet Neid und Eifersucht eingehend:

> »Neid ist das ärgerliche Gefühl, dass eine andere Person etwas Wünschenswertes besitzt und genießt, wobei der neidische Impuls darin besteht, es wegzunehmen oder zu verderben. Weiterhin beschränkt sich Neid auf die Beziehung des Objekts zu nur einer Person und geht auf die früheste ausschließliche Beziehung zur Mutter zurück. Eifersucht beruht auf Neid, setzt jedoch die Beziehung des Subjektes zu mindestens zwei Personen voraus. Eifersucht bezieht sich hauptsächlich auf die Liebe, auf die das Subjekt ein Recht zu haben glaubt, die ihm jedoch

weggenommen worden ist oder in Gefahr steht, ihm weggenommen zu werden« (Klein, 1997, S. 226).

Auch wenn besonders Neid durch Gleichheitsvorstellungen, also Identifikationen, begünstigt zu werden scheint, können auch Eltern – unbewusst – sehr neidisch bzw. eifersüchtig auf ihren Nachwuchs sein, genauso wie Therapeuten auf ihre Patienten. Dies gilt natürlich immer wechselseitig, wie in der Beschreibung der Triebentwicklungsphasen erwähnt, kann es hier psychodynamisch und behandlungstechnisch hilfreich sein, zwischen Objektverlust und Liebesverlust zu unterscheiden. Ersteres berührt frühe entwicklungselementare Ebenen, während Zweites eher im späteren ödipalen Alter psychodynamisches Gewicht bekommt. Beide Dimensionen werden substanziell von einer existenziellen Grundangst des Ausgeschlossenseins begleitet und von der Bedrohung eines universellen Liebeskummers umweht.

5 Psychopathologie und liebevolle Kinder- und Jugendlichen-psychotherapie

Fritz Riemann hat dieses relationale Lebens- und Liebesspektrum zwischen existenzieller Angst und universellem Liebeskummer wunderbar mit seinen populären »Antinomien des Lebens« beschrieben. Dabei kartografiert er analog zur kosmischen Kräfteordnung eindrucksvoll stimmig vier elementare Grundströmungen des zwischenmenschlichen Lebens, welche existenziell auf »Grundformen der Angst« beruhen (Riemann, 2003). So bewegt sich jedes Menschenwesen zeitlebens und wandlungsfähig zwischen einer schizoiden Angst vor Hingabe, einer depressiven Angst vor der Selbstwerdung, einer zwanghaften Angst vor Veränderung und schließlich einer hysterischen Angst vor der Notwendigkeit. In seinem Buch über »Die Fähigkeit zu lieben« präzisiert er liebesdynamisch, wie unser Leben auf allen Ebenen und immer antinomisch angelegt sei:

> »Alles Leben spielt sich zwischen polaren, jedoch sich ergänzenden Impulsen ab. So steht der Liebesbereitschaft, der liebenden Hinwendung auf anderes als uns selbst, unser Selbsterhaltungstrieb gegenüber, nach dem, wie das Sprichwort sagt, jeder sich selber der Nächste ist. Zwischen diesen beiden Urgewalten spielt sich letztlich das Leben ab« (Riemann, 2017, S. 16).

5.1 Zeitgenössische psychodynamische Diagnose- bzw. Therapiemanuale und die Liebe

Riemanns Konzepte basieren dabei auf der Neurosenlehre seines Lehranalytikers Schultz-Hencke, der als Begründer der Neo-Psychoanalyse allgemein wesentlichen Einfluss auf die zeitgenössischen psychodynamischen Schulausrichtungen genommen hat. Auf ihn und seine Schülerin Dührssen geht u. a. die kassenfinanzierte Richtlinienpsychotherapie in Deutschland zurück, wobei Schultz-Hencke seine integrative Arbeit als ein »Amalgam aus Freud, Adler und Jung« gesehen hat. Für ihn hat jeder Mensch mit neurotischen, potenziell krankmachenden Elementen zu kämpfen, der Unterschied zwischen patho- und salutogenetischer Entwicklung ist aus seiner Sicht graduell.

Bei Schultz-Hencke und wie gesehen im Anschluss bei Riemann findet sich auch der wiederholte Versuch innerhalb der Psychoanalyse wieder, das so schwer zu fassende inner- und zwischenmenschliche Geschehen schematisch zu konzeptionieren und in ordnende Dimensionen von Charakter- bzw. Persönlichkeits- und Neurosentypologien zu strukturieren. Die diesbezüglich aktuell ausdifferenzierteste und stimmigste Systematisierung stellt zweifelsfrei das Konzept des Arbeitskreises OPD-KJ (»Operationalisierte Psychodynamische Diagnostik im Kinde- und Jugendalter«) dar. Hier wird in Anlehnung an Piagets kognitiver Ausrichtung, Anna Freuds Linien- und Havighursts Aufgabenkonzept dem *Entwicklungs*gedanken zentrale psychodynamische Relevanz bei Kindern und Jugendlichen beigemessen. Das bedeutet auch im Vergleich zur OPD (für Erwachsene) eine noch betonentere Orientierung an den jeweiligen Anpassungsleistungen der individuellen psychischen Abwehr- bzw. Bewältigungsfunktionen von Heranwachsenden, wobei gleichsam hervorgehoben wird, dass es insgesamt um einen kontinuierlichen, dimensionalen Ansatz geht:

»Dieser dimensionale Ansatz berücksichtigt die fließenden Übergänge zwischen den verschiedenen Formen und die Komplexität der Phänomene. Im Rahmen dieses dimensionalen Ansatzes erscheint ein Schwellenmodell – ohne natürlich gegebene Grenzen – zwischen Normalität (Gesundheit) und seelischer Störung, mit natürlichen Grenzen zwischen den wichtigsten Syndromen als das sinnhafteste und fruchtbarste wissenschaftliche Modell« (Arbeitskreis OPD, 2006, S. 37).

Bei und mit der Liebe bewegt man sich logischerweise auch in Dimensionen, die mit Logik und klassifizierender Theorie alleine natürlich nicht gänzlich zu operationalisieren sind. So wird die Liebe nicht ganz zu Unrecht von manchen auch als Krankheit gesehen, sie kann einen regelrecht in den Wahnsinn treiben. Klinisch klassifiziert ist sie dabei als Erotomanie bzw. als Liebeswahn und fällt damit unter die schwere Symptomatik der wahnhaften Störungen. In ihrer sexuellen Dimensionierung findet sie darüber hinaus unter gewissen Störungsbildern Eingang in das diagnostische Klassifikationsschema psychischer Krankheiten, wobei sie im Grunde bei allen seelischen Beeinträchtigungen berücksichtigt werden müsste. Mit einem entsprechenden Blick auf die dynamischen Liebesschicksale der Patienten und ihrer Familien samt ihrer Liebesfähigkeit ließen sich besonders die strukturellen und neurosenpsychologischen Einschätzungen sinnvoll ergänzen. Die operationalisierte psychodynamische Diagnostik mit ihrer Manualisierung der menschlichen Grundkonflikte würde so einen prägnanten und klinisch wertvollen Zusatz erhalten.

Speziell in der diagnostischen Arbeit mit Kindern und ihren Eltern, aber auch bei Jugendlichen und jungen Erwachsenen betrachte ich wenn möglich die Signale der verschiedenen dynamischen Liebeskanäle, die mir anamnestisch, aber vor allem übertragend vermittelt werden. Ich stelle mir dabei wiederholt die einfache Frage, ob dieser mir begegnende Mensch die Liebe überhaupt kennt und eigentlich lieben kann? Darüber vertiefe ich meine diagnostischen Überlegungen dahin, ob dieser Patient und diese Patientin oder diese Mutter und dieser Vater meinem Empfinden nach Liebe zu senden bzw. zu empfangen vermögen und betrachte zusätzlich die psychosexuellen Verliebtheitsebenen. Neben Grund- bzw. Aktualkonflikten sowie entsprechenden Versuchungs- und Versagungskonstellationen widme ich mich also einlassend den jeweiligen Schicksalen der Liebe und damit natürlich auch des Hasses. Vor allem die Sphärenlosigkeit als Raumzeit zwischen Freiheit und Bezogenheit spielt strukturell dabei eine wesentliche Rolle. So ertragreich für manche Patienten die freischwebende Aufmerksamkeit des Therapeuten sein mag, so sehr drohen sich manche ungehaltenen Patienten wie erwähnt darin zu verlieren.

5.1 Zeitgenössische psychodynamische Diagnose- bzw. Therapiemanuale

In einfachen Worten: Wurde in der Familie bzw. im unmittelbaren Umfeld des Patienten eher zu viel oder zu wenig geliebt und existieren überhaupt innere und äußere Strukturen, um diese basalen Abläufe zu begreifen? Besteht also ein bedeutsamer Liebeskontakt zwischen den innerpsychischen Sphären des Patienten und dem äußeren Umfeld, so dass er sich nicht wiederholt in der Sphärenlosigkeit verliert? Bei vielen ungehalten-niederstrukturierten, traumatisierten und grenzgängigen Patienten steht therapeutisch das Halten des Nicht-zu-Haltenden im Mittelpunkt, wobei ich *vergeblich* daran glaube, dass dies nur durch Liebe annähernd möglich ist. Dafür muss mir aber einfach mein eigenes Patientendasein im Leben zumindest nicht gänzlich fremd sein. Jeder psychotherapeutisch tätige Mensch weiß wohl, wie ungehalten Patienten mit lieblosem biografischem Hintergrund auf liebevolle Zuwendung reagieren, während Patienten, die zu viel Liebe aufgeladen bekommen haben, entsprechend haltlos wirken können. Selbstredend ist jede psychotherapeutische Behandlung dabei in Abstinenz und hinreichender Neutralität zu gestalten. Dies bedeutet, dass ich als Therapeut die Sorge und Verantwortung trage, die mir anvertrauten Patienten nicht für meine noch so liebevollen Bedürfnisse zu benutzen oder gar auszunutzen.

Dabei lohnt es sich, entsprechend der OPD-KJ nicht nur aus handlungsanleitend diagnostischer und qualitätssichernd-wissenschaftlicher, sondern vor allem aus psycho- und damit liebesdynamischer Perspektive die zwischenmenschliche Strukturentwicklung samt der entsprechenden Grundkonflikte regulierend zu sortieren. Ohne weiter auf diesen multiaxialen und kreisförmigen (circumplexen) Ordnungsversuch von Behandlungsvoraussetzungs-, Beziehungs-, Konflikt- und Strukturachsenkonzept eingehen zu können, will ich vor allem das Ganzheitlichkeit suchende Moment hierbei hervorheben. So vergleicht auch die OPD all ihr Organisationsbemühen mit »dem berühmten indischen Sinnbild des Ertastens eines Elefanten durch mehrere blinde Menschen: Alle Teile gehören zum Elefanten, alle Teile stehen in Wechselwirkung, und jeder nimmt einen unterschiedlichen Teil richtig wahr – aber nicht das Ganze« (Arbeitskreis OPD, 2006, S. 38).

Meine therapeutische Haltung bezieht Liebe dabei in ihrer grundkonflikthaften Verhältnismäßigkeit bezüglich jedweder Beziehungs- und damit Entwicklungs- sowie Psychodynamik ein, wobei ich gemeinsam mit meinen Patienten versuche, ihre fundamentale Regulationskraft erfühlend zu ersinnen. Liebe bedeutet hier die energetische Dynamik, die elementar durchs Leben und zu einem *geliebten Selbst* führt. Darüber hinaus scheint sie als Antwort auf die archaische Menschheitsfrage auf, was die Welt und damit auch uns Menschen im Innersten zusammenhält. Epistemologisch stünde unser Liebeswille dann für den Gegenpol zum unaufhaltsamen Entropiegeschehen, wobei ja schon Freud mit Bezug auf den weltbekannten Universalgelehrten Hermann Helmholtz davon ausging, dass Energie sich systematisch erhält und nicht verloren geht. Diese physikalistisch orientierte Haltung wurde im Anschluss vor allem von C. G. Jungs komplementär-dualistischer Sicht erweitert. Diese ist u. a. im engen Kontakt mit dem Physiknobelpreisträger Wolfgang Pauli entstanden und sieht die archetypische Weltendynamik einer sich ewig-wiederholenden Wandlung unterliegen.

Entsprechend dieser kartografierenden Systematisierung will ich nun annähernd versuchen, die elementar verschränkten Lebens- und Gemütsbewegungen *Angst*, *Zwang*, *Depression* und *Aggression* in ihren entwicklungsdynamisch und psychotherapeutisch relevanten Bezügen zur Liebe aus zeitgenössischer Sicht zusammenzuführen. Denn psychodynamisch gilt seit jeher: »Jede psychoanalytische Behandlung ist ein Versuch, verdrängte Liebe zu befreien, die in einem Symptom einen kümmerlichen Kompromissausweg gefunden hat« (Freud, 1907, S. 118). Psychotherapeutisch Heilsames dreht sich in diesem Circumplex um das *geliebte Selbst* und die Suche des Menschenkindes nach Resonanz und Halt als lebendiges und liebeswilliges Wesen.

5.1.1 Liebe neue Welt – Sinn und Sinnlichkeit bei modernen Heranwachsenden

Unbestreitbar haben wir in unseren Breiten einen selten so existierenden materiellen Wohlstand erreicht und leben trotz aller Erschütterungen in verhältnismäßig geordneten Gesellschaftsstrukturen mit höchst individuellen Freiheiten. In dieser Individualisierungsgesellschaft hat sich die kulturelle Perspektive in den letzten Jahrzehnten enorm auf introspektive bzw. psychologische Ebenen verlagert. Kinder sind dabei u. a. aufgrund verschiedener fortschrittlicher und emanzipatorischer Gesellschaftsentwicklungen mit relativ niedrigen Geburtenraten gewissermaßen exklusiv geworden. Entsprechend viel elterliche und gesellschaftliche Aufmerksamkeit wird auf sie gerichtet. Wurde man in präindustriellen Zeiten, so wie in den meisten Gegenden der Welt noch heute, eher zu früh erwachsen, dann scheint die entsprechende Entwicklung in heutigen Wohlstandskulturen enorm nach hinten verschoben zu sein.

Während moderne Heranwachsende dabei auf der einen Seite eine historisch so nie dagewesene Freiheit genießen und verhältnismäßig viel Fürsorge erhalten, scheinen Kinder und Jugendliche andererseits – genauso wie ihre Eltern – einem gleichfalls selten so vorhandenen Druck ausgesetzt, der sich dementsprechend vor allem in psychischen Bereichen zu manifestieren scheint. Dieser Optimierungs- und Leistungsdruck durchzieht zwangsläufig eine Gesellschaft, die von fortschrittlicher Spezialisierung, hoher Flexibilität und konsumgeleitetem Wirtschaftswachstum angetrieben wird. Waren Kinder dabei in der Vergangenheit auf konkreter arbeitsmaterialistischer Ebene eine Art Lebensversicherung für die Eltern und das familiäre Hab und Gut, dann bildet die junge Generation dies für die Erwachsenen heutzutage hauptsächlich auf mental-symbolischer Ebene. Selbstredend entstehen in solchen materiellen Überflussgesellschaften unweigerlich entsprechende Anspruchshaltungen, denen wiederum immense Verlust- bzw. Isolationsängste und seelische Überforderungstendenzen innewohnen können. Jeder will schließlich etwas erreichen und tut sich gleichzeitig schwer, das Erreichte loszulassen.

Die Erreichbarkeit selbst hat hierbei schier unvorstellbare Dimensionen erreicht und die potenziellen Energien der Menschheit in ihren höchst konstruktiven, aber auch zutiefst destruktiven Kräften erscheinen so manchem inzwischen wie entfesselt und unerreichbar außer Kontrolle. Dabei bringt uns die digitalisierte Vernetzung mittlerweile in Bereiche, von denen man früher nur träumen konnte, wobei besonders für Heranwachsende eine lebensbestimmende virtuelle (Traum-)Welt entstanden ist, in der jeder erreichbar und beinahe alles machbar erscheint. Vieles wirkt dabei so schnelllebig wie beliebig, dass nicht nur Kinder und Jugendliche im wahrsten Sinne des Wortes den Bezug verlieren können. Neben den zwischenmenschlichen Dimensionen scheinen besonders die – ungefilterten – Inhalte aus dem Netz eine entwicklungsdynamisch bedeutsame und potenziell gefährliche Rolle zu spielen. Romantisch-erotische Liebesfilme bzw. -serien in reichhaltigster Auswahl auf den vielen Video-Streaming-Portalen, soziale Netzwerke samt der vielfältigen Kommunikationskanäle, Dating-Apps mit Kontaktmöglichkeiten zu unzähligen Liebespartnern bis hin zur Flut an allverfügbarem pornografischem und gewalterfülltem Material: Das Aufkommen des Internets hat wesentliche Relations- und Entwicklungsströme der Heranwachsenden in ihrem dynamischen Fluss höchst potenziert.

Ich versuche mich in meiner therapeutischen Haltung wie erwähnt, möglichst auch der generativen Ebene bewusst zu bleiben, wobei ich mich selbst der Onlinewelt gegenüber eher als neugierig und positiv aufgeschlossen beschreiben würde. In der Beziehung zu meinen heranwachsenden Patienten versuche ich mittlerweile, mich möglichst zugewandt und strukturierend auch ihren Onlinezugängen zu nähern, da ich dies in einer solch dynamisch modernen Welt unausweichlich finde. Ich verwende diesbezüglich gerne ein spielerisches Bild, das sich bei entsprechender Passung kreativ in therapeutischen Begegnungen mit Patienten jeglichen Alters anwenden lässt:

> Dabei stelle ich (mir) das Internet als menschlich-sinnliches Wesen vor, das eine »helle« und eine »dunkle« Seite als auch eine bewusste und unbewusste Seite hat. Dann erinnere ich daran, dass auch die Netzwelt, so wie wir Menschen, nie vergisst. Besonders die dunklen beängstigenden Dinge werden dabei dorthin verschoben, wo man sie nicht gleich findet, während man diesen als Mensch ja in einer Mischung aus teils heftigstem Widerstand und lustvoller Faszination begegnet. Darüber kann man mit dem Patienten schließlich zum inneren Übergang gelangen, bei dem ich bildhaft diese Instanzenebenen von »Über-Ich« und »Es« in angemessenen Worten andeute. Entscheidend ist nun die Besinnung auf unser »Ich« bzw. »Selbst«, welches ich mir als »höchst sensibles Wesen« zwischen diesen Urkräften vorstelle. Je wesentlicher man sich diesem annähert, desto verschwommener und fragiler erscheint es. Während sich der Kreis der Unschärferelation nun schließt, ruht dieser Erkenntniszirkel selbst auf einem unergründlichen Fundament. Dieses kann nur die tragende Liebe sein, über die sich diese Selbstwelt ertragreich erträgt.

5.1 Zeitgenössische psychodynamische Diagnose- bzw. Therapiemanuale

Bei aller Liebe jedoch: Im Praxisalltag erlebe ich wiederholt, was einen dabei alles erreichen kann. Ich will hier aus verschiedenen Gründen nicht explizit auf Details eingehen, aber sowohl auf liebessexueller als auch auf hassbegieriger und nicht zuletzt angstgewaltiger Seite haben mich minderjährige Patienten auf verschiedenen Kanälen Zeuge werden lassen von teilweise sehr verstörendem audiovisuellem Material. Manche durch ihre verbalen Schilderungen, andere wiederum durch unmittelbares Vorführen. Ohne nun auf die sehr bedeutsame gesellschaftsmoralische Ebene und die Frage nach modernem Kinder- und Jugendschutz eingehen zu können, habe ich hier ein ums andere Mal den diagnostischen Eindruck, dass die Patienten mich gegenübertragend regelrecht dazu drängen, zu bezeugen, welch wahrhaft irritierende sinnliche Wirkung die besagten Onlineeindrücke haben können. Tatsächlich lässt sich dabei traumadynamisch auch ein wirklicher Sinn darin erkennen, dass es nicht selten selbst traumatisierte Kinder und Jugendliche sind, die wiederholungszwanghaft entsprechend Bizarres und Unheimliches konsumieren.

> Exemplarisch dafür möchte ich die psychoanalytische Behandlung eines 11-jährigen Mädchens erwähnen, welches aufgrund drastischer Tics, starker Zwangsgedanken und heftiger familiärer Auseinandersetzungen von den Eltern bei mir angemeldet wurde. Im Laufe der zunächst sehr schwerfällig anlaufenden Therapie begleitete mich von Anfang an ein diffus unheimliches Gegenübertragungsgefühl, welches ich trotz gewisser diagnostisch theoretischer Vermutungen und psychodynamischer Hypothesen lange nicht so richtig zu fassen bekam. Die Begegnungen mit ihr empfand ich dabei v. a. aufgrund ihres mitunter bizarr lächelnden Auftretens als subtil anstrengend, immer wieder musste ich dabei mit einem kurzen Schaudern an den Joker aus den Batman-Geschichten denken. Während also unsere Treffen von gegenseitig widerständiger Anspannung geprägt schienen, strahlte die Patientin nachhaltig etwas sehr Unterwürfiges und Bedürftiges, beinahe verloren Wirkendes auf mich aus. Ich nahm diese Gefühlsmischung verständnisvoll auf, und dadurch bewegte sich zunehmend einiges. Vor allem in der Arbeit mit den Eltern wurde eine therapeutisch förderliche Auseinandersetzung mit ihren eigenen traumatischen Lebenshintergründen und entsprechenden projizierend-verzerrten Erziehungshaltungen

möglich. Infolgedessen begann sich die psychodynamische Bedeutung dieser schweren elterlichen Schicksale für das Seelenleben der Patientin kontinuierlich aufzuklären.

Sowohl die Mutter als auch der Vater fanden daraufhin den Weg in eine eigene Trauma- bzw. Psychotherapie. Ohne hier weiter auf die intensiv-umfangreiche begleitende Elternarbeit einzugehen, will ich verdichtet auf das Unheimliche hinweisen, das sich stimmungsresonant durch die Begegnungen mit der Patientin durchzog. Während sich mein innerer Verständnisraum wegen der besagten Erarbeitung mit den Eltern ertragreich öffnete, näherten sich auch die Patientin und ich namenlosen Bereichen. Wahrhaft die Stimme verschlagen hat mir dabei schließlich das angeführte Onlinematerial, zu dessen Betrachtung mich die Patientin in einer Mischung aus aggressivem Nachdruck und verzweifeltem Hilfesuchen drängte, ja regelrecht zwang. Dabei verstand ich fachlich durchaus, wie sie schuldbeladen in manischer Abwehrform und identifiziert mit dem verinnerlichten Aggressor etwas von ihrem nicht integrierbaren Leid entladen wollte. So wie sie also über ihr impulsives Anschauen der unheimlichen Onlinewelten etwas wiederholt inszenierte, wiederholte sie dies – schlussendlich hoffnungsvoll – auch in unserer therapeutischen Beziehung. Mein theoretisches Verständnis half der Patientin und mir allerdings hier nur bedingt, was zählte, ist wiederholte Besinnung auf unseren unbedingten Liebeswillen gewesen. Erst mit meinen authentischen Reaktionen von überwältigtem Schrecken und verdauendem Aushalten schien dem Mädchen allmählich ein modulierend transformierender Zugang zu ihren überwältigenden Ängsten möglich, die im Grunde hinter ihrer Symptomatik standen. Diese archaischen Lebensbeziehungsebenen haben ursprünglich etwas mit der Liebe zu tun: Nur mit ihrem wirklichen Wesen kann Angst schwinden!

Mit psychodynamischem Blick erscheinen die freizügigen Tendenzen unserer westlich-liberalen Kultur und Gesellschaft enorme Aufladungspotenzen der libidinösen Kräfte bei Kindern und Jugendlichen zu erzeugen, was aus psychosexueller Perspektive wiederum in immens gesteigertem inneren und äußerem Konfliktpotenzial münden kann. Während ich in meiner klinischen Erfahrung hier beispielsweise auf der einen Seite bereits

5.1 Zeitgenössische psychodynamische Diagnose- bzw. Therapiemanuale

bei Kindern ein gestiegenes sexualisiertes Gebaren registriere, zeigen sich noch zahlreiche Adoleszente und Erwachsene höchst überfordert bezüglich ihrer Sexualität bzw. sexuell-geschlechtlichen Identität. Weiter ließe sich aus selbstpsychologischer Warte und mit Blick auf die entsprechende narzisstische Persönlichkeitsentwicklung der Kinder und Jugendlichen natürlich das Handy als höchst bedeutsames Objekt verstehen. Mitunter kommt es mir dabei nicht nur in den psychotherapeutischen Begegnungen mit Heranwachsenden so vor, als sei das mobile Telefon an deren Hand festgewachsen, und ich betrachte es assoziativ als erweitertes Selbst des jeweiligen Individuums. Konzepte wie »Selbstobjekte« und »falsches Selbst« bekommen so nochmals ganz andere psychodynamische Tragweite. In welchen Spiegel schaut das sich entwickelnde Selbst beim Smartphone und welche Liebeswelten eröffnen und schließen sich bei diesen Formen des Liebeswillens und der Selbstdarstellung?

> In einem Gespräch mit den Eltern einer 15-jährigen, ängstlich-depressiven Patientin meint die Mutter während ihrer Tiraden über ihre »antriebslose« und »sich zurückziehende« Tochter, dass die sich ja nur noch für ihr Handy interessiere. »Das ist wie festgewachsen an ihrer Hand!«, ergänzt die Mutter bezüglich ihres Einzelkindes in beinahe schon resigniertem Ton. »Ja, wächst es denn auch mit?«, frage ich spontan etwas flapsig zurück, worauf sich die Stimmung einen Hauch entspannen und eine gemeinsame Annäherung an psycho- bzw. familiendynamisch bedeutsame Ebenen entstehen kann

Besonders durch die allverfügbaren und hochpotenten Smartphones scheint sich somit die innerseelische Konfliktdynamik zwischen Zugehörigkeitsempfinden und Ausgeschlossenheitsgefühl zu verdichten, die ja vor allem Jugendliche und Adoleszente aufs Tiefste umtreiben kann. Während dabei alles Mögliche auf der Suche nach »Likes« getan bzw. in Kauf genommen wird, drohen in unserer Allmachbarkeitsgesellschaft die elementaren Abhängigkeitsdynamiken und Grenzen des Lebens immer mehr unterzugehen.

Diesbezüglich bin ich inzwischen bei mehreren Behandlungsfällen gemeinsam mit den Patienten mit solch belastend tragischen Konstellationen konfrontiert, bei denen vor allem Jugendliche, aber auch ältere Kinder mit ihren Handys höchst belastende Situationen erleben. Diese reichen von den alltäglichen zwischenmenschlichen Konflikten, die vorwiegend online über das Handy ausgefochten werden, bis zu heftigem Cybermobbing bzw. -stalking mit zutiefst kränkenden Beleidigungen, Verleumdungen und Hassbotschaften. Als seelisch so schwerwiegend gestaltet sich dabei das grundlegend begleitende Scham- und Hilflosigkeitsempfinden, die Patienten fühlen sich diesen Anfeindungen im vorwiegend anonymen und schier endlosen Raum der Onlinewelt völlig ausgeliefert. Psychodynamisch erschwerend kommt hinzu, dass das Internet bekanntlich nie vergisst, und so sind es vor allem die visuellen Zeugnisse, die Patienten hier extrem lange belasten können.

> Eine aufgrund depressiver Verstimmungen bei mir in tiefenpsychologisch fundierter Therapie befindliche 16-jährige Jugendliche entwickelte beispielsweise starke Wasch- und Ordnungszwänge, nachdem ein heimlich gefilmtes Intimvideo von ihr und einer Partybekanntschaft online gestellt und von ihrem gesamten Bekanntenkreis wiederholt aufgerufen wurde. »Die ganze Welt kann das jetzt sehen«, beschrieb die Patientin treffend ihre zutiefst beschämende Situation, wobei besonders die Schuldthematik die ohnehin depressive Patientin heftig umtrieb. »Wie konnte ich das nur zulassen?«, fragte sie sich selbst hierbei immer wieder, während sie mir vertrauensvoll eröffnen konnte: »Das war doch mein erstes Mal!« Es brauchte intensive therapeutisch tragende Aufarbeitung, bis das Geschehene für sie schrittweise verdaubar wurde. Ein Fokus lag dabei auf der feinfühlig wohlwollenden Herausarbeitung ihrer zutiefst eigenen Psychosexualität, mit der anschließenden Differenzierung zwischen ihrem so mutigen Schritt der zärtlich sexuellen Einlassung und dem absolut übergriffigen Verhalten, das ihr widerfahren war. So konnte die Jugendliche über mein spiegelndes und bezeugendes Verständnis zunehmend reflexive Kontrolle über das äußere Geschehen gewinnen und sukzessiv ihre innere Kontrolle wiedererlangen. Das führte dann auch zu einer Anzeige und zu einer relativ raschen juristischen Klärung der Vorkommnisse, das Video wurde daraufhin tatsächlich vom betreffenden Portal gesperrt und schließlich gelöscht. Während im Anschluss die narzisstisch-depressive Symptomebene der Patientin weiterer therapeutischer Bearbeitung benötigte, verschwan-

den die Zwänge beinahe so plötzlich, wie sie nach dem traumatischen Vorfall aufgetreten waren.

Aus zahlreichen entsprechenden Studien als auch aus meiner klinischen Erfahrung geht indes hervor, dass die basalen Bedürfnisse und Sehnsüchte der Heranwachsenden trotz aller progressiven Innovation beständig konservativ bleiben. Das Kernstück bildet hier der lebenslange Wunsch nach liebevoll treuen Beziehungen sowohl zu elterlichen Bezugspersonen und der Familie als auch zu Freunden und monogamen Liebespartnerschaften (vgl. Matthiesen, 1997; Schmidt, 2006; Albert, Hurrelmann & Quenzel, 2019) sowie schließlich zu sich selbst. Hier scheint wie erwähnt der Wegfall von etablierten Traditionen in Verbindung mit enormen Individualisierungs- bzw. Liberalisierungstendenzen das – unbewusste – Bedürfnis nach Orientierung, Selbstkohärenz und liebevollem Halt zu potenzieren.

Die erwachsene Generation versucht dies vermehrt in ihren Kindern als vermeintliche Glücks- und Zufriedenheitsgaranten zu finden, während sich psychodynamisch hierin auch die große Sehnsucht so vieler Erwachsener nach ewiger Jugend und regressiv-infantilen Lebens- bzw. Seelenbereichen zeigt. Vielleicht manifestiert sich dies auch in der zeitgenössischen entwicklungspsychologischen Vorstellung von der Kompetenzerweiterung des Säuglings, die in ihrem von Empathie geleitetem Wesenskern nur begrüßt werden kann. Aus relational-psychodynamischer Sicht ist hierbei jedoch immer zu bedenken und gemeinsam zu erkunden, wie viel jeweils wovon zumutbar erscheint, um nicht in gegenseitiger Überforderung zu münden. Das – innere – Kind repräsentiert nämlich für den Erwachsenen immer auch seine tiefste Angst, für die es keinen Namen gibt, aber auch seine grundlegende Sorge vor Umwälzung und Veränderung.

Aus der Perspektive dieses ursprünglichen Grundkonfliktes ließe sich auch die nimmer endende Menschen- bzw. Generationenfrage erhellen, bei der weder die Kinder noch die Erwachsenen wirklich wissen, was die Zukunft bringt. Die älteren Generationen tendieren dabei ja geschichtsdurchgehend dazu, den Jungen und allem Neuen zumindest mit Skepsis und Sorge, wenn nicht gar mit Argwohn zu begegnen.

Bewegt sich der Mensch also im inneren, individualdynamischen Raum nachträglich in der basalen Lebenspositionierung zwischen (ungeordneter) Freiheit und (Unter-)Ordnung, spiegeln sich interdependent diese Dynamiken im äußeren, kollektiven Raum in den gewaltigen Spaltungskräften wider, welche die Gesellschaften und kulturellen Massen der Welt zunehmend überströmen. Auch wenn es heutzutage wahrlich nicht an gut gemeinten Bekundungen und fachlich fundierter Expertise zu Entwicklungs- und Lebensbedingungen von Kindern und Jugendlichen mangelt, so scheint es auch in unseren Gesellschaftskreisen wiederholt an entscheidenden Veränderungskräften zu fehlen.

Auch ich selbst als erwachsener Kinder- und Jugendlichenpsychotherapeut nehme mich hier selbstkritisch-reflexiv nicht aus und vermute mit Winfried Bion, dass jeder Mensch zeitlebens von den beiden wesentlichen Empfindungsströmungen des Alleinseins und der Abhängigkeit getrieben wird. Zwei sich verschränkende Grundängste treiben uns dabei wiederholt um, die »namenlose Angst« sowie die »Angst vor Erkenntnis und Veränderungen«. Aus psychodynamischer und damit erwachsenen-reflektierter Sicht ist also nie zu vergessen, wie elementar die Begegnung mit dem – inneren – Kind an diesen beiden Angstfundamenten rütteln kann. So sehr dabei das heranwachsende Kind für hoffnungsvoll erneuernde Entwicklung steht, so sehr gemahnt es uns an elementare Abhängigkeiten und Nöte. Dabei steht Veränderung wie gesehen immer auch für das Andere und Fremde im *existenzdynamischen Sinne* eines *noch*, aber auch *ewig Unbewussten*. Wie wenn nicht voller Liebe kann man sich diesem Anderen förderlich annähern, denn schlussendlich ist es eine existenzielle Ohnmacht, aus der das Menschenkind zeitlebens entkommen bzw. -wachsen will. Dieses Wachstum ist nur annähernd und mit Liebe zu sich selbst, also seinem eigenen inneren Infans und dem anvertrauten Kind möglich.

5.1.2 Liebe und ihr Missbrauch – von verführender Liebe und liebevoller Verführung

Die zwingende Liebesasymmetrie der Eltern-Kind-Beziehung mit drohender »Sprachverwirrung zwischen Erwachsenen und dem Kind« ist besonders von Ferenczi in seinem gleichnamigen Vortrag herausgearbeitet worden (Ferenczi, 1933).

5.1 Zeitgenössische psychodynamische Diagnose- bzw. Therapiemanuale

Ferenczis letzte klinische Arbeit seines Lebens hebt in mutig klaren und nachhallenden Worten die grundverschiedene »Sprache der Zärtlichkeit und der Leidenschaft« hervor, die Kinder und Erwachsene in ihren Lebensausdrucksformen zu verwenden vermögen. Er macht in unnachahmlich einfühlsamer Art deutlich, was für traumatische Auswirkungen elterlich-erwachsenes Fehlverhalten gegenüber Schutzbefohlenen für die kindliche Lebensentwicklung haben kann. Ferenczi misst dabei den realen – sexuellen – Übergriffshandlungen der Erwachsenen entscheidendes psychodynamisches Gewicht bei und differenziert zwischen dem kindlichen Bedürfnis nach »Zärtlichkeit« als sinnlich zugewandter Bezogenheit und erwachsener »Leidenschaft« als sexuell triebhafter Begierde. Das völlig abhängige Kind kann in seiner »passiven Objektliebe« und seinem entsprechenden altersgerechten Bindungsbedürfnis nicht anders als völlig »verwirrt« auf das einfühllose und letztlich zutiefst destruktive Verhalten der erwachsenen Betreuungspersonen reagieren, das Kind wird regelrecht seiner Sinne beraubt: »Erholt sich das Kind nach solcher Attacke, so fühlt es sich ungeheuer konfus, eigentlich schon gespalten, schuldlos und schuldig zugleich, ja mit gebrochenem Vertrauen zur Aussage der eigenen Sinne« (ebd., S. 309).

Ferenczi beschreibt als erster Psychoanalytiker den zentralen Abwehr- bzw. Bewältigungsmechanismus der »Identifikation mit dem Aggressor« sowie die psychodynamisch dazugehörigen Introjektions- und Spaltungsvorgänge, welche schädlichste innerseelische Abläufe resp. Zustände von fragmentierender »Atomisierung«, Dissoziation, schizoid-depressivem Rückzug und Affektverflachung bis Gefühllosigkeit bewirken können. Darüber hinaus benennt er den familieninternen »Terrorismus des Leidens« und diesbezügliche infantil-angepasste Reaktionsweisen der ängstlich-einfühlsamen Pseudoprogression, bei der die erschütterten Kinder gezwungen sind »sich dem Willen des Angreifers unterzuordnen, jede seiner Wunschregungen zu erraten und zu befolgen, sich selbst ganz vergessend sich mit dem Angreifer vollauf zu identifizieren« (ebd., S. 308). Das Fatale dieser frühesten übergriffigen Handlungen stellt ja gerade die desintegrierte Verinnerlichung von etwas zutiefst Unbegreiflichem dar, schlussendlich gilt diese Dynamik für jegliches generatives Beziehungsmaß von zu viel und zu wenig Liebe

Seine damals revolutionären Ausführungen zu entsprechenden trauma- bzw. familiendynamischen Auswirkungen sind wegweisend gewesen und beanspruchen bis heute psychotherapeutisch-wissenschaftliche Gültigkeit. Ferenczi kann hier aus meiner kinder- und jugendtherapeutischen Perspektive im Grunde nicht genug anerkennende Aufmerksamkeit geschenkt werden. Er hat auf die unabdingbare Notwendigkeit einer authentisch-warmherzigen Einfühlung des Therapeuten hingewiesen und besonders dessen Fähigkeit zu kritischer Selbstreflexion seines Liebeswillens hervorgehoben. »Ohne Sympathie keine Heilung« ist eine seiner berühmtesten Formeln, im Grunde steht Ferenczi mit bewundernswert aufopfernder Haltung hinter allen traumatisierten Heranwachsenden samt deren erschüttertem Erwachsenenselbst. Auch wenn er als Pionier mit seiner »mutuellen«, d. h. gegenseitigen Analyse hier sicherlich zu weit gegangen ist, spricht er aus meiner existenziellen Sicht für alle Patienten des Lebens!

5.2 Liebe und Angst – die grundlegende Suche des Menschenkindes nach Halt

Schließlich findet sich auf dieser generativ-dynamischen Grundebene auch die Diskussion um das psychosexuelle Entwicklungsmodell und der »Verführungstheorie« des Psychoanalyseschöpfers wieder, wobei hier keine weitere Abhandlung über Freuds diesbezügliche Haltungen und etwaige Revidierungen erfolgt. Vielmehr führen über diesen vielbeachteten psychoanalytischen Zentrumspunkt des ödipalen Eltern-Kind-Verhältnisses sämtliche de- und rezentrierenden Wege zum Wesentlichen, der »Anthropologischen Grundsituation« (Laplanche, 2004) und der menschlichen Urangst.

Laplanche nimmt in lebendiger Tradition der kreativen französischen Psychoanalysebewegung Freuds Gedanken zur speziellen Verführungssituation der ödipalen Eltern-Kind-Konstellation auf und erweitert diese zu

5.2 Liebe und Angst – die grundlegende Suche des Menschenkindes nach Halt

einer »Allgemeinen Verführungstheorie« des Menschenkindes. Dabei steht psychodynamisch für ihn die erwähnte Asymmetrie im Generationenverhältnis über allem, »weil das Verhältnis Erwachsener-Infans in seiner Allgemeingültigkeit und Universalität das Verhältnis Eltern-Kind übersteigt. Eine Anthropologische Grundsituation liegt auch vor zwischen einem Kind ohne Familie und einer es aufziehenden Umgebung, die nicht im geringsten familiär ist. In dieser Anthropologischen Grundsituation sind die entscheidenden Begriffe ›Kommunikation‹ und ›Botschaft‹« (ebd., S. 900).

In unnachahmlich einfachen Worten drückt Laplanche dabei aus, wie die erwachsene Bezugsperson mit einem bereits ausgebildeten, zweizeitig sexuell-infantil und -genital codiertem Unbewussten in der versorgenden Begegnung auf einen abhängigen Säugling trifft, der noch kein eigentlich dynamisches Unbewusstes entwickelt haben kann. Es bildet sich im Sinne einer »Urverdrängung« vielmehr genau über diese Kommunikation, in der das erwachsene »Andere« als unausweichlich sexuelles und damit »begehrliches« Wesen völlig unbewusst »rätselhafte Botschaften« an das diesbezüglich überforderte Infans sendet. Das Kind ist dabei durch seine überlebensessenzielle Angewiesenheit durchgehend damit beschäftigt, diese »Codes« zu entschlüsseln, was ihm durch seine Lebensbedingungen und die kompromisshaft gebildeten Erwachsenenbotschaften nur annähernd gelingen kann. Die entscheidende »Übersetzung« dieser Enigmen ist hierbei »immer unvollkommen und hinterlässt *Überreste*« (ebd., S. 902). Diese Überreste bilden das eigentlich dynamische Unbewusste.

Laplanche weist noch nachdrücklich darauf hin, dass neurotischen Tendenzen ein »teilweises« und psychotischen Abläufen ein »völliges Scheitern« dieser Übersetzung zugrunde liegen mag. Generell geht er auch auf das »Mytho-Symbolische« als eine Lebensebene ein, die dem Menschenkind universelle »Übersetzungshilfe« bieten kann.

> »Die großen von der Kultur übertragenen und veränderten narrativen Schemata helfen dem kleinen Menschensubjekt, mit den vom erwachsenen Anderen zu ihm kommenden traumatisierenden rätselhaften Botschaften umzugehen, das heißt, sie zu binden und zu symbolisieren oder auch zu übersetzen. Fraglos handelt es sich dabei um eine Bindung, die für die Menschwerdung des Menschen unverzichtbar ist« (ebd., S. 911).

5 Psychopathologie und liebevolle Kinder- und Jugendlichenpsychotherapie

Hier möchte ich meinerseits die Liebe mit ihrer ganzheitlich-mysteriösen Dynamik als auch die von Laplanche eher vernachlässigten Kräfte des Infans ins Spiel bringen. In jedem noch so verführerisch-lustvollen Liebesspiel steckt psychodynamisch ein aggressives Moment und es stellt sich die existenziell generative Frage, wer sich wem oder wessen bemächtigt? Dabei erscheint auf dieser lebensfundamentalsten Ebene weniger das triebhaft Psychosexuelle im Vordergrund, und ich verstehe besonders auch die natürlichen aggressiven Elemente nicht als Manifestation irgendeines abstrakten Todestriebes. Vielmehr treibt uns alle der Tod aufs Lebendigste um, und ein jeder – vom Baby bis zum Greis – begegnet diesem ultimativ Anderem auf die urtümlich gleiche Art und Weise: mit unaussprechlicher Existenzangst. So sehr rätselhafte Botschaften mit wie auch immer gearteter sexueller Konnotation von den erwachsen-elterlichen Bezugsperson auch ausgehen und libidinös letztlich unmarkiert bleiben (vgl. Fonagy, 2011), auf ewig kryptischer erscheinen wohl für jedes Menschenkind die existenziellen Codes unserer Sterblichkeit. Schlussendlich verschränken sich dynamisch nicht nur die Liebe und der Tod wiederholt, sondern auch die jeweilig zutiefst relationalen Kräfte von Kind und Erwachsenem.

Ganz in Laplanches wegweisendem Sinne, will ich dabei forschend weiterfragen, wie liebesdynamisch bedeutsam die entsprechende psychotherapeutische Haltung diesbezüglich ist: Bin ich der Welt passiv ausgeliefert oder bin ich aktiver Schöpfer selbiger? Wie sehr vermögen wir schlussendlich über unser psychisches Haus zu herrschen und was bzw. wie viel an mutueller Verführung ist angemessen für ein gesundes Seelenleben? Insbesondere als Kinder- und Jugendlichenpsychotherapeutin ist dieser existenzielle Dialog wohl nicht zu vergessen, da es ja gerade die Kinder mit ihren entsprechenden Inszenierungen sind, die uns neben allen potenziellen Neuerschaffungskräften wiederholt an diese so schwer aushaltbaren inneren Anteile von ohnmächtiger Kleinheit erinnern.

> »Die Welt geht unter!« Während der achtjährige Junge aus einem fernen Kulturkreis jegliche Aufbauten meiner Spielräume einzureißen versucht, durchdringt mich immer wieder dieser Gedankenblitz. Ich fühle mich wie in einem Katastrophenfilm und bin damit gegenübertragend wohl nicht weit weg vom inneren Erleben des kleinen Patienten, dem ich im Zuge einer diagnostischen Kindeswohleinschätzung begegne.

5.2 Liebe und Angst – die grundlegende Suche des Menschenkindes nach Halt

Der Junge sei in der Vergangenheit von beiden Eltern extrem vernachlässigt worden und habe heftigste Gewalterfahrungen machen müssen. So nehme ich nun quasi unmittelbar teil an der projektiven Inszenierung seiner schwer aushaltbaren inneren Elemente und merke, wie ich wiederholt selbst Schwierigkeiten habe, eine einigermaßen stabile Haltung einzunehmen.

Auch wenn die belastet haltlosen Familienhintergründe in diesem Fall gewaltig wirken, dürfen diese auch hier nicht über eine existenzielle Wesentlichkeit hinwegtäuschen: Den drohenden Weltuntergang verstehe ich mit seinem ewig überwältigenden Urklang bei alldem als die bedeutsamste menschliche Projektion und wesentlichsten Seelenvorgang überhaupt! Alle menschlichen Abwehrvorgänge können auf existenziellem Boden als Bewältigung dieses Grundtones verstanden werden. So weiß jedes Kind, dass – wie der Zufall es so will – ein Wimpernschlag des Schicksals ausreicht, um unsere Welt in ihren Grundfesten zu erschüttern! Wir alle erschaffen auf existenzdialogischer Ebene schließlich mit all unseren – unbewussten – Kräften lebenslang eine Selbstwelt, die irgendwann untergehen wird. Nur die Liebe hält uns bezüglich dieses grundängstigenden Urschockes im und am Leben.

»Alle Eltern haben ihre Kinder lieb« ist dabei eine richtungsweisende Maxime, die mich auf meinem psychotherapeutischen Berufsweg begleitet. Sehr geprägt wurde diese während meiner fachlichen Tätigkeit im Kinderschutz, dort gilt dieser Leitsatz als notwendige Grundhaltung. Fachlicher Konsens ist hierbei, dass man diese Arbeit, die konzeptionell zunächst immer eine integrative Kooperation mit den teils schwerst kindeswohlgefährdenden elterlichen Bezugspersonen vorsieht, seelisch sonst nicht auf Dauer aushalten würde. Diese Eltern sind ja selbst einmal klein und abhängig gewesen. Es stellt sich also die im Grunde universelle Frage, ob und wie jene Bezugspersonen die Liebe in ihrem Leben kennengelernt haben und was sie davon bewusst und vor allem unbewusst weitergeben. Dabei bildet die elementare Dynamik zwischen persönlicher Haltung und interpersonellem Gehaltensein den Grundstock allen psychodynamisch-therapeutischen Tuns, welcher wiederum auf dem fruchtbaren Boden kontinuierlicher Selbstreflexion und Erfahrung wächst. Mir persönlich hilft diesbezüglich heute noch die regelmäßige Besinnung auf den universellen Dualismus des genannten Leitsatzes, dass nämlich andersherum »alle Kinder ihre Eltern liebhaben (wollen)«, ganz gleich welchen Ausgangsvoraussetzungen sie im Leben ausgesetzt sind.

Hier sei mit deMause nochmals festgehalten: »Was den Eltern in der Vergangenheit fehlte, war nicht Liebe, sondern eher die emotionale Reife, die nötig ist, um das Kind als eine eigenständige Person anzuerkennen« (deMause, 1977, S. 35). Die Liebe ist also schon immer da, die Frage ist, ob sie allein im Leben ausreicht? Oder ist die Liebe aufgrund ihres so mysteriösen und mitunter überwältigenden Charakters manchmal unzureichend oder gar zerstörend?

Eine eindeutige Antwort darauf ist natürlich genauso wenig möglich wie ein endgültiges Entdecken *der* Liebe, und jegliche exaktere Betrachtung in diese Relationen verliert sich in Unschärfe! Rank spricht hier wie erwähnt in abgrenzender Ergänzung zu Freuds strukturellem (Un-)Lust- und Realitätsprinzip von der »psychischen Relativitätstheorie«, liebesdynamisch dreht sich im Leben also immer alles um den relationalen Selbstfindungsweg zwischen *wahrhafter* Freiheit und *wirklicher* Bezogenheit. So steckt im asymmetrischen Generationenverhältnis von Jung und Alt dynamisch gewissermaßen das gesamte zwischenmenschliche Potenzial. Auf der einen Seite finden sich dabei die unausweichlichen humanen Macht-Ohnmacht-Gefälle, die in ihrer existenziellen Basis in die einfache Beziehung von Fremd- und Selbstwelt münden. Die andere Seite dieser asymmetrischen Relation ist dabei wesentlich, da hier der potenzielle Zugang zu allem Neuen, zu Veränderung bzw. Wandlung und damit zu Entwicklung und Wachstum jenseits einer womöglich ewigen Wiederholungsdynamik liegt. Die Liebe ist das unermessliche Vermögen, das all diese Kräfte potenziell verbindet und trägt!

5.3 Liebe und Zwang – die Suche nach Geborgenheit in einer geborgten Welt

Dabei treffen in nur wenigen anderen psychoanalytischen Begrifflichkeiten wie im Wiederholungszwang die menschlichen Existenzbedingungen so verdichtet aufeinander. Wiederholung als ewiges Werden und Vergehen bildet dabei den Urrhythmus unserer äußeren und inneren Lebenswelt, während das Menschenwesen zwingend nach synchronisierender Resonanz in einer ihm wiederholt dissonant begegnenden Welt begehrt.

»Das ist das Chaos!« Diese in meiner Praxis so oft gehörte und von mir gegenübertragend mindestens genauso häufig gedachte Sentenz macht hierbei die genannte existenzielle Verdichtung deutlich: Befindet sich das »Chaos«, das in seiner Semantik für die unstrukturierte Leere jenseits des geordneten Kosmos steht, ursprünglich in der Außen- oder in der Innenwelt? Kein Thema scheint dabei für das Menschenkind umtreibend mysteriöser, als das Enigma, wie aus ewig Gleichem und archetypisch Tragendem sich etwas völlig Neues und faszinierend Einzigartiges kreieren kann. Es bleibt einfach ein unheimliches Wunder, wie aus »Nichts« überhaupt »Etwas« wird und ich als Mensch »da bin«.

Nachdem sich unzählige Geistesgrößen in der Geschichte mit unserem Dasein und dieser Wiederholung an sich auseinandergesetzt haben, wurde sie in ihrer relationalen Zwanghaftigkeit sehr von Freud geprägt. Die Psychoanalyse hat diesbezüglich wiederholt darauf hingewiesen, dass der humane psychische Apparat sowohl von außen, als auch von innen verschiedensten – chaotischen – Kräften ausgesetzt scheint. Es ist dabei nicht nur Lust, die den Menschen umtreibt. Auf seiner bahnbrechenden Suche nach Triebenergien hat Freud schließlich auch »Jenseits des Lustprinzips« die unausweichlichen Übertragungsdynamiken beschrieben, zu denen wir in unseren Beziehungen alle wiederholend neigen. Das bedeutet aus psychodynamischer Perspektive, dass Menschen zwingend ihre Erlebnisse aus der – frühesten – Kindheit in der Regel unbewusst in ihren späteren Relationen wiederholen. Diese beziehungs- bzw. psychodynamischen Abläufe bekommen dabei in der Regel umso mehr klinische Symptomrelevanz, umso traumatischer, d. h. kränkend-verletzender sie auf die individuelle Psyche gewirkt haben. Spielerisch ausgedrückt strebt der psychische Apparat dabei nach verdauender Erfahrung seiner ihm widerfahrenen Erlebnisse und je unverträglicher dies gelingt, desto kränklicher wird die Seele.

Nun lässt wie wiederholt erwähnt ein existenz- bzw. psychodynamischer Blick das Leben an sich in seinem ursprünglich traumatischen Hintergrund aufscheinen. Willkürlich in die Welt geworfen, erscheint das Menschenkind dabei hilflos ausgeliefert und bedürftig, wobei die ihm dämmernde Erkenntnis seiner existenziellen Kleinheit als unbedeutend sterbliches und eigenartig isoliertes Wesen die mit Abstand größte Beschämung und damit das erschütterndste Trauma darstellt. Liebesdynamisch wiederum erscheint hier natürlich die elterlich-versorgende Fürsorge mit ihren – unvermeidlichen – Verfehlungen besonders gewichtig. In diesen archaisch relationalen Daseinsgefilden jenseits einer elementaren Beziehungsdynamik von An- und Abwesenheit finden sich neben unseren Urängsten wie erwähnt auch die Wurzeln einer humanen Urschuld und -scham.

Wer trägt schließlich wen? Und trägt irgendjemand die Schuld? Wie steht es mit dem vielbeschworenen Halten und wer erhält was? Nur schwerlich entkommt man bei diesen spielerischen Überlegungen einer primitiv anmutenden Weltanschauung des unausweichlichen Gebens und Nehmens, des »Wie du mir, so ich dir«. Man trifft also auf ein universelles Erhaltungsprinzip, welches besonders Freud in seinem Schaffen tiefgehend beschäftigt hat (vgl. Freud, 1997a, S. 44–47). Dabei kann man psychodynamisch in höchst vereinfachenden Worten und ohne allzu sehr in die Todestriebhypothesendiskussion einzustimmen von einer Lebens- bzw. Liebesökonomie ausgehen, in welcher die menschliche Natur wiederholt nach Gleichgewicht strebt. Auch Piaget als einer der bis heute bedeutsamsten Entwicklungspsychologen sieht das in seinen konzeptionellen Überlegungen zu akkommodativen (anpassenden) und assimilativen (angleichenden) Vorgängen ähnlich. Er fasst trotz anderweitiger Schwerpunktsetzung und Schlussfolgerungen als die Psychoanalyse zusammen, dass die normativen Elemente des Denkens der biologischen Notwendigkeit eines sich durch Autoregulation erhaltenden Gleichgewichts entspre-

5.3 Liebe und Zwang – die Suche nach Geborgenheit in einer geborgten Welt

chen. »Die Logik könnte also einem Äquilibrationsprozess entsprechen« (Piaget, 1985, S.19).

Hier kann urhistorisch ein »traumatischer Wiederholungszwang« erkannt werden (Türcke, 2009), der psychodynamisch sowohl individuell als auch kollektiv bis heute sein zutiefst wirkreiches Unwesen treibt. Dabei geht es phylogenetisch für das Menschenkind um die möglichst aktive Bemächtigung der unberechenbaren Naturgewalten, um sich nicht allzu passiv-überwältigt und ohnmächtig sterblich zu fühlen. Im Zuge einer äonenlangen Urverschiebung der menschwerdenden Energien auf den gezielt eingesetzten Gebrauch von Gegenständen haben Dinge und eben auch Mitmenschen immer mehr an Bedeutung gewonnen. Die zusätzliche Urverdichtung affektiv höchst aufgeladener und nicht begreifbarer Abläufe in gezielt planbaren und dadurch, trotz ihrer brutal-gewaltigen Inhalte, überschaubaren Opfer-Ritualen hat zum humanen Bewusstseinsverständnis von innerer und äußerer Welt geführt. Darüber ist so etwas wie eine empfindend-mentale Repräsentanz von Raum und Zeit, aber eben auch eine sinnlich-bedeutsame, d.h. sinnvolle Mitmenschlichkeit bzw. Humanität entstanden.

An dieser Stelle entspringt der tiefhumane existenzielle Dialog und *Es*, als unser gewaltiges kollektives Vermächtnis, dringt wesentlich durch. Der Mensch versucht mit all seinen strukturellen Abwehr- bzw. Bewältigungsmechanismen seither gewissermaßen, d.h. mit mehr oder minder maßvollem Gewissen, zur Besinnung zu kommen. Sowohl die Vergangenheit als auch die Gegenwart mögen dabei wiederholt bezeugen, dass das Menschenwesen gewaltig dazu imstande scheint, alles zu tun bzw. zu opfern, um diesen signifikantesten Besinnungsraum zu schützen.

Wie auch immer man nun das Begreifliche als auch Unbegreifliche empirisch verstehen und nennen will: Etwas Liebesökonomisches scheint uns zeitlebens zu bewegen! Und wenn es das nicht tut, kommen wir wohl oder übel nicht darum herum, als es in irgendeiner Form so zu erleben bzw. zu ersinnen. Im Ökonomischen steckt namentlich der »Nomos«, der neben einer gesellschaftlich-juristischen auch in seiner basal existenziellen und neuroenergetischen Bedeutung im Sinne der erwähnten Eigengesetzlichkeit und einer weltlichen Daseinsordnung gesehen werden kann (vgl. Heinimann, 1965). Ohne nun ausführliche erkenntniswissenschaftliche Diskussionen über normativ-deskriptive Haltungen abzuhandeln, sei behauptet, dass das menschliche Gehirn aus seiner physikalischen Natur heraus gar nicht anders kann, als filternd zu speichern und normend zu strukturieren. Spielerisch einfach formuliert treibt uns also zwangsläufig ein Erhaltungsprinzip an und um, welches bekanntermaßen in seinen archaischen Strömungen von Rache und Vergeltung verheerende Auswirkungen hat.

Es gehört sicherlich nicht zu den leichten Dingen im Leben, sich wahrhaft einzugestehen, dass man wohl nicht alles so angemessen und liebevoll von seinen elterlichen Bezugspersonen erhalten hat, wie es einem selbst angemessen erscheint. Oder, als wohl eine der schwierigsten Übungen im Menschsein, dass man gar nicht wirklich von ihnen geliebt worden ist bzw. wird. Hier existiert keinerlei objektive Wahrheit mehr und alle Worte und Begrifflichkeiten scheinen zu versagen, auch fachlich-theoretische Konstrukte können dabei nur wackelige Hilfsgerüste sein. Vielmehr scheint es sich in diesen Sphären um das Gewahrsein zu drehen, dass die eigenen Eltern selbst wohl nicht imstande gewesen sind, angemessen zu lieben.

Die wesentlichste Frage unter diesen Existenzbedingungen bleibt die nach einer möglichst liebevollen Bewältigung dieser erschütternden Dimension als humaner Lebens- bzw. Liebeskünstler. Gleichgültig ob man den Menschen dabei mehr von seiner umtriebig-begehrlichen oder von seiner kreativ-schöpferischen Seite betrachtet: Psychodynamisch sehnt sich das Menschenwesen einfach nach Befriedung und Bedeutung! Während es diesen befriedigenden Frieden zum einen in der phantastischen Ein(fach)heit der vorgeburtlichen Innenwelt wiederfinden will, wird es zum anderen von der Sehnsucht nach liebevoller Bedeutung und Wiedergutmachung aller verletzenden Kränkungen der außerweltlichen Einflüsse um- bzw. angetrieben.

Während Es uns wiederholt einholt, wollen wir alle endlich etwas »wieder holen«, was unendlich verloren scheint. So ahnen wir es von Anfang an: Der Mensch sucht Geborgenheit in einer geborgten Welt. Mit der Anamnese begibt man sich übrigens seelendynamisch genau in diese zutiefst mysteriösen Gefilde. »Anamnesis« ist ein zentraler Begriff Platons und meint in seiner ursprünglichen altgriechischen Bedeutung immer eine »Wieder-Erinnerung«: Im Urgrund hat die unsterbliche Seele an allem Wissen teil, das Wesentliche werde jedoch mit der Geburt bzw. Zeugung vergessen. Alles

5.3 Liebe und Zwang – die Suche nach Geborgenheit in einer geborgten Welt

Erkennen, Lernen und Entdecken im Leben bildet also ursprünglich eine Wiederentdeckung. Nichts ist zwingend gleich und doch findet sich zwangsweise alles in allem wieder. Jenseits der in jeder psychodynamischen Therapie wahrhaft so bedeutsamen Durcharbeitung ist wirklich Wesentliches dabei wohl zu *durchlieben*.

5.3.1 Die Liebessinfonie in der Komposition des Lebens – wiederholte Dissonanz, wiederholende Resonanz und ursprüngliche Ressourcenarbeit

Das Menschenkind bewegt sich zeitlebens im eindeutig uneindeutigen Zyklus von Geben und Nehmen, Wille und Zwang, Tradition und Innovation sowie Regression und Progression. Im unmittelbaren Kontext zu diesem tragenden Mittler- bzw. Übergangsraum sehe ich inzwischen den wesentlichen Entwicklungs- und schlussendlich Lebensbereich, dem es sich in jeder Psychotherapie liebevoll gemeinsam anzunähern gilt. Dabei halte und orientiere ich mich – so gut ich es vermag – nicht am menschlichen Mangelwesen, sondern vielmehr an den zahlreichen schöpferisch-kreativen Potenzialen der humanen als auch psychotherapeutischen Vielfalt. Psychodynamisch lässt sich somit ein liebevoll gesunder Lebensweg auch zyklisch entgegengesetzt zur herkömmlichen Ansicht vieler Menschen vorstellen: So nuanciert ginge es weniger um die Vulnerabilität und unvermeidliche Abhängigkeit des menschlichen Säuglings zu seinen elterlichen Bezugspersonen als vielmehr um seine potenziellen Eigenkräfte. Der wegweisende ödipale Entwicklungspfad bestünde dabei neben kräftemessender und realitätssinniger Autonomieförderung darin, das Widersinnige genauso wie das Widerwärtige des Lebens – also die ursprünglichen humanen Abhängigkeiten und Unzulänglichkeiten – integrierend zu erleben, d. h. zu erkennen, anzunehmen und schließlich zu erfahren.

Wahre Liebe schöpft sich aus Erfahrung, während wirkliche Erfahrung nur durch Liebe möglich scheint. Dieser an Wilfred Bion angelehnte Gedanke stützt mich in seiner paradoxen Einfachheit selbst in den oben erwähnten therapeutischen Situationen, bei denen praktisch das Chaos den Raum überströmt.

Dieses Beziehungserleben mit seinen vielfältigen Erfahrungen wird inzwischen von allen psychodynamischen Therapieschulen als zentraler Wirkfaktor anerkannt, wobei der erwähnte therapeutische Mittlerraum als gemeinsame Erschaffung der Beteiligten zu würdigen ist. Aus der Perspektive des existenziellen Dialoges wirkt dabei jene liebevolle Haltung heilsam, die man als Therapeutin in und zu dieser Schöpfung einnimmt. Die wesentliche Nuance und wahrliche Kunst liegt hier in der wiederholten oder, wenn man so will, *wieder holenden* Besinnung auf unser ursprüngliches Wesen und unsere kreativ-schöpferischen Potenziale. Otto Rank spricht hier wie ausgeführt von der »Urkraft«, die unserer Welt innewohnt. Ausgehend von seinem geburtsaffinen Standpunkt betrachtet er das Leben wirkungsreich als immerwährenden – seelischen – Gebärvorgang, der von wiederholter persönlicher Neu- bzw. Wiedergeburt geprägt ist. Etymologisch interessant erscheint diesbezüglich der ursprüngliche Wortstamm von »*Geburt*« bzw. »*gebären*« als »hervorbringen« und »aus«- bzw. »ertragen«. Das Menschenkind bringt sich und seine Welt *wieder holend* aus sich selbst hervor und erträgt diese umso ertragreicher, je erträglicher es wiederholt von der Welt getragen wird.

Wenn sich also dem Kern der Liebe überhaupt berührend angenähert werden kann, dann in den Potenzialen des Kindes und seines unvollkommenen Wesens in uns allen! Das schutzbedürftige und damit liebenswerte Kinderwesen enthält in seinem ursprünglichsten Keim neben den erwähnten tiefen Risiko- sowie Angstdynamiken natürlich auch unsere kostbarste Lebensenergie. Diese potenzielle Urkraft, die uns umtreibt und in ihren omnipotenten Dimensionen ohne Zweifel wahnsinnig zerstörerisch sein kann, umfasst gegenpolig etwas Lebensessenzielles. Analysiert man den analytischen Blick und die entsprechende Haltung selbst bis zu diesem Ursprung, dann kann man einfach nicht umhin, neben einem getrieben-begierigem, herausforderndem und individuellem Objekt im Menschenkind ein mit Sinnen gesegnetes, liebeswilliges und dividuelles Wesen voll von offen-bezogener und lebensbereiter Kraft zu entdecken. Dabei treiben in unserer größten Abhängig-, Verletzlich- und letztlich Sterblichkeit sowohl der Tod als auch die Liebe ihr Unwesen. In diesen vorsprachlichen Ebenen bewegt man sich – vielleicht in etwa so wie ein Säugling – in der bereits angesprochenen Sphärenlosigkeit jenseits der uns

5.3 Liebe und Zwang – die Suche nach Geborgenheit in einer geborgten Welt

Erwachsenen vertrauten Parameter von bewusst und unbewusst bzw. von aktiv und passiv.

Betrachtet man so eingehend ein Neugeborenes, das potenziell schutzlos in eine neue und völlig fremde Welt kommt, so muss dynamisch neben seinen ausgeliefert-hilflosen und schier namenlosen Ängsten ein Funken von unmittelbarster Offenheit und ursprünglichstem Potenzial existieren! Gleichgültig welch individuelles Temperament und eigenes Bezugswesen das Menschenkind dabei mitbringt, dieser potenzielle Urquell steckt in uns allen und bildet die wundervollste Ressource (von frz. Ressource: Quelle, Wiederherstellung) überhaupt! Wann, wo und wie auch immer dieser Lebens- und Sinnesfunken (intrauterin) entspringen mag: Wir alle sind für Resonanz, Bezogenheit und Sinnlichkeit – also wie für die Liebe – geschaffen. Was für ein unsagbarer Mut muss also in jeder individuellen Seele schlummern, die diesem willkürlichen Kosmos entspringt und tapfer gegenübertritt?

In uns steckt eine trauende Kraft, die nicht nur ent- und verbindet, sondern auch überwindet! Im immerwährenden Geben und Nehmen des Beziehungslebens erhalten haltende Eltern dabei natürlich auch von ihrem Nachwuchs sehr viel, insbesondere den unmittelbarsten Hinweis auf unsere sinnbezogenen Ursprünge, der wirklich möglich scheint.

So bildet die freimütig-zutrauliche und ursprünglich *hingebend-aufnehmende Lebens- und Liebeslust* des kleinsten Kindes unser wertvollstes Vermögen. Dieses ertragreich-gesund zu bergen, zart-behutsam zu pflegen und selbstertraglich-vertrauend zu vermehren gelingt nur voller Liebe, ansonsten droht ein *hinnehmend-aufgebender Lebens- und Liebesfrust*. Über die archaische Erfahrung des Geliebtwerdens all unserer wesensartiger Potenziale entspringt das unmittelbare Erleben der eigenen potenziellen Liebesgabe. Da sich in diesen basalen Liebesbereichen die Dinge, also Raum und Zeit, verschränkend verdichten und keine Seele je bestimmen kann, was durch was bedingt wird, sind einfach dafür immerwährend kraftvolle Arbeit und eine immense Energieleistung aller Beteiligten nötig!

Fromm hat dies in seinem kleinen Meisterwerk über »Die Kunst des Liebens« vorzüglich beschrieben (Fromm, 1999). Die Liebe ist nicht einfach so zu haben, auch wenn sie uns noch so reichhaltig auch in frühester

Kindheit geschenkt worden ist. Wir Menschenkinder sind vielmehr zeitlebens angehalten, sie durch die Gabe unserer produktiven Eigenkräfte lebenslang wieder zu holen und liebend zu »sein«. Geben versteht Fromm dabei im Sinne des produktiven Charakters nicht als Opfer, sondern als höchsten Ausdruck eines Lebensvermögens. »Geben bereitet mehr Freude als Empfangen nicht deshalb, weil es ein Opfer ist, sondern weil im Akt des Schenkens die eigene Lebendigkeit zum Ausdruck kommt« (ebd., S. 34). Liebe ist ja schließlich auch das Einzige, was sich verdoppelt, wenn man es teilt!

Dabei bilden die äußeren Anfangsvoraussetzungen des Lebens gewiss weichenstellende Voraussetzungen für ein gelingendes Liebesleben und stellen damit auch das Fundament für seelische Gesundheit dar. Diese vitalen Grundbedingungen eröffnen unseren inneren Bewahrungsraum, um potenziell lieben zu können. Dadurch erhält das Menschenkind sinnvolle Möglichkeiten, sich ertragreich dem innersten Keim der Liebe zu nähern, der in uns allen sprießt.

5.4 Liebe und Depression – universeller Liebeskummer

Unter welchen Bedingungen existiert ein liebevolles Gegenüber? Die psychodynamische Bewegung hat sich bekanntlich viele Gedanken über das verlorene und wiedergefundene Objekt gemacht. Darüber hat sich etwas gezeigt, dass eigentlich in allen wesentlichen psychodynamischen Konzepten steckt, aber in wenigen so wirkmächtig erscheint wie in der klassischen Objektbeziehungstheorie: Das Objekt der Begierde ist im Grunde immer schon verloren und mit ihm gewissermaßen auch ich selbst samt meiner gesamten Welt. Hier ist einfach die Rede vom Tod und damit von unserer Tödlich- bzw. Sterblichkeit. Bezüglich dieses Urverlustes bewegt sich das Menschenkind existenzdynamisch lebenslang auf einem schmalen Grat zwischen Trauer und Melancholie und es ist zwangsläufig dazu getrieben, sich auf diese existenzielle Grundbedingung zu beziehen. Dies gestaltet es je nach seinen inneren Potenzialen und äußeren Möglichkeiten über die elementar relationalen Beziehungsmechanismen der Inkorporation, Introjektion und – projektiven – Identifikation: Darüber versuchen wir in der bittersüßen Sinfonie des Lebens immerwährend mutuell-bezogen unsere Welt zu schaffen.

Bei diesem Versuchen finden und verlieren wir uns wiederholend, wobei man sich psychodynamisch bei solchen Bereichen in – schwerster – Depression verfangen kann. Dieser universelle Liebeskummer ist ohne wesentliche Schimmer von Hoffnung und kümmernd-vergeblicher Liebe wohl nicht auszuhalten. Ausnahmslos jedes Menschenkind erlebt nämlich – vom Objekt – bedingte Liebe in einer – subjektiv – bedingungslosen Wiederholung. So findet sich die vielbeschworene wahre Liebe als bedingungsloses Lieben in uns selbst, und wir können hoffnungsvoller und lebenszuversichtlicher als oben festhalten: Das gute Objekt ist in und damit mit uns immer da, es will einfach gefunden und geliebt werden!

Ohne Idealisierung geht es nicht und wo scheint diese bedeutsamer als in der Liebe. Besonders dem Mütterlichen kommen dabei ja nicht nur in der Psychoanalyse teilweise höchst idealisierende Wirkdimensionen zu, die dadurch wiederum beinahe unerträglich werden. Exakt hier kommt die Sehnsucht ins Spiel, diese richtet sich auf ein idealisiertes gutes Objekt, das genauso wie die bedingungslose Liebe da und doch nicht da ist. So bewegen wir uns wieder in diesem existenziellen Zwischenbereich, in dem *Es* durch nichts und niemanden zu bewältigen ist, ganz gleich mit welcher Gewalt. Es ist nur aushaltbar, im gesündesten und womöglich glücklichsten Fall im Einfluss von potenzieller Kreativität und voller Liebe.

Der Fluss von Raum und Zeit, in den das Menschenkind mit seiner Existenz steigt, ist nirgends und zu keinem Zeitpunkt der Gleiche. Und doch durchdringt jene undurchdringbare Strömung auf ewig dieselbe potenzielle Kraft von einfach gegenpoligen Bewegungen, in denen das Menschenwesen sich zurechtzufinden versucht. So gesehen ist natürlich jeder auf der Suche.

> »Tja, aber wonach? Was suchst Du eigentlich bei mir?«, meine ich spontan vielsagend zu einem siebenjährigen Patienten, als der sich wieder mal anschickt, meine Schränke und Schubladen zu inspizieren.

Meine Sachen in den Praxisräumen habe ich dabei generell so arrangiert, dass keine persönlichen Angelegenheiten unmittelbar greifbar sind. »Ha, nix!«, gibt der Junge verschmitzt zurück, worauf ich unmittelbar erwidere: »Du, ich glaube wirklich, Du suchst Nichts … also ich meine, nichts, was man so leicht findet!« Während er daraufhin zunächst weiterstöbert, hält er inne und fragt, ob ich etwas zu trinken hätte. Während ich ihn anschließend mit Wasser versorge, gehen mir die unglaublich belastenden Lebensumstände des ungehaltenen Patienten, seines alleinerziehenden Vaters und seiner 11 Geschwister in verdichteter Form durch den Sinn. Ich fühle gegenübertragend etwas tief Bedrücktes, was sich zu einer kurzen, aber umso intensiveren Verzweiflung komprimiert. Schließlich frage ich mich nachhaltig, was und vor allem wen der Junge mit seiner offensiven Suche erreichen will.

Dass diese Suche offensichtlich irgendetwas mit Liebe zu tun haben muss, dürfte mehr als ersichtlich sein. Dabei begeben sich auf dieser Liebes- und Lebenssuche die Einen tendenziell in *oknophile* und die Anderen in *philobatische* Sphären, beziehungsdynamisch pendelt also jedes Menschenkind unaufhörlich zwischen Nähe suchender und Abstand nehmender Haltung hin und her. So können einem manche Patienten sehr nahekommen und regelrecht versuchen, in einen *hineinzukriechen*, während andere wiederum wie *auf einem anderen Stern* erscheinen.

Einige, sehr belastete Menschen bewegen sich jedoch ungehalten zwischen diesen Welten hin und her und kämpfen mit allen Kräften damit, nicht in eine Sphärenlosigkeit zu fallen. So zirkulierte eine 15-jährige Patientin unvermittelt zwischen den Positionen, dass es für mich als therapeutisch stützendes Gegenüber in einer tiefenpsychologisch fundierten Akutbehandlung mitunter kein Halten zu geben schien. Gegenübertragend pendelte ich dabei zeitweise wie wahnsinnig zwischen fasziniert-neugierigen, verärgerten und schließlich verzweifelten Empfindungen. Dabei schien es auch lange Zeit nichts zu helfen, diese Gefühle in welcher andeutenden Form auch immer zu spiegeln. Im Gegenteil, oft fühlte ich mich nach entsprechend unpässlicher Reaktion der Patientin noch bedrückter. Ich überließ mich mit ahnender Ungewissheit schließlich innerlich einer gewissen Resignation, was wiederum zu einem Hauch von gemeinsamer Wandlungsbewegung geführt haben mag. Wenn auch die schwer depressive Symptomatik der Patientin lange persistiert hat, so eröffnete sie mir zusehends etwas aus ihrem Innenleben. Besonders die Offenbarung ihrer transsexuellen Ausrichtung empfand ich als konstruktiven Impuls, über den wir uns weiter gewissen Liebesdingen annähern konnten. Hier sprach ich dann wirklich das Loslassen aus Sicht ihrer wahrgenommenen Empfindungen an: »Das kostet kraft- und auch liebevolle Überwindung«, traute ich mich schließlich auch aus meinem inneren Erleben heraus anzudeuten.

Nachhaltig bewegt haben mich auch die therapeutischen Begegnungen während einer Akutbehandlung mit einem schwer depressiven, von Drogen gezeichneten 14-jährigen Patienten, der in einer unhaltbaren Verwahrlosung unterzugehen drohte. Seine alleinerziehende Mutter hatte sich verzweifelt bei mir gemeldet, nachdem mehrere Therapieversuche und Jugendhilfemaßnahmen zunächst gescheitert waren. Sie beschreibt dabei wiederholt die zunehmend »kühle« und »machohafte« Art des Jungen, wobei er doch eigentlich »ein ganz Lieber« sei. Ohne hier ausführlich auf biografische und behandlungs- bzw. psychodynamische Aspekte einzugehen, möchte ich vor allem die zentrale Beziehungsebene zwischen dem Patienten und mir hervorheben, auf der diese(s) Liebe entscheidendes Gewicht zu haben scheint. Dabei löst der Jugendliche gegenübertragend von Beginn an ambivalente Gefühle der Zu- und Abneigung in mir aus, wobei er direkt beim Erstgespräch prahlerisch von seinen manipulativen Drogengeschäften berichtet. Sichtlich überrascht von meiner hierbei eher neugierigen und zugewandten Reaktion kann sich der Jugendliche daraufhin zunehmend öffnen und er erscheint trotz heftiger alltagssozialer Schwierigkeiten regelmäßig zu unseren vereinbarten Terminen. Während sich im nun entwickelnden zwischendialogischen therapeutischen Beziehungsraum zaghaft seine enorme Bedürftigkeit und sein ungestillter Liebeswille zu zeigen scheinen, eröffnet er mir wiederholt in höchst affektisolierter Manier, wie er häufig völlig »abgespaced« in irgendwelchen Unterkünften »wildfremder Männer« übernachte. Dabei berichtet er nach einigen Terminen in gleichsam dissoziativ wegschwebender Ausstrahlung von regelmäßigen sexuell übergriffigen Handlungen ihm gegenüber.

Nun offenbaren sich nicht zuletzt in Behandlungskonstellationen bzw. Situationen wie diesen die mitunter sehr hohen und komplexen Anforderungen an Kinder- und Jugendlichenpsychotherapeuten. So bin auch ich nach Kräften bemüht gewesen, unsere Beziehung (als auch die Kontakte zu seinem Umfeld) so zu gestalten, dass diesem in seinem Wohl gefährdeten Jungen die indizierte und bestmögliche – stationäre – Hilfe zugutekommen konnte. Dabei hatte ich einen bestmöglichen Weg zwischen meiner notwendigen professionellen Distanz und unausweichlichen persönlichen Betroffenheit zu finden. So ging es wie in jeder therapeutischen Begegnung auch hier um eine triangulierende Nähe-Distanzanpassung zwischen Mütterlichem und Väterlichem, über welche sich wiederholt eine hinreichend regulationsvermittelnde Haltung dem Patienten gegenüber entfalten kann. Selbstverständlich gestaltet sich dieses regulierende Aushalten insbesondere bei solch einem komplex-sensiblen Thema wie sexuellem Missbrauch höchst belastend, und so hatte ich gegenübertragend mit teils heftigen Gefühlswallungen zu ringen. So hilfreich sich hierbei ein theoretisches Hintergrundverständnis über Trauma- bzw. Psychodynamik erweist, so tragend erscheint eben auch ein insoweit angemessenes – emotionales – Eingehen auf dieses übertragende Liebesgeschehen. Tatsächlich reagierte der Patient auf meine durchaus um Authentizität bemühten Andeutungen weiterhin solange abwehrend-verleugnend, bis ich in einer Szene wörtlich meine von zunehmender Sympathie getragene »väterliche Sorge« anspreche. Hier kann mir der Patient unter Tränen und sehr gefühlsbetont eröffnen, welche Angst ihn im Grunde ständig begleitet. Einen bekannten Rap-Song zitierend spricht er dabei von seiner »Suche nach Liebe«. Nach einigen wenigen Gesprächen wird daraufhin die Aufnahme in eine therapeutische Wohngruppe möglich.

5.4.1 Urnarzisstische Selbstliebe und ihr Echo – (um sich) kümmern, um nicht zu verkümmern

Aus diesen Fall- und Beziehungsgeschichten kann wiederholt das erwähnte Zwischenwesen des Menschenkindes annähernd erkennbar werden. Womöglich entsteht in heutigen modernen Zeiten dabei die paradoxe Situation, dass sich Kinder und Jugendliche trotz einer vermeintlichen Allerreichbarkeit und unabhängig davon, welchen konkreten Zugang sie zum Onlinekosmos haben, eigenartig isoliert und schließlich verloren fühlen. Sinngemäß psychodynamisch beleuchtet erscheinen Heranwachsende unter der Flut von sensationellen Informationen und rohen, dauererregenden Sinneseindrücken immer (hoch-)sensibler, während unter diesen Umständen eine zunehmend verrohende Abstumpfung droht. Auf diesen *weitinnigen* Ebenen der virtuellen Realitäten drohen grundlegende strukturelle Grenzen zwischen Innen und Außen bzw. zwischen Phantasie und Realität immer mehr zu verwischen. Es hat schon etwas unheimlich Faszinierendes, wie sehr sich online philobatische mit oknophilen Welten dynamisch zu verschränken vermögen. Kommt die kindliche (Seelen-) Entwicklung da noch mit, oder sind es wir Erwachsene, die sich aufgrund nachlassender Plastizität und der unausweichlichen Generativität schwer damit tun? Und wo findet in dieser dauererregten Sensationsflut noch die Liebe Platz?

Da, wo sie ihn aus meiner Wahrnehmung schon immer innehat: in den unergründbaren Zwischenräumen jenseits unserer greifbaren inneren und äußeren Strukturen. Im Kern also in unserer kreativen Phantasie und damit immer auch ganz nah bei unseren kindlichen Potenzialen. So sehr uns zivilisierte Menschen dabei unsere Symbolisierungsfähigkeiten auch haltend leiten mögen und wir für unsere psychische Gesundheit auf die Errichtung eines strukturellen Als-ob-Modus im Leben angewiesen sind, ohne Illusionen geht es nicht! Auch wenn wir also als urnarzisstische Wesen im Laufe unserer Entwicklung mehr oder weniger ertragreich lernen, so zu tun, als ob wir lieben, bewegt sich die wahre Liebe bedeutend nah an unserem wirklich authentischen Selbst. Dieses findet sich wie gesehen wiederholt nur übereinstimmend relational und in sinnlich-liebevoller Resonanz zum unheimlichen inneren und äußeren Weltgeschehen.

> Dabei wird die philobatische Sphäre sehr wirkmächtig in Stanley Kubricks filmischem Meisterwerk der »Odyssee im Weltraum« dargestellt, welches künstlerisch unzählige Male wiederaufgegriffen worden ist. Analog zum klassischen Mythos und der Heldenreise erzählt diese vom Weg des Menschenkindes in unbekannte, aber höchst anziehende Dimensionen. Der selbstbewusste Mensch begibt sich dabei mit all seinen

fortschrittlichen und selbst geschaffenen Errungenschaften, also mit allem, was er hat, in entfernteste unheimlich-heimelige Weiten, um das zu erkunden und schließlich zu finden, was er ursprünglich schon immer sucht: sich selbst.

Um sich diesem existenziellen Verdichtungspunkt von der anderen – oknophilen – Seite kreativ zu nähern, bietet sich die Abenteuerstory des isolierten Menschen auf einer einsamen Insel an, der fern aller Zivilisationen auf sich allein gestellt ist und ständig nach Beziehung strebt. Diese Urhandlung nimmt die zeitgenössische Verfilmung »Verschollen« des Regisseurs Robert Zemeckis sehr berührend auf. Tom Hanks als Protagonist dieses eigentlichen Liebesfilms verkörpert sehr überzeugend den elementaren Überlebenskampf eines Menschen, den jenseits seines Selbsterhaltungs- und sogar Tötungstriebes im Kern nur die Liebe hält. Diese wiederum verwandelt sich bekanntlich in verschiedenste Gestalten; bei dieser Beziehungsgeschichte führt sie schließlich zu einer Verbindung mit einem Volleyball. Um es nachfühlen zu können, muss man gesehen haben, wie es dieses Schauspiel schafft, die lebensessenzielle Bedeutung des Gegenübers – und sei es »nur« ein solches Ding wie ein Ball – ausdruckstark zu vermitteln. Selten wurde wohl für Erwachsene die Trennung von einem Übergangsobjekt und der damit einhergehende substanzielle Verlust anrührender dargestellt als bei einer Schlüsselszene des Films, bei der der Gestrandete sich auf hoher See in einem Meer von Tränen und voll von existenzieller Schuld von seinem geliebten Begleiter für immer verabschieden muss.

Beide Geschichten bringe ich emotions- und beziehungsorientiert gegenüber Kindern und Jugendlichen bei stimmig erscheinenden Gelegenheiten, wie dem – spielerischen – Austausch über moderne Fantasy- bzw. Superhelden-Storys, immer wieder ein. So kann über gemeinsame Erkundungen dieser mythisch-narrativen Handlungsebenen eine wertvolle Annäherung hinsichtlich der eigenen Lebenssituation und -geschichte erwachsen. Schlussendlich kreiert jeder Mensch seine Lebenswelt, so wie er gegenpolig aus ihr hervorgebracht wird.

Nirgends verdichten sich diese basal relationalen Selbsterkenntnis- und Liebesebenen archaischer als in dem stimmungsreichen Mythos von »Narziss und Echo« des genialen Liebeskünstlers Ovid. Je mehr ich mich mit dieser sagenhaften Erzählung beschäftige, desto mehr entpuppt sie sich zu meiner therapeutischen Lieblingsgeschichte. Liest man nämlich den Mythos in seinem (lateinischen) Original und mit einer subjektstufigen Auslegung, d. h. mit reflexivem Blick auf die einzelnen Figuren als eigene Selbstanteile, dann offenbaren sich die zwei Hauptcharaktere in ihrer archaischen Wesentlichkeit. Während dem androgyn erscheinenden Jüngling Narziss dabei ja auch wissenschaftshistorisch und besonders psychoanalytisch viel Aufmerksamkeit mit verschiedensten Interpretationen geschenkt worden ist, bekommt die Nymphe Echo ihrem Wesen nach eher wenig Resonanz. Sie spielt jedoch eine mindestens genauso bedeutsame Rolle im Geschehen und drückt als Repräsentantin natürlicher Elemente unsere vital-libidinöse Seite mit all ihrer potenziellen Kränkbar- aber auch Vergeblichkeit aus. So sehr im psychoanalytischen Diskurs dabei die binären geschlechtsspezifischen Aspekte diskutiert werden und der Mythos diese durchaus auch andeutet, der resonante Grundton der Geschichte weht meinem Gefühl nach aus einer existenziellen Grundrichtung (Ovid, 1994, 3, 339–510).

Inspirierend erscheinen mir hier wiederholt die archaisch-komplementären Gedanken C. G. Jungs. Ich ersinne dabei unseren individuellen Mikrokosmos auf der resonanten Suche zum Nachhall des makrokosmischen Urknalls, um nicht im vermeintlichen Flüstern der Ewigkeit unterzugehen. Aus dieser universellen Warte tragen wir alle neben eines ursprünglich narzisstischen auch ein *echoistisches* Wesen in uns.

Diese berührende Beziehungsgeschichte zwischen Narziss, Echo und dem Dasein versuche ich als klassischen Gegenpol zu modernen Storys bei stimmigen Gelegenheiten gleichfalls in therapeutische Begegnungen mit Heranwachsenden sinn- und liebevoll einzubringen. Dabei geht es mir neben dem gehaltvollen manifesten Inhalt dieser ursprünglichen Wandlungs- und Beziehungsgeschichte hauptsächlich um die liebes(un-)willigen Stimmungs- und Resonanzdimensionen, die dieser Mythos poetisch vermittelt. Ich nehme dabei betonenden Bezug auf den durchdringenden Grundton der Sage, in der wiederholt etwas erreicht werden will, was ohne wirkliche Selbsterkenntnis im Leben einfach nicht erreicht werden kann! Diese narzisstische Daseinswahrheit ist universell und durchzieht jede individuelle Lebensreise: Wir Menschen sind sowohl Schein als auch Sein und isoliert abhängige, zutiefst sehnsüchtige Zwischenwesen voll von fremd- und eigenartigen Sinnen. Ohne annähernd liebevolle Beziehungsresonanz sowohl auf unser äußeres Spiegelbild als auch auf unser inneres Echo der Zugehörigkeitssuche scheinen wir alle verloren. Dabei droht die Welt des Menschenwesens zwischen den Sphären von *narzisstischer*, grandios-tragischer Selbstbezogenheit und *echoistischer*, erstarrend-lebloser Selbstversunkenheit zu verkümmern. Hier findet sich der existenzielle Lebensschmerz voll unbändigster Wut, unstillbarer Rachsucht und rasender Eifersucht wieder, welcher einem jeden von uns insbesondere in Bezug zur Liebe und unseren Liebsten leidvoll bekannt sein dürfte. Wahrhaft selbst finden kann das Menschenkind sich wohl nur zwischenweltlich über universelles Beziehungsempfinden, und sei es noch so isoliert oder gar autistisch. Autismus erscheint für mich hierbei genauso wie Narzissmus im liebevoll-einfachen Grunde als basale Daseinsform.

> Beispielhaft für eine solch relationale Transformation höchst destruktiver Energien in potenziell Ertragreiches kann möglicherweise die Abschiedsstunde mit einer zehnjährigen Patientin stehen, die als Baby von ihren Eltern adoptiert worden ist und lange durch ihre aggressiv-jähzornige sowie aufbrausend-impulsive Art aufgefallen ist. So wie ich hier nun nicht vertiefend auf die Hintergründe des Mädchens und der Therapie eingehe, so begegnete ich ihr in diesem letzten Behandlungstermin insoweit offen unvoreingenommen und ohne vermeintliche Erinnerungen und Wünsche. Während ich also vermeintlich freischwebend schaute, was die Patientin zu unserem Abschiedstreffen mitbrachte, hatte diese erstmalig eine kleine Musikbox dabei. In ihrer charakteristisch unnahbar nahen und leicht aufgesetzt wirkenden Art packte sie diese auf den Tisch und meinte, dass wir »nachher«, nachdem wir etwas gespielt haben, ja noch Musik hören könnten. Ich fühlte mich spontan von ihrem »nachher« angesprochen und bezog mich dabei deutend auf unseren heutigen Abschied und auf etwaige Gefühle diesbezüglich. Erst nachträglich erkannte und erkenne ich dabei, wie relativ emotionslos ich selbst bis zu einem gewissen Punkt bei dieser Begegnung gewesen bin, und ich habe im Nachhinein viel darüber nachgedacht.
>
> Inzwischen bin ich mir gewahr, wie tief mich das Mädchen nachträglich berührend erreicht hat, indem sie nämlich in der allerletzten

Viertelstunde »unbedingt« mit mir tanzen wollte. Nun kann man auch hier vielfältige beziehungs- und psychodynamische Reflexionen anstellen und behandlungstechnisch ewig darüber streiten, welche abstinent-neutrale Haltung hier stimmig erscheinen mag. Auch ich geriet innerlich in solch ein Zwiegespräch, zumal mich nun wiederholt die Tatsache umgetrieben hat, dass die Patientin auch auf mein Anraten hin vor geraumer Zeit eine psychiatrische Differenzialdiagnose aus dem Autismus-Spektrum erhalten hatte. Natürlich strahlte ich dies in meiner angespannten und widerständigen Reaktion auch äußerlich aus, was der Patientin aber ziemlich egal schien, sie schaffte es mit ihrer Überzeugungskraft relativ leicht, mich zum gemeinsamen Tanz zu bewegen. Dieser war von einer wundersamen emotionalen Rhythmik begleitet; während sich bei uns beiden und vor allem bei mir etwas zu lösen schien, umfasste eine beinahe zauberhafte Melancholie den Raum. In dieser gegenübertragenden Mischung aus aufgeregter Gelöstheit und trauriger Anspannung verabschiedeten wir uns schließlich, während ich bewusst überhaupt nicht auf das Lied geachtet hatte, welches unseren Tanz in einer Endlosschleife wiederholt begleitet hatte. Erst sehr viel später erkannte ich in einem völlig anderen Zusammenhang den ziemlich bekannten Song, der mir erstaunlicherweise von seiner Melodie her doch bekannt gewesen war. Den Titel, wie auch die Begegnung werde ich nunmehr nicht vergessen: »Au Revoir«.

5.5 Liebe und Aggression – Hass und Vergeblichkeit

Das Leben ist ohne Zweifel voller Schmerz, wobei die menschliche Realität einfach gewaltig und die Welt mitunter als schrecklich grausamer Ort erscheinen mag. Dabei brauche ich persönlich gar nicht in die Ferne und das gewaltige Weltgeschehen zu schauen. Ich bin in meinem – beruflichen – Leben unbändigster Aggression, wütendster Rage und leidenschaftlichstem Hass, aber auch toxischer Egozentrik, kaltblütiger Gewalt und beinahe seelenloser Gleichgültigkeit sowohl inner- als auch außerhalb von Familien begegnet. Ob dies nun psychodynamisch vorwiegend aus einem fest in uns verankertem Destruktionstrieb oder vielmehr aus unseren unausweichlich zu erlebenden Entbehrungen und narzisstischen Kränkungen im Leben herrührt, weiß kein Mensch und wir werden es wohl auch nie erfahren. In jedem Fall bewegen mich persönlich diese existenziellen Begegnungserlebnisse mit all ihren destruktiven, aber irgendwo auch überlebensessenziellen und damit konstruktiven Energien in meiner therapeutischen Haltung zutiefst. Mich berührt hierin die spürbare menschliche Grundbedingung, die so einzigartig individuell und doch für jede menschliche Seele gleich scheint. In Konfrontation mit dramatischen Fällen von (Kindes-)Mord, Vergewaltigung und Prostitution über schreckliche Kriegsgeschichten und häusliche Gewalt bis hin zu schleichenden Traumatisierungen bei emotionalen Vernachlässigungen ist meine humanistische Haltung und mein Glaube an die Liebe dabei ein ums andere Mal schwer erschüttert worden. Dabei droht man sich umso mehr zu verlieren, wenn bereits Kinder und Jugendliche als Täter auftreten und eine vermeintlich eindeutige Täter-Opfer-Zuordnung schwierig erscheint.

Im Grunde ist bei genauem psychodynamisch-generativem Blick wiederholt zu hinterfragen, wann genau denn eine Mutterfigur nährend-fürsorglich oder bindend-auffressend, eine Vaterfigur strukturierend-schützend oder gewaltig-angstmachend und ein Menschenkind zärtlich-liebenswürdig oder nervenaufreibend-destruktiv erscheinen? Auch mit eingehendem Blick auf die Resilienzforschung ist letztlich nicht wirklich zu klären, welche genauen Kombinationen innerer und äußerer Kräfte bzw. Einflussgrößen zu ertragreichen Widerstandskräften im Leben führen (vgl. Stamm & Halberkann, 2015; Bonanno, 2021). Allerdings weiß man auch aus entsprechenden Untersuchungen nachdrücklich, dass die verlässliche Beziehung zumindest zu einer hinreichend liebevollen und authentisch resonanten Bindungsperson einen wesentlichen Stützfaktor im Leben bilden kann. Das gute Objekt ist immer schon da und will schließlich liebend gefunden werden. Ohne aggressive Energie- und Hassresonanzen ist dies wohl für niemanden wirklich möglich. Als eines der wesentlichsten Lebens- und damit Liebesthemen erweist sich dabei die psychodynamisch wiederholt so bedeutsame Frage, ob die aggressiven

5.5 Liebe und Aggression – Hass und Vergeblichkeit

Energien eher als extra- (nach außen gerichtet) oder introvertiert (nach innen gelenkt) erlebt werden und wie die jeweiligen Welten damit umzugehen vermögen?

»Ich hasse Dich!« Ich wüsste nicht, wie oft ich diesen Ausdruck in verschiedenster Weise und Ausformung in meinem Berufsleben gehört und aufgenommen habe. Unvergesslich bleibt mir eine länger zurückliegende Begebenheit mit einem achtjährigen Mädchen, das ich als Bezugstherapeut während meiner Tätigkeit in einer teilstationären Einrichtung über ein Jahr begleitet habe. Heute würden diesem Mädchen wohl »systemsprengende« Eigenschaften zugeschrieben, ich persönlich konnte in ihr immer wieder das verletzlich-bedürftige Kind erkennen, das in uns allen steckt. Nachdem sich bereits das gemeinsame Kennenlernen an ihrem ersten Tag in der Gruppe turbulent gestaltet hat und sie mich nach schroff-abweisender Begrüßung mit »Du kannst mir gar nichts, Du hässliches Arschloch!« verabschiedet, kommt es immer wieder zu grenzgängigen Situationen. Das extrem ungehalten wirkende Mädchen verzettelt sich in heftige Streitereien mit den anderen Kindern und tobt selbst nach vermeintlich geringsten Auseinandersetzungen wie wild. Eines Vormittags, während ich aufgrund einer Besprechung außer Haus bin, kommt es zur Eskalation mit einer anderen Betreuerin, die von dem Mädchen schließlich mit einem Messer angegangen wird. Nach diesem Vorfall ist die Patientin zeitweise von nichts und niemandem zu bändigen und läuft immer wieder aus dem Gebäude bzw. vom Gelände weg. Bevorzugt zieht es sie dabei auf Bäume oder auch aufs Dach unseres Hauses, was mich tatsächlich einmal zu der genervten Aussage verleitet, dass ich ihr auch »gleich aufs Dach steige«. Beim wiederholten – auch von Inter- bzw. Supervision getragenen – Nachdenken über diese Patientin und ihre äußerst schwierigen Familienverhältnisse bildeten sich unzählige, mal mehr, mal weniger hilfreiche Gedanken, wobei sich mir in Beziehung zu ihr eben eine Situation eingeprägt hat, die Entscheidendes für mich bis heute auf den Punkt bringt:

Während sie wieder einmal waghalsig auf ein entlegenes und hohes Gerüst getürmt ist, rufe ich von unten elterlich-besorgt in einer unbeschreiblichen Mischung aus heftigstem Ärger und verzweifelter Angst:

»Jetzt lass das! Das kannst Du doch nicht machen …!« »Geht doch, siehst Du doch!«, gibt sie lediglich zurück und lässt mich damit stehen. Für mich sind diese Worte geflügelt geworden, sie haben mir nachhaltig deutlich gemacht, wie hässlich hilflos man sich als Menschenkind im Leben fühlen kann. Sie haben mir auch bewiesen, dass haltende Liebe mitunter schwer erreichbar und nur annähernd über aushaltenden Schmerz und Hass möglich ist. Auch wenn man bei dieser Geschichte von extremen psychosozialen Belastungen ausgehen kann, trifft das im höchst eigenen Sinne auf jedes Leben zu. Jeder Mensch ruft in und aus seinem Innersten nach Liebe, selten habe ich in meinem Leben ein Kind so stumm danach kreischen hören.

Mit Winnicott hat man sich wie gesehen bei entsprechender zwischenmenschlicher Haltung zu entscheiden, ob bzw. wie weit man sich als psychodynamischer Kinder- und Jugendlichenbegleiter auf diese aggressiven Liebes- und Hassdimensionen einzulassen vermag. Man kann dabei vermeintlich nicht nur seinem »objektiven« Hass begegnen, sondern potenziell auch den »subjektiven« Hass treffen. Dabei gehe ich aus voller Überzeugung davon aus, dass diese dunkelsten Schichten auch in mir existieren und bei entsprechend verletzend-kränkenden Angriffen auf mich bzw. auf das, was mir lieb ist, potenziell (wieder-)belebt werden können.

Schließlich lebt jeder in seinem abgegrenzten und schlussendlich unüberwindbaren Vorstellungskosmos, und so prallen bei jeder Begegnung immer wieder Welten aufeinander. Die tragende Urkraft zwischen all diesen Lebensdimensionen will ich Liebe nennen und sie neben aller Kunst und Fähigkeit als Gabe verstehen. Neben dem erwähnten aufnehmenden Hingeben spielt dabei wohl das Vergeben die wesentlichste Rolle, und so lautet eine meiner zentralen psychotherapeutischen Fragen, was der Mensch zu »ver-geben« hat. Oder um es psychodynamischer auszudrücken: Wie vergeblich leben und lieben wir und verstehen wir es auch, angemessen zu hassen? In jeglicher Beziehung scheint es dabei mehr darum zu gehen, seinen Hass zu lieben, als seine Liebe zu hassen.

Vorzüglich hat dies alles einmal die Mutter einer 12-jährigen Angstpatientin in ihrer authentischen Art zusammengefasst. Nachdem wir uns

5.5 Liebe und Aggression – Hass und Vergeblichkeit

über heftige familiäre Meinungsverschiedenheiten ausgetauscht hatten, meinte die Mutter bezüglich ihrer Tochter eindrücklich: »Ich mag sie nicht ... Also, ich liebe meine Tochter über alles, aber manchmal, da mag ich sie einfach nicht!

Für mich persönlich hat sich hierbei empirisch über den zugewandten Bezug zu mir selbst wiederholt gezeigt, wie die fiesesten, angriffslustigsten und vermeintlich bösesten Kinder und Jugendlichen auf emotionaler Ebene bei allen Widerständen die im Grunde labilsten, kränkbar-empfindsamsten und auch bedürftigsten Heranwachsenden gewesen sind. Wenn das Leben mit seinen final unergründlichen Mächten von Gut und Böse mir etwas bei- und nähergebracht hat, dann die Relativität von menschlicher Stärke und Schwäche. Diese basal narzisstischen Ebenen sind bei uns allen zutiefst verletzlich und werden bei ernsthaft bedrohlichen Angriffen auf alles, was uns lieb ist, potenziell aktiviert. Trotz praktisch therapeutischer Zugewandtheit und theoretisch psychodynamischem Hintergrundverständnis vermag man dieses getrieben Ungehaltene oft gar nicht unmittelbar wahrzunehmen. Bei hinreichend liebevollem Blick scheint es allerdings in verschiedenen Rahmenbedingungen immer wieder auf:

Da ist beispielsweise die aggressiv-dissoziale neunjährige Patientin auf meiner Station der Kinder- und Jugendlichenpsychiatrie, die bereits bei vermeintlich kleinsten Kränkungen mitunter völlig auf- bzw. abdreht und teilweise nur unter gewaltigen Anstrengungen zu bändigen ist. Tief bewegend ist mir dabei in Erinnerung geblieben, wie mich dieses unnahbar ungehaltene und psychotisch anmutende Mädchen während ihres mehrmonatigen Aufenthalts wiederholt beinahe angefleht hat, in den Nächten bei ihr an ihrem Bett zu bleiben, weil ihr »die Stimme aus dem Fenster« solche Angst mache.

Dann sehe ich den »coolen« dreizehnjährigen Jungen vor mir, den ich während meiner Tätigkeit in einer teilstationären Jugendhilfegruppe betreut habe. Dieser hatte als Straßenkind aus einem Armenghetto nicht nur in unserer Gruppe eine beinahe mystische Aura des Unantastbar-Starken und er prahlte immer wieder mit seinen gewaltigen Verbrechen. Auch ich selbst bin dabei trotz meines durchgehend psychodynamischen Verständnishorizontes von Abwehrstrukturen und Größenselbst durchaus davon angesteckt gewesen, und ich vergaß mitunter, dass ich im Grunde ein höchst bedürftiges liebeswilliges Kind vor mir habe. Wirklich ersichtlich und spürbar berührend ist mir dies schließlich bei einer Szene am Ende seines Aufenthaltes bewusst geworden. Dabei begleitete ich ihn bei seinem Wechsel in eine andere stationäre Wohngruppe und mir fiel tatsächlich erst nach einem sympathisch-angerührtem Blick der dortigen Kollegin auf, dass er mich kurz vor unserem endgültigen Abschied – erstmalig – ganz zaghaft an der Hand hielt!

Schließlich begegne ich dem muskelbepackten, volltätowierten Vater mit respekteinflößender Ausstrahlung, der mit vielen Vorstrafen belastet lange Zeit jegliche Verantwortung und jeglichen emotionalen Bezug zu seinem Kind leugnet. Dieser für mich zunächst wenig liebenswert erscheinende Vater lässt sich schließlich nach fortgeschrittenem begleitenden Therapieprozess, in den ich ihn wiederholt hineinzuholen versuchte, bei seinen eigenen Kindheitsbezügen erreichen. Dabei tauschen wir uns eindrücklich über »unser aller Überlebenskampf« aus und er kann gefühlvoll einräumen, dass er »es nur als Kampf kenne, das Leben!« Ihm ist es dabei im Anschluss sichtlich gelungen, diesen unausweichlichen Überlebenskampf annähernd zu transformieren, und es bildete sich über den zugewandten Bezug zu sich selbst und seinem tragfähigen »Kampfgeist« eine behutsam liebevollere Beziehung zu seinem Kind.

Und dann ist da noch die junge Mutter, die – eigentlich in »guten«, wohlsituierten Familienverhältnissen aufgewachsen – überhaupt keinen liebevollen und, wie sie selber sagt, »friedlichen« Zugang zu ihrem Kleinkind bekommt und dieses wiederholt heftig schlägt, verbal bloßstellt und häufig alleine lässt. Nach solchen schuldbeladenen Situationen überschwemmt sie ihre kleine Tochter mit Wiedergutmachungsgesten und -geschenken, was bei mir gegenübertragend ein ums andere Mal hefigste Gefühlswallungen von Anspannung, Apathie und Rachegelüsten erzeugt. Ich mag diese mitunter sehr provokant auftretende Mutter lange Zeit nicht leiden! Im Grunde bis zu dem Zeitpunkt, in dem sie mir gegenüber nach sehr intensivem Therapieprozess einräumen wird, dass sie doch wisse, was los sei: »Diese Gaben sind eigentlich für mich …!«

> Auch wenn also natürlich nicht jedes Menschenkind für einen selbst liebenswert oder -würdig erscheinen mag, ein jedes ist der Liebe wert und würdig! So versuche ich selbst in meiner therapeutischen Haltung nicht bemüht liebenswürdig, aber immer liebeswürdigend aufzutreten und vergeblich zu hoffen.

5.6 Liebevoller therapeutischer Spielraum – gesunde Widerstandskraft und Hoffnung

Bei allen psychodynamischen Therapieangeboten geht es wesentlich um die inneren, aber auch äußeren Rahmenbedingungen. Dabei stellt sich die wiederholte Frage, wie beweglich tolerant, d. h. flexibel-resilient und schließlich liebevoll sich mein innerer Raum als zur Verfügung stehender sowie verfügender Therapeut gestaltet. Hier kann es entsprechend der Fähigkeit des Liebens wohl nicht um eine bedingungslose Auf- und Hinnahme von allem, was von der anderen Seite kommt, gehen als vielmehr um ein bedingendes und ermöglichendes Zeit- und Raumangebot mit all seinen haltenden und strukturierenden Grenzen. Resilienz verstehe ich dabei in ihrer Ursprungsbedeutung als die elementar-vitale Fähigkeit der Spannungs-, Elastizitäts- und Widerstandskraft, wobei in diesem psychodynamischen Raum Widerstand mehr als Kraft, denn als Hemmung die entscheidende Rolle spielt. Dabei geht es wesentlich um das dialogisch wiederholte Be- und Erachten unseres universellen Liebeswillens. Diese zutiefst berührenden Gegenwartsmomente, in denen man sich als Patienten des Lebens liebevoll näherkommt, sind vielfältig und bei entsprechender Beachtung auch zahlreich.

Betrachtet man die erwähnten emotional-affektiven Wurzeln unseres Daseins nochmals aus lebenspraktischer und damit auch therapeutischer Sicht, dann findet sich auch hier keine Antwort auf die Frage, was im Grunde ursprünglicher ist: die Angst, die Aggression, etwas Liebevolles oder doch etwas anderes? Ist der Mensch in seinem gewaltig unersättlichen Ursprung nun des Menschen Bestie oder einfach nur eine bedrohlich verlorene Seele voll sehnsüchtigem Liebeswillen? Kein Menschenkind weiß es! Diese existenzielle Ungewissheit bewältigt jede Seele auf ihre ganz individuelle Art und Weise, wobei der mehrfach erwähnte Bion diese »Wolke des Nichtwissens« in seinen träumerisch-mystischen Zugangswegen über die urmenschliche »negative Fähigkeit« bewältigend zu erklären versuchte. Dieses ursprünglich von der Poesie inspirierte und zutiefst heilsame Vermögen zeugt von aushaltender Offenheit für alles Nicht-Verstehbare und Unverbunden-Unsichere der humanen Lebenswelt. Sehr wesensähnlich mit diesem Prinzip gestaltet sich die Ambiguitätstoleranz als Fähigkeit, den im zwischenmenschlichen Leben unausweichlichen Widersprüchlich- und Mehrdeutigkeiten gewahr zu werden und diese insoweit hinzunehmen.

Das Menschenkind als ein solch dualistisch-gespaltenes Wesen hat hier im existenziellen Grunde wie erwähnt Unerträgliches zu ertragen, und die Hoffnung – für Diogenes »das Letzte im Leben« – stirbt bekanntlich ja auch zuletzt. So sei hier mit der Hoffnung und dem Glauben jenen Kräften ertragreicher Raum gegeben, die leider im psychoanalytischen bzw. -dynamischen Diskurs gleichsam nicht immer an erster Aufmerksamkeits- bzw. Bewusstseinsstelle stehen. Während Riemann mit vielen anderen Psychoanalytikern die »Urform der Hoffnung« in der erwartungssicheren Vorfreude des Babys auf seine Mutter sieht (Riemann, 2017, S. 68), beschreibt Fromm auch ihre paradoxe Gestalt. Er hat sich viele eingehende Gedanken über die Hoffnung gemacht und sieht diese als das eigentliche Gegenteil von rein oberflächlichem Wunschdenken. Hoffen heißt für Fromm, jeden Augenblick bereit sein für das, was noch nicht geboren ist, und dabei trotzdem nicht zu verzweifeln, wenn es zu unseren Lebzeiten nicht zur Geburt kommt. Viele Menschen fühlen sich laut ihm bewusst hoffnungsvoll und unbewusst hoffnungslos. Dabei gäbe es einige wenige, für die das Umgekehrte gilt. Bei der Untersuchung der Hoffnung und der

Hoffnungslosigkeit komme nicht darauf an, was die Menschen über ihre Gefühle denken, sondern, was sie wirklich empfinden (Fromm, 2019).

Hoffnung ist für mich zutiefst psychodynamisch und speist sich aus unserem Glauben, den ich jenseits jeglicher religiös-konfessioneller Wertanschauungen im Sinne eines inspirierenden und lebenserhaltenden Urvertrauens verstehe. Dieses wiederum entsteht ausschließlich in liebeswilligen Beziehungsresonanzen. Dieser Liebeswille ist jeder Menschenseele als *Charisma* (von gr. chárisma für: Gabe, Geschenk) mitgegeben. Welche psychophysischen und emotionalen Schwingungen das Menschenkind insbesondere in seinen frühesten Lebensphasen dabei durchdringen und ob diese es liebevoll zu berühren vermögen, stellt wesentliche Weichen für seine Entwicklung. Hier zeigt sich die Liebe von ihrer lebensentscheidenden Grundgefühlsseite, ohne einen wesentlichen äußerlich berührenden Hauch von ihr ist eine insoweit kohärente und stabile Selbst- bzw. Persönlichkeitsentwicklung schwerlich vorstellbar. Alle entsprechenden wissenschaftlichen Erkundungen als auch meine persönlichen empirischen Erfahrungen zeigen, dass eine lieblose, die Grundbedürfnisse des Kindes nicht ausreichend stillende Erziehung zu seelischen bzw. emotionalen Störungen und Inkohärenzen führen kann. Je schwerwiegender dabei die psychophysischen und emotionalen Mangelerlebnisse, desto wahrscheinlicher erscheinen die entsprechenden Störungsbilder. Dies steht für mich außer Frage und als Psychotherapeut ist man ja Experte für den professionellen Umgang mit exakt diesen Entwicklungs- und Störungsdynamiken samt der entsprechenden Vulnerabilitäts- bzw. Störungsbildern.

Mich faszinieren dabei von jeher, neben dem zugänglichen Verständnis für diese Pathologien, die komplementären Kräfte, die uns Menschenkinder nicht nur schwere traumatische Konstellationen überleben, sondern uns daran potenziell sogar wachsen lassen. Das bekannte Konzept der Salutogenese von Antonowsky dient mir hier neben den bereits erwähnten, entsprechend ressourcenorientierten psychodynamischen Ansätzen als haltgebende Orientierung, wobei mich existenzdynamische Ausrichtungen leiten. Viktor Frankl mit seinem mehr als bewegenden Lebenswerk kann hier als wegweisender Leuchtturm gesehen werden (Frankl, 2006). Davon inspiriert hebt Antonovsky in seinen wegweisenden Forschungen das Relationskontinuum zwischen Gesundheit und Krankheit hervor und betont neben der diesbezüglichen Subjektivität nachhaltig die psychophysischen Anpassungsfähigkeiten bzw. Widerstandskräfte des Menschen. Dabei stellt er den »Sinn für Kohärenz« bzw. das humane »Kohärenzgefühl« in den Mittelpunkt seiner Überlegungen, wie Gesundheit entsteht, und präzisiert, wie bedeutsam es dabei für den Menschen sei, im Leben das Gefühl von »Verstehbarkeit«, »Handhabbarkeit« und »Sinnhaftigkeit« zu erfahren (Antonovsky, 1997).

So verstehe ich das psychodynamische Feldgeschehen zwischen Patienten des Lebens jeglichen Alters als einen *ersinnenden (Auf-)Bewahrungsraum*, welcher auf zutiefst wechselseitiger Liebeswilligkeit samt all ihrer zwischenmenschlichen Widerstände beruht. Etwas mutiger könnte man auch vom gemeinsamen therapeutischen *Liebesspiel* auf der Suche nach bedeutsamer Resonanz sprechen, wobei das Spielerische bzw. die spielerische Dimension als zutiefst sinnlich dialektischer und kommunikativer Möglichkeits- bzw. Spielraum in und zwischen Menschen zu würdigen ist. Den wesentlichsten Unterschied zwischen unter- und aufsuchendem Menschen, also zwischen Therapeut und Patient, sehe ich dabei im höchst verantwortungsvollen Gelöbnis der Fachkraft, unaufhörlich für die ihr anvertrauten Menschen als auch für eine angemessene professionell-reflexive Aus-, Weiter- und vor allem Selbstbildung Sorge zu tragen.

Ein inspirierender Gedanke begleitet mich dabei schon lange: Während die Ärzteschaft sich berufsethisch bekanntlich auf den hippokratischen Eid bezieht, ohne dass dieser bindend rechtlichen Charakter besitzt, fehlt den psychologischen Psychotherapeuten bzw. den Kinder- und Jugendlichenpsychotherapeuten der unmittelbare Bezug zu einer entsprechend konkreten Wertemaxime meines Wissens völlig. Selbstverständlich beziehen sie sich bei ihrer moralisch höchst anspruchsvollen Tätigkeit auf ethische Richtlinien und Berufsordnungen, der Weltärztebund seinerseits verabschiedet seit Jahrzehnten regelmäßig die »Genfer Deklaration«. Diese stellt als »ärztliches Gelöbnis« eine zeitgemäße und ohne religiösen Bezug bestehende Version des besagten Eids des Hippokrates dar (vgl. Gerabek, 2005).

Da mich dieses feierlich-stimmungsvolle Votum in seiner Respekt, Würde aber auch Liebe vermittelnden Atmosphäre immer schon sehr beeindruckt hat, stelle ich mir eine entsprechende Beteuerung auch für uns Psychotherapeuten vor. Als Inspiration kommen dabei in Übereinstimmung mit meiner dargelegten liebesdynamisch psychotherapeutischen

Haltung – von ekklesiogenen Einflüssen befreit und entsprechend angepasst – die wohl schönsten und wahrhaftigsten Zeilen infrage, die je über die Liebe geschrieben wurden:

> »Wenn ich in den Sprachen der Menschen und Engel redete, hätte aber die Liebe nicht, wäre ich dröhnendes Erz oder eine lärmende Pauke. Und wenn ich prophetisch reden könnte und alle Geheimnisse wüsste und alle Erkenntnis hätte; wenn ich alle Glaubenskraft besäße und Berge damit versetzen könnte, hätte aber die Liebe nicht, wäre ich nichts. Und wenn ich meine ganze Habe verschenkte und wenn ich meinen Leib opferte, um mich zu rühmen, hätte aber die Liebe nicht, nützte es mir nichts.
> Die Liebe ist langmütig, die Liebe ist gütig. Sie ereifert sich nicht, sie prahlt nicht, sie bläht sich nicht auf. Sie handelt nicht ungehörig, sucht nicht ihren Vorteil, lässt sich nicht zum Zorn reizen, trägt das Böse nicht nach. Sie freut sich nicht über das Unrecht, sondern freut sich an der Wahrheit. Sie erträgt alles, glaubt alles, hofft alles, hält allem stand.
> Die Liebe hört niemals auf. Prophetisches Reden hat ein Ende, Zungenrede verstummt, Erkenntnis vergeht. Denn Stückwerk ist unser Erkennen, Stückwerk unser prophetisches Reden; wenn aber das Vollendete kommt, vergeht alles Stückwerk. Als ich ein Kind war, redete ich wie ein Kind, dachte wie ein Kind und urteilte wie ein Kind. Als ich ein Mann wurde, legte ich ab, was Kind an mir war. Jetzt schauen wir in einen Spiegel und sehen nur rätselhafte Umrisse, dann aber schauen wir von Angesicht zu Angesicht. Jetzt ist mein Erkennen Stückwerk, dann aber werde ich durch und durch erkennen, so wie auch ich durch und durch erkannt worden bin.
> Für jetzt bleiben Glaube, Hoffnung, Liebe, diese drei; doch am größten unter ihnen ist die Liebe« (1. Kor 13, 1–13 EU).

5.6.1 Vergebliches

Nicht verschweigen will ich abschließend die zahlreichen therapeutischen Begegnungen und Behandlungen, bei denen eine liebevolle Annäherung nicht annähernd gelungen oder gar krachend gescheitert ist. Zur psychotherapeutischen Wahrheit gehören eben auch letztlich unergründliche Beziehungsdissonanzen, unlösbare Stagnationen, Verfehlungen und – abrupte – Abbrüche, wobei ich aus Patienten- und Eigenschutz öffentlich keine näheren Praxisbeispiele ausführen will. Hier zeigt sich mitunter die wahre Liebeskunst, und es kommt entscheidend darauf an, wie vergeblich wir als Menschen, aber auch als menschenbezogene Therapeuten leben.

»Vergeblich« bedeutet im existenziellen Grunde dabei wie gesagt nicht »vergebens« in einem resignativen Sinne. Vielmehr ist »Vergeblichkeit« wiederholend als essenzielle Fähigkeit und Grundlage unserer Mitmenschlichkeit zu würdigen. Bei der angemessen mittelbaren beruflichen Nach- bzw. Wiederaufarbeitung der entsprechenden Behandlungsverläufe stützt mich unmittelbar mein besagter hoffnungsvoller Glaube, und ich bin wiederholt bemüht, so professionell-gefasst und selbstkritisch-konstruktiv wie möglich, auch etwaige Behandlungsfehler meinerseits zu analysieren.

In der Tat wünsche ich mir dabei allgemein berufsständisch mehr Offenheit und eine angemessenere Kultur des Scheiterns, so einiges scheint hier meines Erachtens weiterhin tabuisiert. Ich persönlich versuche vermeintliche Fehlschläge im Kleinen wie im Großen möglichst authentisch zu handhaben und etwaige Dissonanzen im Raum empathisch-liebevoll und mit durchaus eigenfehlbarer Attitüde zu benennen. Dabei entschuldige ich mich mitunter auch bei Patienten jeglichen Alters in entsprechenden Übertragungskonstellationen, wie beispielsweise, wenn ich für mich gegenübertragend erkenne, dass ich zu unaufmerksam oder zu schroff und manchmal eventuell auch zu lieblich gewesen bin. Am ertragreichsten schaffe ich das vergeblich und in hinreichend aufrichtiger Achtung all meiner ganz begrenzten Kräfte.

Mein therapeutisches Angebot, samt seiner Grenzen, erläutere ich übrigens in den Erstkontakten allen Patienten möglichst transparent und altersangemessen. Dieses beschreibe ich immer als Behandlungs*versuch*, bei dem über gemeinsames Kennenlernen ein entwicklungsfördernder und dadurch hoffentlich symptomverbessernder Resonanz- und Selbsterkundungsraum entstehen kann. Obligatorisch ist während der Probatorik dabei ja neben der Einsichts- vor allem die *Einwilligungsfähigkeit* auch der jüngsten Patienten abzuklären. Damit erhalten die basalen zwischenmenschlichen Ebenen der Liebesfähigkeit und des Liebeswillens von Therapiebeginn an ihre relationsdiagnostische Beachtung. Die Liebe bringe ich dabei immer wieder explizit in die Übertragungsbeziehung ein, implizit schwingt sie wie gesehen immer mit, in der Regel betone ich dabei das *Tragende* in den Konzepten von Übertragung und Gegenübertragung. Bei stimmiger Dynamik spreche ich mit gesundheitsbetonender Stimme gelegentlich von unser aller Suche nach ihr, wobei ich differenzialdia-

5.6 Liebevoller therapeutischer Spielraum – gesunde Widerstandskraft

gnostisch ehrlich gemeinte Werbung für andere seriöse Therapieverfahren mache, die sich meiner Meinung nach derselben Untersuchung widmen. Meine nachhaltigen Erfahrungen lehren mich hier eine psychotherapeutische Demut gegenüber den Patienten des Lebens und so ist meine entsprechende Haltung potenziell mehr von Pragmatismus als von Idealismus geprägt. Auch etwaige Risiken und Nebenwirkungen von Psychotherapie, wie Symptomverschiebung bzw. -verschlechterung oder die Gefahren eines zu starken Abhängigkeitsverhältnisses, versuche ich angemessen einzubringen und darüber aufzuklären, immer mit dem familiendynamischen Hinweis, dass dabei gemeinsam zu eruieren ist, was und wie viel an Veränderung ertragbar und schließlich ertragreich erscheint. Manchmal kann auch die fundierteste und bestgemeinte Psychotherapie nichts wesentlich Förderliches und Liebevolles bewirken!

Dies alles gehört für mich unzweifelhaft zu meiner psychotherapeutischen und analytischen Haltung, meine Identität bringe ich hier nur bedingt ins Spiel. Diese würde ich unbedingt und in jeglicher Beziehung als menschlich beschreiben.

> Auch weil ich einiges an ihr zu hassen verstanden habe, liebe ich die Psychoanalyse dafür, dass sie sich – mit allem, was sie hat und ist – dorthin wagt, wo Es ist. Wo das Andere sich bewegt und wo es keine eindeutigen Antworten, ja nicht einmal sinnvolle Strukturen zu geben scheint. Jeder Mensch, der sich mit ihr in diese zunächst unsinnig erscheinende Richtung begibt, bewegt sich annähernd auf die Liebe zu: Auch dabei lässt man sich mit allen Sinnen – mit allem, was man hat und ist – auf etwas zutiefst Ungewisses ein.
>
> Zu guter Letzt ist es wieder ganz einfach, schließlich gibt es *die* Psychoanalyse – genauso wie *die* Liebe – natürlich gar nicht. Vielmehr bestehen so viele Spielarten davon, wie Patienten des Lebens existieren.

Nachspiel – Zeit für Liebe

Zum Ende will ich noch von einem kleinen Jungen erzählen, von dem ich selbst unermesslich viel über die Liebe und für mein eigenes Leben gelernt habe:

> Der psychosoziale Hintergrund dieses Patienten war von zahlreichen Belastungsfaktoren geprägt. Das Kind zeigte dabei ein vielfältiges, strukturdimensionales Symptomspektrum von depressiv-zwanghaften und angsterfüllten Tendenzen. Erst allmählich und nach langer therapeutischer Erkundungs- bzw. Findungsphase konnte es seine tief aggressiven und wahrlich traurigen Anteile zeigen. Eher dominierte bei dem Jungen nachhaltig eine sehr angepasst wirkende und um das Objekt bemühte Attitüde, wobei in unserem gemeinsamen Resonanzraum von Beginn an eine subtile Anspannung zu spüren gewesen war. Während ich hier wiederholt massiv abgewehrte Aggressionen assoziierte, bewegte mich nachhaltig noch etwas Anderes, was ich am ehesten als subtile Abneigung, im Nachhinein möglicherweise gar als Hass beschreiben würde. Er konnte in seiner passiv-aggressiven Art auch wirklich so richtig fordernd und besserwisserisch auftreten, was wiederum in mir starke Schuldgefühle auslöste, zumal ich wiederholt erkannte, wie viel der Junge an delegativer bzw. parentifizierter Last zu schultern hatte.
>
> Familiär wusste ich nämlich von teils heftigen elterlichen Auseinandersetzungen mit häuslicher Gewalt, wobei sowohl die Mutter als auch der Vater bei mir zunächst etwas sehr Ambivalentes auslösten. Dabei konnten meine Empfindungen unvermittelt zwischen verständnisvoller Anteilnahme und völlig verständnislosem Widerwillen hin- und herpendeln. Als Migranten aus einfachsten bäuerlichen Verhält-

nissen stammend, wirkten beide Eltern nach ihren Möglichkeiten liebevoll bemüht, während sie mir gleichzeitig etwas sehr Unnahbares, Zweifelndes vermittelten. Dabei kam es wiederholt vor, dass mich der Vater in seiner betont väterlichen und dabei emotional völlig überforderten Art auf einer bestimmten Resonanzebene anrührte, während die Mutter in einer wohl sehr angstbesetzten Ausstrahlung beinahe immer vorwurfsvoll, dabei aber dennoch irgendwie mütterlich wirkte. Besonders sie schien den Jungen als seelischen Ausgleichsmotor über schuldvermittelnde Delegationen und überbordende ödipale Nähe an sich zu binden, was in meiner Gegenübertragung mitunter heftigste Abneigungsimpulse auslöste. Etappenweise erfuhr ich dabei mehr von den biografischen Hintergründen und kindlichen Welten der Eltern. Aus einem anderen Kulturkreis kommend, hatten sie bereits in sehr jungen Jahren geheiratet, die Mutter sei damals selbst »noch ein Kind« gewesen und habe die Ehe vorwiegend als erzwungene »Verheiratung« und nicht als »Liebesheirat« erlebt. Interessanterweise konnte in dem langen therapeutischen Begleitungsprozess erkenn- und spürbarer werden, wie beim Vater auch starke Verliebtheitsgefühle vorgeherrscht hatten, wobei auch die Mutter sukzessive sehnsüchtige Zuneigungsgefühle aus dieser frühen Ehezeit berichten kann.

Hier wird für mich wiederum das große Mysterium der Liebe deutlich, sie lässt sich eben insbesondere in ihrer Wandlungsmacht zwischen sehnsüchtig-zärtlichem Liebeswillen, leidenschaftlich-romantischer Verliebtheit und befremdlich-verängstigender Lieblosigkeit nicht abschließend kategorisieren. So sind mir in meiner Laufbahn unzählige (Ehe- bzw. Eltern-)Paare begegnet, bei denen die Wege der Liebe unvorhersehbare Entwicklungen genommen haben: Während vermeintlich aus Zwängen heraus verheiratete Paare, die sich zu Beginn völlig fremd waren, über die Jahre in tief verbundener Zuneigung zueinander gefunden haben, mündete so manche Liebesbeziehung, die in leidenschaftlichster Verliebtheit und scheinbar intimster Vertrautheit begonnen hatte, in heftigsten Konflikten mit gegenseitig hasserfüllten Verwerfungen.

In ähnlicher Grundkonstellation zeigt sich diese zwischenmenschliche Dynamik ja ähnlich wie bei mir und dem besagten Jungen auch in zahlreichen therapeutischen Patientenbegegnungen. Während hierbei die

Erstkontakte bekanntlich wertvollen Aufschluss über bedeutsamen szenischen bzw. psychodynamischen Gehalt zu vermitteln vermögen und dieses Verständnis für den Aufbau eines tragfähigen Beziehungsbündnisses essenziell ist, habe ich wiederholt und nachhaltig erlebt, wie unvorhersehbar wandlungsfähig diese Übertragungsdynamiken mitunter sein können. So sind mir Patienten, denen ich zu Beginn mit wenig Sympathie oder gar Widerwillen begegnet bin, über die Zeit regelrecht ans Herz gewachsen, und vermeintlich entwicklungsvielversprechende, therapeutisch aussichtsreiche Kontakte mit anfänglicher Sympathie bzw. mild positiver Übertragung haben sich als unpässlich erwiesen und mündeten schließlich in einem unergiebigen Abbruch.

Ohne nun selbst in einen allzu wissenden Habitus zu verfallen, will ich auch hier wiederholend unser potenzielles Nicht-Wissen und die uns fremde, weil schlussendlich unergründbare Dynamik der Liebe einfach zum Ausdruck bringen. Meine erwähnten empirisch-relationalen Erfahrungen zwischen diversen Kulturwelten helfen mir in Bezogenheit zu den Patienten des Lebens, mich in meiner persönlichen therapeutischen Identität wiederholt auf meinen Liebeswillen sowie mein darauf basierendes hinreichend unvoreingenommenes und ausgewogen-flexibles Liebesvermögen zu besinnen. Diese Fähigkeit, sich, seine Mitmenschen und das Leben allgemein zu lieben, ist zu meiner inneren und äußeren, d. h. zu meiner ganzheitlichen haltungs- als auch handlungsleitenden Maxime im Leben und damit auch in jeder Psychotherapie geworden. Dabei ist mir sehr wohl gewahr, dass dies nur mit ganzer Kraft und schließlich doch nur vergeblich zu gelingen vermag.

> Bei den Eltern des Jungen ist mir diese versöhnlich-vergebende Haltung ein ums andere Mal sehr schwergefallen, in introspektiver Einfühlung mit dem kindlichen Patienten läuft mir heute noch ein Schauer über den Rücken, wenn mir die vorgestellten Szenen mit brutaler elterlicher Gewalt bewusst werden bzw. wenn ich an die Verwahrlosungszustände denke, in denen die Familie und eben insbesondere der Junge samt seiner Geschwister gelebt haben. Manchmal gab es dabei für längere Zeit tatsächlich überhaupt nichts zu essen daheim und die Atmosphäre ist von allumfassender existenzieller Angst geprägt gewesen. Erst nach eigener therapeutischer Durcharbeitung der elterlichen Familienhin-

tergründe ist hierbei eine sukzessive Annäherung an verständnisvolle Ebenen gelungen. Sowohl die Mutter als auch der Vater kamen aus schwer belasteten und konfliktbeladenen Familienstrukturen und sind deswegen schließlich nach Deutschland »geflüchtet«.

Auch hierbei lohnt sich eine reflektierend psycho- bzw. familiendynamische Perspektive, aus meiner Erfahrung finden sich bei vielen Flüchtlings- bzw. Migrationshintergründen neben den bewussten politisch-wirtschaftlichen Auswanderungsmotiven erhebliche familiäre Belastungs- bzw. Konfliktkonstellationen, welche nicht zuletzt aufgrund kulturell-religiöser Dimensionen starken Abwehrtendenzen bis hin zu Tabuisierungen unterliegen.

So sind es auch bei dieser Familie basale generative und existenzielle Konfliktthemen gewesen, die die einzelnen Mitglieder umgetrieben haben. Mit wiederholter Besinnung auf meinen kindlichen Patienten fällt es mir wie erwähnt auch ihm selbst gegenüber immer wieder schwer, diese tiefsten unbewussten Dimensionen zu erkennen, zumal mir seine beschriebenen unzulänglichen und bedrückenden Eigenarten heute noch einfach zu schaffen machen.

Jener kleine Junge hat mir allerdings in essenzieller Verbundenheit zu seinen Liebsten aufs Nachhaltigste gezeigt, dass gleichgültig, wie kümmerlich und unhaltbar belastend das Leben sich auch in seiner namenlosen Fremdartigkeit zeigen mag, in uns eine Kraft steckt, die voller Liebe alles überwinden kann! Dieses Kind berührt mich bis heute zutiefst, und ich schaffe es mit respektvollem Verständnis für den kleinen Jungen, der mit mir selbst existiert, das vollkommene Liebesmomentum im Hier und Jetzt zu ersinnen. Soweit ich ihm treu bleibe, indem ich ihn gleichzeitig bewahre und loslasse, und es mir gelingt, ihm und seinen ganzen Kräften ertragreich und vor allem sanftmütig liebevoll zu begegnen, finde ich über das Andere in und außerhalb von mir wirklich zu mir selbst. So vermögen mich Dankbarkeit, Demut und Liebe zu durchströmen. Das wiederum schafft wirksame Hoffnung für alle Begegnungen der Welt. »Denn Glück kann nur in der Wirklichkeit, nicht in der Wahrheit gefunden werden und Erlösung nie in der

Wirklichkeit und von der Wirklichkeit, sondern nur in sich selbst und von sich selbst« (Rank, 2015, S. 126).

Dieses Kind als mein ureigener Patient des Lebens geleitet mich von Liebe erfüllt auf meiner unergründlich sensationellen Reise durchs Dasein.

Literatur

Adler, A. (1966). *Menschenkenntnis.* Frankfurt a. M.: Fischer TB.
Adler, A. (1973). *Der Sinn des Lebens.* Frankfurt a. M.: Fischer TB.
Albert, M., Hurrelmann, K. & Quenzel, G. (2019). *18. Shell Jugendstudie. Jugend 2019.* Weinheim: Beltz.
Antonovsky, A. (1997). *Salutogenese: zur Entmystifizierung der Gesundheit.* Tübingen: dgvt.
Apuleius (1998). *Das Märchen von Amor und Psyche: Lateinisch/Deutsch.* Ditzingen: Reclam.
Arbeitskreis OPD (Hrsg.) (2006). *Operationalisierte Psychodynamische Diagnostik OPD-2.* Bern: Hans Huber.
Arbeitskreis OPD- KJ (Hrsg.) (2007). *Operationalisierte Psychodynamische Diagnostik im Kindes- und Jugendalter.* Bern: Hans Huber.
Ariès, P. (1975). *Geschichte der Kindheit.* München/Wien: Carl Hanser.
Balint, M. (1981). *Die Urformen der Liebe und die Technik der Psychoanalyse.* Frankfurt a. M., Berlin, Wien: Ullstein.
Balint, M. (1998). Therapeutische Aspekte der Regression: Die Theorie der Grundstörung. Stuttgart: Klett-Cotta.
Bartels, A. (2016). Die Liebe im Kopf. Zur Neurobiologie von Partnerwahl, Bindung und Blindheit. In: W. Schüßler & M. Röbel (Hrsg.), *LIEBE – mehr als ein Gefühl.* Paderborn: Schöningh.
Becker, S. (2017). Transsexualität, psychosexuelle Identität und multiple Facetten männlicher Identität. In: M. Franz & A. Karger (Hrsg.), *Männliche Sexualität und Bindung.* Göttingen: Vandenhoeck & Ruprecht.
Becker, S. (2018). Geschlecht und sexuelle Orientierung in Auflösung – was bleibt? *KJP, 178, 49,* 185–212.
Bergmann, M. (1999). *Eine Geschichte der Liebe: Vom Umgang des Menschen mit einem rätselhaften Gefühl.* Frankfurt a. M.: Fischer TB.
Best, O. (2001). *Die Sprache der Küsse.* Leipzig: Koehler & Amelang.
Blos, P. (2001). *Adoleszenz. Eine psychoanalytische Interpretation.* Stuttgart: Klett-Cotta.
Bonanno, G. (2021). The resilience paradox. *European Journal of Psychotraumatology, 12:1,* DOI: 10.1080/20008198.2021.1942642.

Boszormenyi-Nagy, I. & Spark, G. (1981). *Unsichtbare Bindungen.* Stuttgart: Klett.
Bowlby, J. (2006a). *Bindung.* München: Ernst Reinhard.
Bowlby, J. (2006b). *Verlust. Trauer und Depression.* München: Ernst Reinhard.
Bowlby, J. (2018). *Trennung. Angst und Zorn.* München: Ernst Reinhard.
Branden, N. (1982). *Liebe für ein ganzes Leben.* Hamburg: Rowohlt.
Brazelton, B & Greenspan, S. (2008). *Die sieben Grundbedürfnisse von Kindern. Was jedes Kind braucht, um gesund aufzuwachsen, gut zu lernen und glücklich zu sein.* Weinheim, Basel: Beltz.
Capelle, W. (1961). *Die Vorsokratiker: Die Fragmente und Quellenberichte übersetzt und mit einer Einleitung versehen von Wilhelm Capelle.* Berlin: Akademie Verlag.
Cohen, Y. (2014). Liebe. In: W. Mertens & B. Waldvogel (Hrsg.), *Handbuch psychoanalytischer Grundbegriffe.* Stuttgart: Kohlhammer.
Csikszentmihályi, M. (2008). *Flow. Das Geheimnis des Glücks.* Stuttgart: Klett-Cotta.
Damasio, A. (2000). *Ich fühle, also bin ich. Die Entschlüsselung des Bewusstseins.* Berlin: List.
De Waal, F. (2011). *Das Prinzip Empathie. Was wir von der Natur für eine bessere Gesellschaft lernen können.* München: Carl Hanser.
deMause, L. (Hrsg.) (1977). *Hört ihr die Kinder weinen. Eine psychogenetische Geschichte der Kindheit.* Frankfurt a. M.: Suhrkamp.
Die Bibel (1980). *Altes und Neues Testament. Einheitsübersetzung.* Lizenzausgabe. Freiburg i. Br.: Herder.
Doolitle, H. (2008). *Tribut an Freud.* Basel: Urs Engeler Editor.
Dornes, M. (2004). *Der kompetente Säugling. Die präverbale Entwicklung des Menschen.* Frankfurt a. M.: Fischer TB.
Egen, C. (2009). *Zur Sozio- und Psychogenese der romantischen Liebesvorstellung in westeuropäischen Gesellschaften.* Göttingen: Cuvillier.
Eibl-Eibesfeldt, I. (1999). *In der Falle des Kurzzeitdenkens.* München: Piper.
Einstein, A. (1929, 26. Oktober). »What life means to Einstein«. In: *The Saturday Evening Post.*
Erikson, Erik H. (1984). *Kindheit und Gesellschaft.* Stuttgart: Klett-Cotta.
Ermann, M. (2019). *Identität und Begehren. Zur Psychodynamik der Sexualität.* Stuttgart: Kohlhammer.
Federn, P. (2017). *Ichpsychologie und die Psychosen.* Frankfurt a. M.: Suhrkamp.
Ferenczi, S. (1924). *Versuch einer Genitaltheorie.* In: Schriften zur Psychoanalyse II. Gießen: Psychosozial.
Ferenczi, S. (1933). *Sprachverwirrung zwischen den Erwachsenen und dem Kind.* In: Schriften zur Psychoanalyse II. Gießen: Psychosozial.
Fisher, H. (2005). *Warum wir lieben. Die Chemie der Leidenschaft.* Olten und Freiburg i. Br.: Walter.
Fonagy, P. (2011). Eine genuin entwicklungspsychologische Theorie des sexuellen Lustempfindens und deren Implikation für die psychoanalytische Technik. *AKJP, 152,* 42, 469–497.

Fonagy, P., Gergely, G., Jurist, F. I., & Target, M. (2004). *Affektregulierung, Mentalisierung und die Entwicklung des Selbst*. Stuttgart: Klett-Cotta.
Frankl, V. (2006). *... trotzdem Ja zum Leben sagen*. München: Deutscher Taschenbuch Verlag.
Freud, S. (1905). *Drei Abhandlungen zur Sexualtheorie*. Studienausgabe Band 5. Frankfurt a. M.: Fischer TB.
Freud, S. (1907a). *Der Wahn und die Träume in W. Jensens »Gradiva«*. Studienausgabe Band 10. Frankfurt a. M.: Fischer TB.
Freud, S. (1910). *Über »wilde« Psychoanalyse*. Studienausgabe Ergänzungsband. Frankfurt a. M.: Fischer TB.
Freud, S. (1914). *Zur Einführung des Narzissmus*. Studienausgabe Band 3. Frankfurt a. M.: Fischer TB.
Freud, S. (1915). *Bemerkungen über die Übertragungsliebe*. Studienausgabe Ergänzungsband. Frankfurt a. M.: Fischer TB.
Freud, S. (1920). *Jenseits des Lustprinzips*. Studienausgabe Band 3. Frankfurt a. M.: Fischer TB.
Freud, S. (1921). *Massenpsychologie und Ich-Analyse*. Studienausgabe Band 9. Frankfurt a. M.: Fischer TB.
Freud, S. (1930 [1929]). *Das Unbehagen in der Kultur*. Studienausgabe Band 9. Frankfurt a. M.: Fischer TB.
Freud, S. (1933 [1932]). *Neue Folge der Vorlesungen zur Einführung in die Psychoanalyse*. Studienausgabe Band 1. Frankfurt a. M.: Fischer TB.
Freud, S. (1997a). *Abriss der Psychoanalyse. Einführende Darstellungen*. Frankfurt a. M.: Fischer TB.
Freud, S. (1997b). Über Psychoanalyse. Fünf Vorlesungen, gehalten zur zwanzigjährigen Gründungsfeier der Clark University in Worcester, Mass., September 1909 (1910). In: S. Freud (1997). *Abriss der Psychoanalyse. Einführende Darstellungen*. Frankfurt a. M.: Fischer TB.
Fromm, E. (1999). *Die Kunst des Liebens*. Berlin: Ullstein.
Fromm, E. (2019). *Die Revolution der Hoffnung*. Gießen: Psychosozial.
Gerabek, W., u. a. (Hrsg.) (2005). *Enzyklopädie Medizingeschichte*. Berlin/New York: De Gruyter.
Heinimann, F. (1965). *Nomos und Physis*. Darmstadt: Wissenschaftliche Buchgesellschaft.
Hermsen, E. (2002). Ariès' »Geschichte der Kindheit« in ihrer mentalitätsgeschichtlichen und psychohistorischen Problematik. In: F. Nyssen & L. Janus (Hrsg.). *Psychogenetische Geschichte der Kindheit*. Gießen: Psychosozial.
Hinshelwood, R. (2004). *Wörterbuch der kleinianischen Psychoanalyse*. Stuttgart: Klett-Cotta.
Hopf, H. (1998). *Aggression in der analytischen Therapie mit Kindern und Jugendlichen*. Göttingen: Vandenhoeck & Ruprecht.
Hüther, G. (2000). *Die Evolution der Liebe: Was Darwin bereits ahnte und die Darwinisten nicht wahrhaben wollen*. Göttingen: Vandenhoeck & Ruprecht.

Hüther, G. & Krens, I. (2013). *Das Geheimnis der ersten neun Monate.* Unsere frühesten Prägungen. Weinheim und Basel: Beltz TB.
Junker, T. (2016). *Die verborgene Natur der Liebe.* München: C. H. Beck.
Kaes, R. (2017). Der Geschwisterkomplex. *Psyche – Z Psychoanal 71*, 780–811.
Kafka, F. (1992). *Der Prozess.* Frankfurt a. M.: Fischer.
Kafka, F. (1993). *Hochzeitsvorbereitungen auf dem Lande.* Frankfurt a. M.: Fischer.
Kakar, S. (2008). *Freud lesen in Goa. Spiritualität in einer aufgeklärten Gesellschaft.* München: C. H. Beck.
Klein, M. (1997). *Das Seelenleben des Kleinkindes und andere Beiträge zur Psychoanalyse.* Stuttgart: Klett-Cotta.
Klein, M. & Riviere, J. (1983). *Seelische Urkonflikte. Liebe, Hass und Schuldgefühl.* Frankfurt a. M.: Fischer TB.
Kohut, H. (1989). *Wie heilt die Psychoanalyse?* Frankfurt a. M.: Suhrkamp.
Korosidis, D. (2021). *Psychodynamik des Todes bei Kindern und Jugendlichen.* Stuttgart: Kohlhammer.
Krutzenbichler, H. S. & Essers, H. (2010). *Übertragungsliebe.* Gießen: Psychosozial.
Langmeier, J. & Matějček, Z. (1977). *Psychische Deprivation im Kindesalter: Kinder ohne Liebe.* München, Wien, Baltimore: Urban und Schwarzenberg.
Laplanche, J. (2004). Die rätselhaften Botschaften des Anderen und ihre Konsequenzen für den Begriff des »Unbewussten« im Rahmen der Allgemeinen Verführungstheorie. *Psyche – Z Psychoanal 58*, 898–913.
Lewis, T., Amini, F. & Lannon, R. (2001). *A General Theory of Love.* New York: Vintage.
Lorenz, K. (1983). *Das sogenannte Böse.* München: Deutscher Taschenbuch Verlag.
Matthiesen, S. (1997). *Wandel von Liebesbeziehungen und Sexualität.* Gießen: Psychosozial.
Mertens, W. (2014). Ödipuskomplex. In: W. Mertens & B. Waldvogel (Hrsg.), *Handbuch psychoanalytischer Grundbegriffe.* Stuttgart: Kohlhammer.
Nyssen, F. & Janus, L. (Hrsg.). (2002). *Psychogenetische Geschichte der Kindheit.* Gießen: Psychosozial.
Ovid (1994). *Metamorphosen: Lateinisch/Deutsch.* Ditzingen: Reclam.
Pessoa, F. (2011). *Das Buch der Unruhe des Hilfsbuchhalters Bernardo Soares.* Frankfurt a. M.: Fischer TB.
Petri, H. (2007). *Bloß nicht zu viel Liebe.* Stuttgart: Kreuz.
Piaget, J. (1985). *Weisheit und Illusionen der Philosophie.* Frankfurt a. M.: Suhrkamp.
Quindeau, I. (2008). *Verführung und Begehren. Die psychoanalytische Sexualtheorie nach Freud.* Stuttgart: Klett-Cotta.
Rank, O. (2006). *Technik der Psychoanalyse.* Band I–III. Gießen: Psychosozial.
Rank, O. (2015). *Wahrheit und Wirklichkeit.* Graz: Huber.
Reich, W. (1969). *Die Funktion des Orgasmus.* Köln: Kiepenheuer & Witsch.
Reich, W. (1971). *Massenpsychologie des Faschismus.* Köln: Kiepenheuer & Witsch.
Reik, T. (1985). *Von Liebe und Lust: Über die Psychoanalyse romantischer und sexueller Emotionen.* Frankfurt a. M.: Fischer TB.

Richter, H. (1967). *Eltern, Kind und Neurose*. Stuttgart: Klett.
Riemann, F. (2003). *Grundformen der Angst*. München: Ernst Reinhardt.
Riemann, F. (2017). *Die Fähigkeit zu lieben*. München: Ernst Reinhardt.
Romer, G. (2020). »Brüderlich und Schwesterlich« – Psychodynamische und familiendynamische Aspekte der Geschwisterbeziehung. *KJP, 186, 51*, 183–208.
Roos, P. (2006, 27. April). *Der große Zuhörer*. In: *Die Zeit*, Nr. 18.
Schlegel, M. (2013). Evolution der Empathie. Ein Essay. *Psychotherapie-Wissenschaft, 3(2)*, 90–102.
Schmehl, S. & Oberzaucher, E. (2016). Geboren, um zu lieben. Die evolutionsbiologischen Grundlagen von Bindungsverhalten und romantischer Liebe. In: W. Schüßler & M. Röbel (Hrsg.), *LIEBE – mehr als ein Gefühl*. Paderborn: Schöningh.
Schmidt, G., Dekker, A., Matthiesen, S. & Starke, K. (Hrsg.) (2006). *Spätmoderne Beziehungswelten. Report über Partnerschaft und Sexualität in drei Generationen*. Gießen: Psychosozial.
Schopenhauer, A. (1994). *Die Welt als Wille und Vorstellung*. Band 1 & 2. Frankfurt a. M.: Suhrkamp.
Schultz-Venrath, U. (2013). *Lehrbuch Mentalisieren*. Stuttgart: Klett-Cotta.
Seiffge-Krenke, I. (2022). Ist das etwa Liebe? Die Entwicklung von Sexualität und romantischen Beziehungen bei Jugendlichen. In: A. Sadjiroen, G. Amelung, A. Boll-Klatt & U. Lamparter (Hrsg.), *Die Liebe ist ein wilder Vogel. Psychoanalytische Beiträge zu einem menschlichen Grundgefühl*. Gießen: Psychosozial.
Shubin, N. (2009). *Der Fisch in uns: Eine Reise durch die 3,5 Milliarden Jahre alte Geschichte unseres Körpers*. Frankfurt a. M.: Fischer TB.
Sohni, H. (2011). *Geschwisterdynamik*. Gießen: Psychosozial.
Solms, M. & Turnbull, O. (2004). *Das Gehirn und die innere Welt*. Düsseldorf und Zürich: Patmos.
Stamm, M. & Halberkann, I. (2015). Resilienz – Kritik eines populären Konzepts. In: S. Andresen, K. Koch & J. König (Hrsg.), *Vulnerable Kinder. Interdisziplinäre Annäherungen*. Wiesbaden: Springer VS.
Stern, D. (2020). *Die Lebenserfahrung des Säuglings*. Stuttgart: Klett-Cotta.
Sternberg, R. J. (1986). A triangular theory of love. *Psychol. Rev., 93(2)*, 119–135.
Stierlin, H. (1982). *Delegation und Familie*. Berlin: Suhrkamp.
Svensson, P. (2020). *Das Evangelium der Aale*. München: Carl Hanser.
Tögel, C. (2013). *Die Rätsel Sigmund Freuds: Von den Geschlechtsorganen des Aals zur Traumdeutung*. Gießen: Psychosozial.
Tomasello, M. (2020). *Mensch werden. Eine Theorie der Ontogenese*. Berlin: Suhrkamp.
Türcke, C. (2009). *Philosophie des Traums*. München: C. H. Beck.
Ustorf, A. (2012). *Allererste Liebe. Wie Babys Glück und Gesundheit lernen*. Stuttgart: Klett-Cotta.
Willi, J. (1975). *Die Zweierbeziehung*. Hamburg: Rowohlt.
Winnicott, D. (2008). *Von der Kinderheilkunde zur Psychoanalyse*. Gießen: Psychosozial.

Stichwortverzeichnis

A

Abhängigkeit 38, 39, 47, 61, 66, 97, 102, 108, 113, 117, 120, 123, 146, 157
Abwehrmechanismen 75
Adoleszenz 71, 79, 83, 123
Aggression 87, 98, 107, 138, 169, 176
Angst 12, 17, 51, 69, 75, 87, 93, 128, 130, 134, 138, 142, 145, 146, 148, 164, 171, 173, 176, 184
Autonomie 61, 64, 73, 95, 103, 113, 123

B

Befriedigung 32, 66, 68, 73, 96, 97
Begehren 19, 32, 42, 45, 47, 59, 61, 73, 75
Behandlungstechnik 14
Bewusstsein 25
Beziehung 24, 41, 46, 47, 61, 80, 97, 98, 101, 103, 104, 109, 110, 118, 122, 126, 131, 142, 145, 146, 152, 164, 166, 170, 174
Bezogenheit 13, 71, 87, 136, 147, 152, 159, 184
Bezugspersonen 24, 59, 73, 75, 84, 88, 90, 97, 101, 102, 106, 118–121, 124, 132, 145, 151, 156, 157
Bindung 24, 61, 101, 103, 106, 149
Bindungstheorie 100–102
Bisexualität 70, 90, 91

C

Conditio Humana 12

D

Depression 69, 124, 125, 138, 160, 161
Dialoge 34
Diversität 13
Dualität 17, 26

E

Eifersucht 81–83, 132
Einfühlsamkeit 32
Eltern 22, 101, 102, 113, 115–124, 126, 128–131, 133, 146, 148, 151, 152, 156
Emotionen 57, 69, 106
Empathie 26, 32, 36, 103–106, 108, 116, 145
Empirie 12
Entwicklung 20, 24, 25, 35, 37, 38, 53, 57, 60, 64–66, 70–74, 78, 79, 101, 103, 104, 118, 123, 125, 135, 146, 152, 177

Entwicklungsdynamik 13, 54
Eros 11, 33, 34, 43, 68, 95
Erotik 47
Evolution 17, 20, 21, 25, 37, 104
Existenz 26, 161
existenzieller Dialog 31

F

Fortpflanzung 18, 23, 77
Freiheit 12, 13, 38, 65, 88, 92, 136, 139, 146, 152
Fürsorge 21, 22, 26, 29, 37, 39, 96, 99, 102, 116, 120, 139, 154

G

Geburt 23, 32, 50, 100, 105, 116, 118, 126, 130, 132, 156, 158, 176
Gefühl 13, 17, 20, 41, 73, 77, 80, 122, 132, 167, 178
Gender 90
Geschlechter 20
Geschlechtlichkeit 89
Geschlechtsidentität 12, 90–92, 95, 126
Geschwister 22, 112, 113, 130, 131, 162, 184
Grundbedürfnisse 58, 60, 61, 177

H

Hass 12, 13, 17, 26, 42, 46, 74, 75, 97–99, 107–109, 116, 130, 131, 169, 170, 172, 182
Heranwachsende 12, 13, 59, 68, 139, 165
Heterosexualität 90
Hoffnung 15, 26, 32, 121, 132, 161, 175–177, 179, 185
Homogamie 22

Homosexualität 90
Hormone 24

I

Illusion 17
Interdisziplinarität 19
Inzucht 22

J

Jugend 36, 71, 81, 128, 145
Jugendliche 13, 60, 79, 101, 139, 141, 143, 144, 163, 165, 170

K

Kindheit 12, 34, 36, 37, 39, 53, 71, 77, 80, 83, 113, 128, 153, 160
Kohärenz 27, 36, 91, 103, 178
Krankheit 17, 60, 136, 177
Kuss 66, 67

L

Leidenschaft 31, 44, 147
Libido 42, 63, 70, 78
Liebe 11–15, 17, 18, 20, 21, 24–29, 31, 33–35, 40–47, 49, 50, 53, 54, 58–60, 62, 64–66, 68, 69, 73–75, 78, 81, 85, 88, 90, 95–100, 102–104, 107–110, 112–116, 118, 120, 121, 125, 130–132, 135–138, 140–142, 146–148, 150–153, 157–166, 169, 170, 172, 175, 177–185
Liebesfähigkeit 12, 46, 97, 136, 180
Liebeskummer 12, 123, 124, 134, 160, 161
Liebesverlust 75, 130, 133
Liebeswille 31, 45, 47, 83, 92, 109, 129, 138, 163, 177

Lust 12
Lust- und Realitätsprinzip 152

M

Medizin 19
Mentalisieren 106
Missbrauch 38
Misshandlungen 59
Monogamie 81
Mutation 20, 21
Mythos 27, 33–35, 68, 165–167

N

Narzissmus 47, 65, 70, 103, 130
Neid 75, 97, 130, 132, 133
Neurobiologie 19

O

Objekt 12, 43–45, 64, 70, 96–98, 112, 143, 158, 160, 161, 170, 182
Objektbeziehungstheorie 106, 160
Ödipuskomplex 75, 130
Oknophilie 64
Omnipotenz 91
Ontogenese 18, 103
Orgasmus 24, 77

P

Partialtriebe 70, 77
Philobatismus 64
Phylogenese 18
Polyamorie 81
Progression 29, 42, 157
psychische Krankheit 12
Psychoanalyse 40, 42, 47–50, 60, 62–64, 66, 70, 78, 85, 91, 95, 100, 103, 135, 154, 161, 181

Psychodynamik 15, 32, 43, 45, 128, 137, 164
Psychosexualität 49, 89, 144
Pubertät 69, 76–79, 123

R

Regression 19, 29, 42, 64, 65, 157
Relativitätsprinzip 38
Resonanz 27, 45, 58, 68, 88, 103, 138, 153, 157, 159, 165, 167, 178, 180
Romantik 35

S

Salutogenese 177
Sehnsucht 18, 19, 25, 35, 83, 98, 100, 145, 156, 161
Selbst 57, 62, 70, 71, 98, 103, 105, 138, 140, 143, 156, 165, 166, 177
Selbstliebe 17, 43, 45, 47, 164
Selbstpsychologie 12, 103
Selbstwerdung 13, 17, 27, 134
Selbstwirksamkeit 75, 102
Selektion 20
Sex 20, 21, 67, 82, 90
Sexualität 12, 18, 20, 36, 47, 49, 63, 70, 75–77, 81, 87, 130, 143
Sinne 13, 15, 17, 36, 40, 42, 46, 48, 49, 62–64, 67, 72, 83, 86, 87, 91, 94, 95, 110, 116, 117, 139, 146, 147, 149, 150, 160, 172, 177
Sinnlichkeit 15, 54, 76, 82, 138, 159
Stillen 24
Subjekt 43, 61, 130, 132
Symbiose 103
Sympathie 32, 148, 164, 184

T

Thanatos 11, 68
Transformation 26, 94, 98, 168
Trennung 37, 44, 85, 94, 99, 101, 121, 122, 124, 166
Triangulierung 85
Trieb 42, 70, 76

U

Übertragungsliebe 15, 49, 50, 109
Unbewusstes 31, 48, 91, 146
Urkraft 42, 44, 63, 86, 158, 172
Urvertrauen 73

V

Verführungstheorie 148, 149
Verliebtheit 12, 35, 46, 48, 50, 77, 78, 80, 83, 123, 183
Verlust 12, 26, 31, 34, 85, 95, 139, 166
Vernachlässigung 38, 59, 170
Verwöhnung 38

W

Wiederholungszwang 153, 155

Z

Zärtlichkeit 147
Zwang 26, 63, 73, 138, 153, 157